力量举全书

深蹲、卧推及硬拉的
理论与技术详解

[俄] 鲍里斯·舍伊科（Boris Sheiko）◎著　李泽汝　阳奕琰◎译　孟生◎审校

POWERLIFTING
FOUNDATIONS AND METHODS

人 民 邮 电 出 版 社

北 京

图书在版编目（ＣＩＰ）数据

力量举全书：深蹲、卧推及硬拉的理论与技术详解 / （俄罗斯）鲍里斯·舍伊科（Boris Sheiko）著；李泽汝 阳奕琰译. -- 北京：人民邮电出版社，2021.7
ISBN 978-7-115-55688-2

Ⅰ. ①力… Ⅱ. ①鲍… ②李… Ⅲ. ①力量举—运动训练 Ⅳ. ①G884.3

中国版本图书馆CIP数据核字（2020）第260062号

免责声明

作者和出版商都已尽可能确保本书技术上的准确性以及合理性，并特别声明，不会承担由于使用本出版物中的材料而遭受的任何损伤所直接或间接产生的与个人或团体相关的一切责任、损失或风险。

内 容 提 要

本书是力量举大师 Boris Sheiko 的经典之作，书中分别介绍了力量举训练的分类、力量举技术及生物力学的基本概念、竞技动作技术的教学方法、力量举运动的营养学、肌肉力量训练的早期研究以及力量举的训练框架，并提供了侧重深蹲、侧重卧推、侧重硬拉的力量举训练计划，还设计了针对卧推专项的训练计划，以及为有经验的运动员设计的计划。

本书能够帮助读者理解力量举运动背后的生物力学原理，磨炼技术、优化营养策略，合理安排自己的训练计划，以冲击更高的重量目标，适合力量举爱好者及教练员阅读。

◆ 著 　[俄罗斯] 鲍里斯·舍伊科（Boris Sheiko）
　 译 　　李泽汝　阳奕琰
　 审　校　孟　生
　 责任编辑　裴　倩
　 责任印制　周昇亮
◆ 人民邮电出版社出版发行　　北京市丰台区成寿寺路 11 号
　 邮编　100164　　电子邮件　315@ptpress.com.cn
　 网址　https://www.ptpress.com.cn
　 北京捷迅佳彩印刷有限公司印刷
◆ 开本：700×1000　1/16
　 印张：18.5　　　　　　　　2021 年 7 月第 1 版
　 字数：400 千字　　　　　　2024 年 10 月北京第 11 次印刷
　 著作权合同登记号　图字：01-2019-3971 号

定价：148.00 元
读者服务热线：(010)81055296　印装质量热线：(010)81055316
反盗版热线：(010)81055315
广告经营许可证：京东市监广登字 20170147 号

目　录

中文版序

我非常荣幸曾到访过中国两次并开办了5次训练营，这期间的见闻更是给我留下了深刻的印象和难以忘怀的正能量。

2017年12月的冬天，我被新年前夕广州的亮丽所打动。这座城市给我留下了愉快的印象。马路与人行道都非常宽敞整洁。市中心被高楼环绕，与红灯笼装饰的餐厅相得益彰。到了晚上，各种建筑物、桥梁和道路上的灯光夜景令我印象深刻，尤其是桥梁上的灯光秀让人心旷神怡。那种感觉难以言表——只可意会，不可言传！广场里的公园中也有各种喷泉、小桥、棕树和舒适的长凳。

2019年4月是我第一次到北京。首先让我眼前一亮的是北京的城市布局，它竟是如此对称。其次是街道的规模。有些地方的道路宽度能达到100米，而北京最美丽的大街的长度至少能达到50千米。在这里能看到许多历史景点，这让我心情愉悦，特别是那些寺院和博物馆。北京的春天，从樱桃、郁金香到木兰都特别亮丽，显得春意盎然、五彩斑斓。樱花散发着春天的香味，它们通常在4月绽放，我非常幸运地看到了这一切。

各式各样美丽的花朵不仅营造了春天的美好氛围，也让我对接下来要开展的训练营充满期待。

参加训练营的学员给我留下了深刻的印象。我可以很清楚地感受到，对于他们来说，训练也许并不是一份职业，促使他们进行训练的，不仅是爱好，更是为中国力量举的发展贡献一份力量的使命感。中国是倡导全民健身的国家。在北京，四处可见当地人在锻炼身体，比如，可以经常看到人们在练习武术、慢跑、跳舞，或用街头器械锻炼。能够将民族的优秀文化和价值观传承给下一代是中华民族的伟大之处。学员们对待训练一丝不苟、极其自律。他们时间观念强，从不迟到。

在回答了许多学员的问题之后，我确信他们有较强的独立思考能力，对问题问得一清二楚，不放过任何细节。他们有着极强的视觉记忆且会不断地积累，并逐渐扩展出属于他们自己的知识库。如此一来，对于他们来说，充分利用视觉元素（幻灯片、计划表、图画等）进行授课效果更佳。

他们的自律让人钦佩，他们信任我所讲的课程，同时他们也愿意将所学的知识付诸实践，这促使我现在将这本囊括了训练方法与独特训练计划的力量举著作在中国出版发行。

我相信书中展示的各种资料对于力量举运动员来说是很有价值的，并且能给他们的训练带来实际的帮助。他们会了解到不同水平运动员的训练方法以及在力量举训练和比赛中所运用的各种训练动作的技术要领。毕竟，仅仅在训练营听讲师讲课是不可能把所讲的一切都记住并吸收的。可当手头有这样一本书时，只要付出时间，耐心地实践每一个复杂的细节，就可以将所学的新知识融合到技术中。

鲍里斯·舍伊科（Boris Sheiko）

第1章 力量举训练的分类

1.1 历史回顾

体育教育理论的创始人之一的Novikov提出：体育教学中基础训练项目的分类应和体系中的其他部分一样，否则将失去其科学价值及实用价值。由于训练项目的分类在体育教学中必然存在，所以它也是体育教育中的重要组成元素之一。

训练项目分类的科学价值和实用价值是由项目自身的特点、对项目发展的重要性及实用性决定的。如果一种分类方法极具教学意义，利用它便可化繁为简，从分类中直接选取出合适的项目用于体育教学（Matveev L、Novikov A, 1976）。

举重专家们长期致力于发展训练项目分类。Luchkin于1956年为体育类大学写的教材《举重》就首次尝试了训练项目分类。自那以后，所有举重教科书都将含有训练项目分类的内容和举重相关的专业术语放到了同等重要的位置（Falameyev A., 1962, 1981; Mihayluk M, 1965; Samusevich A., 1967; Vorobyov A., 1967, 1972, 1981, 1988; Medvedev A., 1981, 1985, 1986）。

在Laputin于1973年出版的*Special Weightlifting Exercises*一书中，他对专项举重训练和辅助性的举重训练动作做了系统分类和分析。

Dvorkin（2001, 2005）和Vinogradov（2009）对举重运动做了训练项目分类。

Medvedev和Yakubenko（1997）尝试对力量举做了训练项目分类，并且设计了基础训练和辅助训练。

最终，Sheiko（2001, 2005）和Gorulev（2004）给出了较彻底的力量举的训练项目分类。

在对体育训练分类体系进行研究之后，可以得到以下常见的体育训练原则。

1. 进行体育训练需要发展的身体素质有力量、速度、耐力、灵活性等（Ozolin N., 1949; Dyachkov V., 1950, 1955, 1967; Kuznetsov V., 1975, etc.）。

2. 常规训练和其竞技形态具有相似性（Farfel V., 1969; Kuznetsov, 1975）。

3. 训练对神经系统的刺激（Ivanova L. Parshiganin Y., 1973）。

4. 按照训练项目的强度和运动表现所需的供能方式进行分类（Saksonov N., 1969; Kuznetsov V., 1975）。

5. 根据训练的强度进行分类（关于训练周期——Farfel, 1949）。

6. 基于训练方法、训练目的和训练动作3个原则来安排训练项目（Natalov G., 1964, 1968）。

7. 借助计算机分析，Chernyak与Gisin（1977），Chernyak与Kachaev（1978）尝试基于使用极具代表性的训练负荷数据对训练项目进行归类，并将这些训练项目划分到相应的训练周期中。他们得出的结论是，计算机可作为一个可选的工具用于监控训练进程。

1.2 体育训练分类的原则

进行训练之前，训练者必须设想出合理的训练过程，因此就需要知道训练项目的分类。训练系统中的训练项目分类必定基于相应的分类原理。分类就是基于项目的运动特征和运动专项性将相似的项目划分到同一组别的过程。

基于共有的特性可以将项目分成不同的大类，再根据其特殊性分成不同的子类。这个分类体系通常作为一种策略被呈现出来，它能将各项目之间建立的联系具象化地展现出来。

Matveev（1977）提出了训练项目分类应具备的重要标准之一，即训练项目和专项项目之间的差异。该原理假定在所有体育项目中都或多或少存在着共通的原则，所以在体育教育理论中，所有的体育训练项目都被分成了3类。

第一类：竞技动作

第二类：专项训练动作

第三类：一般动作

竞技动作指的是那些既可作为专项训练也可作为比赛项目的有整体性的训练动作（包括动作的组合）。此处所说的"竞技动作"和"体育项目"指的是同一个概念。从教学上来说，训练者必须明白竞技项目和常规训练的区别。前者是在比赛中服从为该项目设计的一切规则下完成的动作；而后者则更为自然，但仍和前者十分相似。对常规训练做有针对性的技术微调通常是为了加强其对竞技项目的迁移性。

专项训练动作属于第二类。这类训练项目更加自然，但仍然和竞技项目很相似。在这类训练项目中进行技术微调通常是为了着重加强某方面的训练迁移性。这一类训练项目的安排主要由具体运动项目的特点决定，可能会使用大重量，也可能会进行更大训练量的训练。这样一来，当运动员在备赛的时候，这类训练对他们来说就是最重要的。这类训练针对特殊的身体素质进行提升，包括运动员对竞技动作的技术掌握。

一般动作用于提升运动员的常规体能储备及锻炼具体的肌群（抗阻训练、体操、有氧训练、游泳等）。

这样的话，一位运动员的基本训练内容由第一类和第二类训练项目组成，第三类为额外可选的。

1.3　力量举训练的基础训练和额外辅助训练分类

在训练中可选的训练项目非常多，这些训练项目之间有技术（结构和组织）和内容（就生理学、心理学、生物化学和生物工程学来说）上的不同。一项训练的技术由其本质决定，即其内在和外在的结构（Matveev L., 1977）。

结合前面所述，力量举训练还没有被深入地进行过项目分类，所以在这里我们将对其进行一定程度的分类。先基于相应的特点对力量举训练分类，再从技术和内容上做分类。

在力量举中，竞技动作属于基础训练，包括杠铃深蹲、平板杠铃卧推和杠铃硬拉。

第二类是专项训练动作。需要注意的是，只有当一种训练项目与竞技动作有相同之处，才能考虑将其视作可选的专项训练动作。

基于训练的主要侧重点，力量举训练可以分成主项变种训练和提升型训练。主项变种训练旨在帮助运动员熟悉技术及提升动作质量，而提升型训练旨在提升运动员的身体素质（力量、速度、耐力等），并且大部分这类训练都有着针对性作用（图 1.1）。

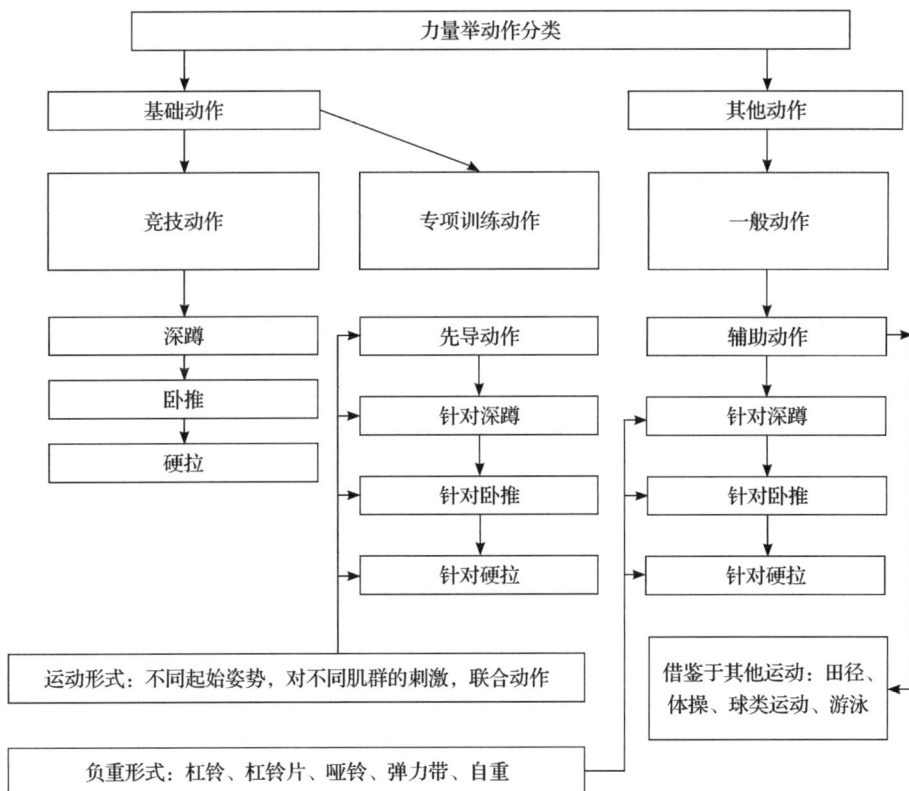

图 1.1　力量举训练的基础训练和额外辅助训练分类

在一个训练进程中，主项变种训练被分成 3 类：深蹲、卧推和硬拉。

杠铃深蹲的变种训练：

- 不同高度的箱式深蹲、架上蹲
- 前蹲
- 有1~2次间歇的深蹲
- 刻意慢下快起的深蹲
- 面墙深蹲
- 离心深蹲（大重量慢速下降，需要有同伴提供帮助和保护）
- 铁链深蹲
- 杠铃半蹲
- 窄站深蹲

平板杠铃卧推的变种训练：

- 宽握卧推
- 中握卧推
- 窄握卧推
- 腰下垫泡沫轴的卧推
- 长间歇卧推
- 爆发式卧推
- 缓慢离心式卧推
- 曲杆卧推
- 木板卧推（5~25厘米）
- 铁链卧推

硬拉的变种训练：

- 硬拉至膝盖高度
- 膝上停顿硬拉
- 停顿硬拉
- 低位硬拉
- 间歇低位硬拉（1~2次间歇）
- 铁链硬拉
- 从膝下至锁定位的半程硬拉
- 架上拉（从锁定位开始，控制杠铃缓慢下落）
- 慢放硬拉
- 硬拉之后将杠铃下降至膝盖高度再拉起的连续硬拉

　　常规的提升型训练需要利用杠铃、壶铃、哑铃、弹力带和其他健身器械完成。它们包含体操训练、游泳和其他体育项目的训练。以上提到的这些训练能对运动员进行多方面的提升。在力量举中，这一类训练用于提升运动员的基础体能储备及发展局部肌肉力量。这类特殊的训练能对单独的肌群进行提升，它们用到的训练技术与竞技项目不同。它们作为可选的额外辅助训练使用相对较小的负重。所以，这类训练需要根据具体情况做具体分析（换句话说就是根据深蹲、卧推和硬拉的情况做具体分析）。

　　利于深蹲的提升型训练：

- 箭步蹲
- 腿间负重
- 腿举
- 哈克机深蹲
- 坐姿腿屈伸
- 俯卧腿弯举
- 跳蹲
- 深蹲跳

　　利于卧推的提升型训练：

- 上斜和下斜卧推
- 杠铃推举（坐姿或站姿）
- 宽握杠铃推举（坐姿或站姿）
- 平板哑铃飞鸟
- 负重双杠臂屈伸（可在腰部或腿部负重）
- 宽距负重俯卧撑（负重在上背部，针对胸肌提升）
- 窄距负重俯卧撑（负重在上背部，针对肱三头肌提升）
- 坐姿器械夹胸
- 平板哑铃卧推
- 仰卧杠铃臂屈伸
- 凳上后臂屈伸
- 宽握引体向上

利于硬拉的提升型训练：

- 耸肩
- 山羊挺身
- 反向臀屈伸
- 杠铃体前屈（坐姿或站姿）
- 站姿杠铃体前屈加深蹲
- 站姿腿间负重体前屈

1.4 杠铃深蹲

鉴于杠铃深蹲不仅是重要的腿部训练动作，还能对背部和上半身起到锻炼的作用，训练者会将其当作最主要的训练动作。

下面我们提供了一张力量举中杠铃深蹲的基础训练和额外辅助训练的安排图（图1.2）。

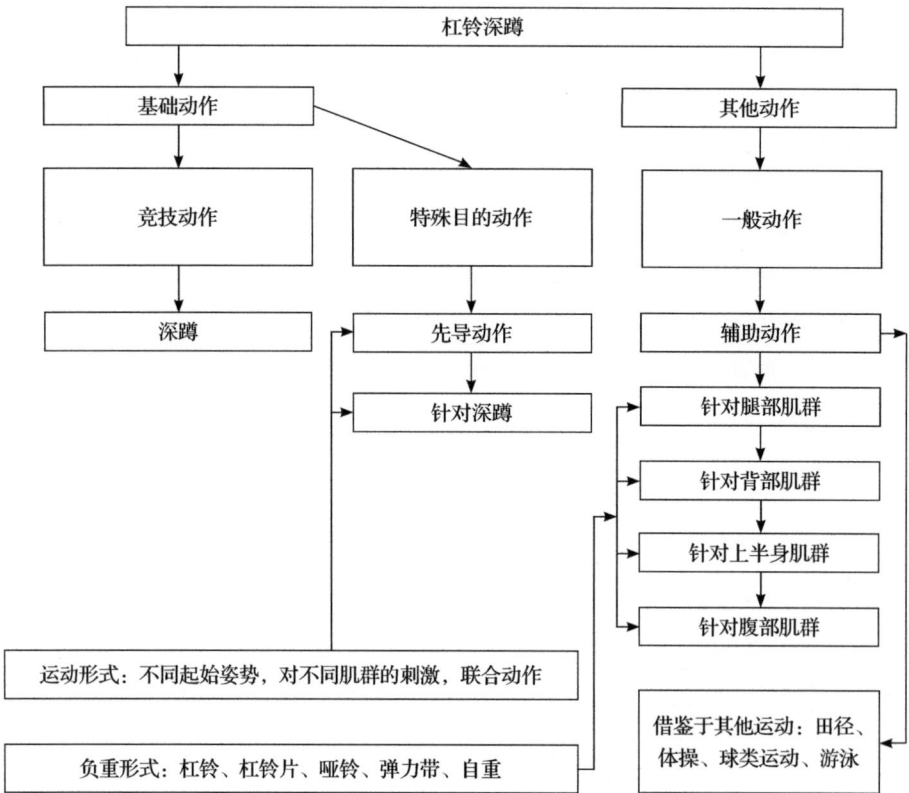

图1.2 杠铃深蹲的基础训练和额外辅助训练安排

Kostryukov（2011）在力量举训练已有的训练分类的论文的基础上，尝试用树状图的形式来描述力量举训练的肌肉运动结构和它们的种类。

为了将训练形式化，我们用不同的字母代号来表示相应的训练动作，字母S表示深蹲，B表示卧推，D表示硬拉。"AS""AB"和"AD"分别代表深蹲、卧推和硬拉的额外辅助训练，字母后的数字表示该训练在训练组中的次序编号。图1.3展示了深蹲训练的3层树状图。

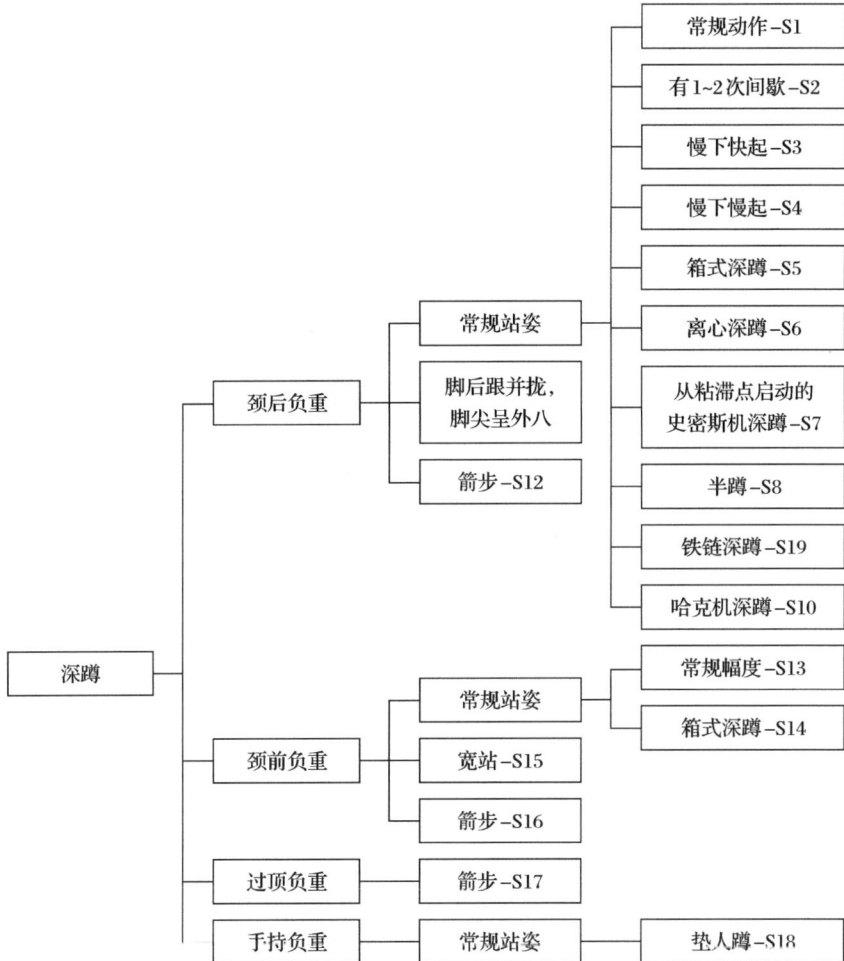

图1.3　深蹲训练分类树（Kostryukov, 2011）

竞技杠铃深蹲在图中用"S1"表示。第一层展示了4种负重类型的深蹲训练：颈后负重、颈前负重、过顶负重和手持负重的深蹲。

第二层表示4种不同的深蹲姿势：常规站姿；脚跟并拢，脚尖呈外八；宽站；箭步。

第三层描述了负重的不同节奏和形式（杠铃片、铁链、史密斯机、哈克机）、负重上下移动的发力方式（快、慢）以及动作的幅度（半蹲、箱式深蹲、常规幅度、垫人蹲）。

以下将杠铃深蹲的训练分成3类。

1.4.1 第一类 竞技动作：杠铃深蹲

这个动作应该根据俄罗斯力量举联合会（RPF）和国际力量举联合会（IPF）的标准与要求来进行。

根据比赛中运动员们在深蹲准备姿势时的双脚站距来划分，有"相扑式"的宽站距（照片1.1）、"传统式"站距（照片1.2）、窄站距（照片1.3）。

照片1.1 宽站距　　　　照片1.2 "传统式"站距　　　　照片1.3 窄站距

1.4.2 第二类 专项训练动作：深蹲的变种

这类动作包含主项变种训练和其他的提升型训练。

1. 不同高度的箱式深蹲

起始姿势：将杠铃扛于颈后。下蹲至臀部触碰到箱子。一旦臀部触碰到箱子，立刻发力蹲起至初始位置。这项训练有利于运动员快速掌握深蹲技术和对髋、膝的控制（照片1.4~1.6）。

照片1.4　　　　　　　照片1.5　　　　　　　照片1.6

2. 箱式前蹲

起始姿势：将杠铃扛于颈前。下蹲至臀部触碰到箱子。一旦臀部触碰到箱子，立刻发力蹲起至初始位置。建议在学习深蹲技术时做这项训练，它能增强运动员挺直背部的能力，避免塌腰（照片1.7~1.9）。

照片1.7　　　　　　　　　　照片1.8　　　　　　　　　　照片1.9

3. 有1~2次间歇的深蹲

起始姿势：将杠铃扛于颈后。在深蹲过程中有1~2次间歇，每次2~3秒。这项训练能加强运动员下落阶段的技术（照片1.10~1.12）。

照片 1.10　开始姿势　　　照片 1.11　第一次间歇　　　照片 1.12　第二次间歇

4. 慢下慢起式深蹲

起始姿势：将杠铃扛于颈后，双脚站距与肩同宽。要缓慢地做竞技深蹲动作。这项训练能加强运动员竞技深蹲动作的技术。建议使用极限重量的60%~70%进行训练。

5. 面墙深蹲

起始姿势：肩扛杠铃杆站立，面朝墙壁。脚尖应该触碰到墙壁（照片1.13~1.18）。

照片1.13

照片1.14

照片1.15

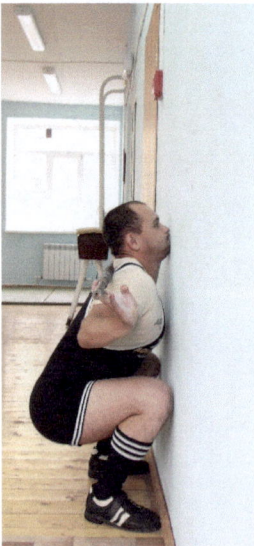

照片1.16

照片1.17

照片1.18

图中演示该动作的是俄罗斯体育大师（Master of Sport，一种荣誉称号，例如"俄罗斯体育大师""俄罗斯国际体育大师"，下同）Ruslan Gareyev，他多次获得俄罗斯冠军。

当对着墙做这个动作的时候，运动员的膝盖应该推墙，但不要超过脚尖。

6. 前蹲

起始姿势：将杠铃扛在三角肌上站立，双脚站距与肩同宽。下蹲并蹲起至初始位置。这项训练能发展大腿前侧的股四头肌，同时也能增强挺直背部的力量（照片1.19~1.21）。

照片1.19　　　　　　　　照片1.20　　　　　　　　照片1.21

7. 离心深蹲

起始姿势：肩扛杠铃站立，双脚站距与肩同宽。用个人极限[①]的80%~90%做6~10秒的缓慢离心深蹲，然后在有协助的情况下蹲起至初始位置。

8. 窄站深蹲

起始姿势：肩扛杠铃站立，两脚后跟之间的距离为一足宽，脚尖适当外八。建议用极限重量的30%~40%进行训练。

9. 铁链深蹲

起始姿势：反手扛杠铃站立，双脚站距与肩同宽。将铁链挂在杠铃上，随着运动员逐渐蹲起，铁链的负重逐渐增大，在动作顶端时达到最大（照片1.22~1.24）。

照片1.22　　　　　　　　照片1.23　　　　　　　　照片1.24

---

① 个人极限的概念有两种理解，分别是训练中创造的个人极限和比赛场上创造的个人极限。建议训练者选用自己把握十足的极限数据作为计算训练重量的基础。——译者注

演示动作的是Sergey Mor，4届世界冠军。

10. 从粘滞点启动的架上深蹲

力量架能给运动员提供从各个位置启动去学习和练习深蹲技术的机会。它可以调整初始位置的高度：力量架位置越高，运动员在训练中能使用的重量就越大。

这项训练旨在增强深蹲的上升阶段和在突破粘滞点时需要的腿部肌肉力量（照片1.25~1.27）。

照片1.25　　　　　　　　　照片1.26　　　　　　　　　照片1.27

11. 半蹲

这个训练动作可以使用极限重量（深蹲极限重量的100%~120%），对于在比赛中深蹲时大腿会"发抖"的运动员来说，这项训练有很好的效果（照片1.28~1.30）。

这个训练动作由10届世界冠军Pavlov演示。

照片1.28　　　　　　　　　照片1.29　　　　　　　　　照片1.30

1.4.3　第三类 一般动作：深蹲的肌肉辅助训练

1. 慢下快起的深蹲

起始姿势：肩扛杠铃站立，双脚站距与肩同宽。缓慢下蹲并快速站起。建议使用极限重量的50%~60%进行训练。

参与的肌肉

- *主要肌群：股四头肌、臀部肌肉*
- *次要肌群：腘绳肌、内收肌、腰骶肌群、腹部肌群*

2. 箭步蹲

起始姿势：以右腿为例，肩扛杠铃站立，右脚在前，上背部收紧，躯干竖直。右腿主动屈膝下蹲，同时左腿微微屈膝，随后蹲起回到初始位置。换至对侧进行训练。下蹲的幅度由双腿、髋、膝、踝关节的灵活度决定。

这项训练的主要目的不是举起更大的重量，而是拉伸股四头肌。前侧的支撑腿为主要发力部位（照片1.31~1.34）。这项训练能提升髋关节和踝关节的柔韧性。

参与的肌肉

- *主要肌群：股四头肌、臀部肌肉*
- *次要肌群：腘绳肌、内收肌*

| 照片1.31 | 照片1.32 | 照片1.33 | 照片1.34 |

3. 腿间负重深蹲，手持负重（壶铃、杠铃片等）或用负重腰带站在箱子上

起始姿势：站在分开的箱子上，脚尖呈外八，挺直后背，身体重心微微前倾，手持负重于双腿间（哑铃、壶铃皆可）。下蹲至髋部低于膝关节，蹲起回到初始位置（照片1.35~1.37）。

参与的肌肉

- *主要肌群：股四头肌、臀部肌肉*
- *次要肌群：腘绳肌、内收肌、竖脊肌、腹部肌群*

演示动作的是4届俄罗斯冠军Sergey Mor。

| 照片1.35 | 照片1.36 | 照片1.37 |

4. 腿举

起始姿势：坐靠在靠背为45度的腿举机上，双脚踩在腿举机踏板上，间距与肩同宽，脚尖稍稍外八，同时双手扶住固定把手。尽可能缓慢地屈髋、屈膝让膝盖靠近肩膀，且双膝不应内扣，随后蹬直双腿（照片1.38~1.40）。

建议使用比杠铃深蹲极限重量更大的重量进行腿举训练。运动员在腿举机上可以使用远大于杠铃深蹲极限重量的重量去锻炼深蹲时需要的腿部力量，而且可以大大减轻脊柱的负担。

照片1.38　　　　　　　　照片1.39　　　　　　　　照片1.40

参与的肌肉

- *主要肌群：股四头肌*
- *次要肌群：臀部肌肉、腘绳肌、内收肌*

5. 哈克机深蹲

起始姿势：靠住靠背，肩扛靠垫站在哈克机上，双脚站距与肩同宽。负重加在哈克机上，屈膝、屈髋下蹲，然后伸直腿回到初始位置。这项训练应该缓慢完成（照片1.41~1.43）。

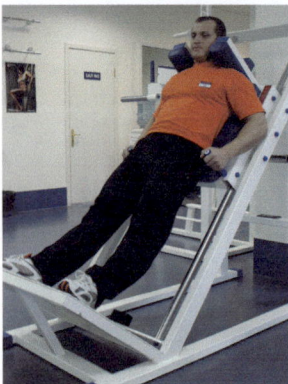 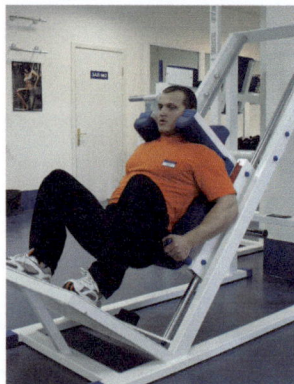 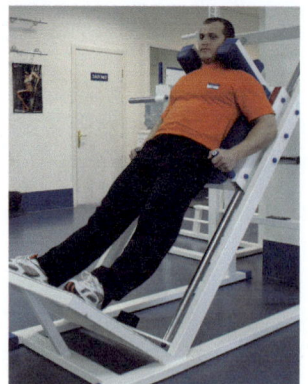

照片1.41　　　　　　　　照片1.42　　　　　　　　照片1.43

参与的肌肉

- *主要肌群：股四头肌*
- *次要肌群：臀部肌肉、腘绳肌、内收肌*

6. 坐姿腿屈伸

起始姿势：坐在腿屈伸器械上，将双腿放在软垫下，保持腰背挺直。双手抓住两边的把手，然后缓慢地伸直双腿。在动作的顶端保持顶峰收缩。然后再屈膝使大小腿间的夹角回到90度，即回到初始位置。这项训练需要缓慢完成，不应该借力，注意膝关节不应该过度伸展（照片1.44~1.46）。

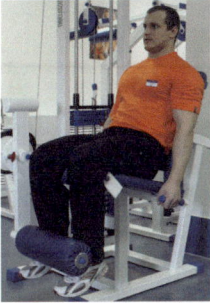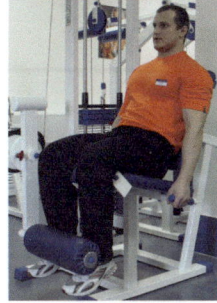

| 照片1.44 | 照片1.45 | 照片1.46 |

参与的肌肉
- *主要肌群：股四头肌*
- *次要肌群：胫骨前肌*

7. 俯卧腿弯举

起始姿势：俯卧在腿弯举机上，抓住器械边缘的把手，将双腿放在软垫下方，膝盖应低于腿弯举机的俯卧板。屈膝弯曲腿部，再伸直回到初始位置。为了使腘绳肌得到最大限度的收缩，应屈膝至大腿与小腿呈90度以下，同时在动作的顶端保持顶峰收缩（照片1.47~1.49）。

参与的肌肉
- *主要肌群：腘绳肌*
- *次要肌群：臀部肌肉、小腿肌肉*

| 照片1.47 | 照片1.48 | 照片1.49 |

8. 跳蹲

起始姿势：肩扛杠铃站立，双脚间的站距与髋同宽。屈膝下蹲，幅度尽量大，再伸直双腿跳起。建议使用轻重量做这项训练（深蹲极限重量的10%~20%）。这项训练能提升爆发力，同时能训练小腿肌肉和髋、膝、踝关节的灵活性。跳起时，要保证杠铃不离开斜方肌（杠铃始终扛在肩上）。用大重量做这项训练可能会对椎间盘造成破坏从而引发伤病（照片1.50~1.55）。

照片1.50~1.55

9. 跳深

起始姿势：站在40~45厘米高的箱子上。往下跳，当双脚触碰到地面时再次原地起跳。这项训练能增强腿部肌肉的爆发力（照片1.56~1.60）。

10. 跳箱

这项训练能强化运动员跳跃训练的技术和腿部的伸肌，还能提升躯干和腿部快速伸展的能力（照片1.61~1.65）。

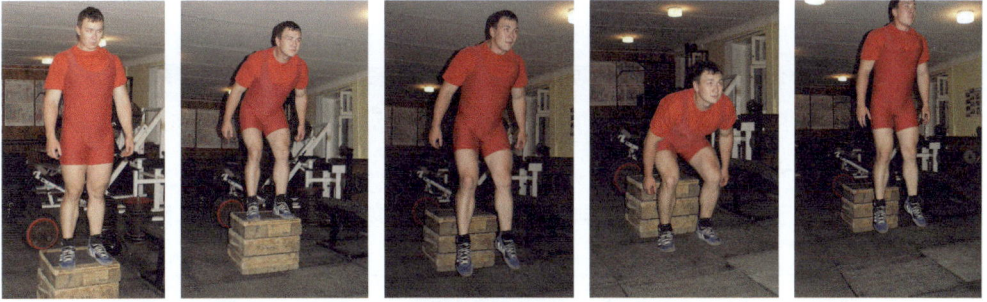

照片1.56~1.60

照片1.61~1.65

11. 坐姿提踵

起始姿势：坐在凳子上，双脚的脚尖踩在一块木板上，手扶哑铃于膝盖上。将脚后跟下降至最低位置，然后抬起脚后跟至尽可能高的高度。在顶峰收缩之后回到动作的初始位置。

参与的肌肉

- *小腿三头肌*

12. 站姿提踵

起始姿势：肩扛杠铃站立，双脚的脚尖踩在一块木板上。将脚后跟下降至最低幅度，然后抬起脚后跟至尽可能高的高度。在顶峰收缩之后回到动作的初始位置（照片1.66~1.68）。

照片1.66　　　　　照片1.67　　　　　照片1.68

参与的肌肉

- *小腿三头肌*

1.5　卧推

卧推是力量举运动的第二个竞技项目。对于运动员来说，卧推和深蹲一起进步是很重要的。对于锻炼上半身肌群来说，卧推动作是非常棒的训练动作，它能提升肌肉力量和增加肌肉体积，同时还能加强相关的连接结构。

下面我们提供了一张力量举中卧推的基础训练和额外辅助训练的安排图（图1.4）。

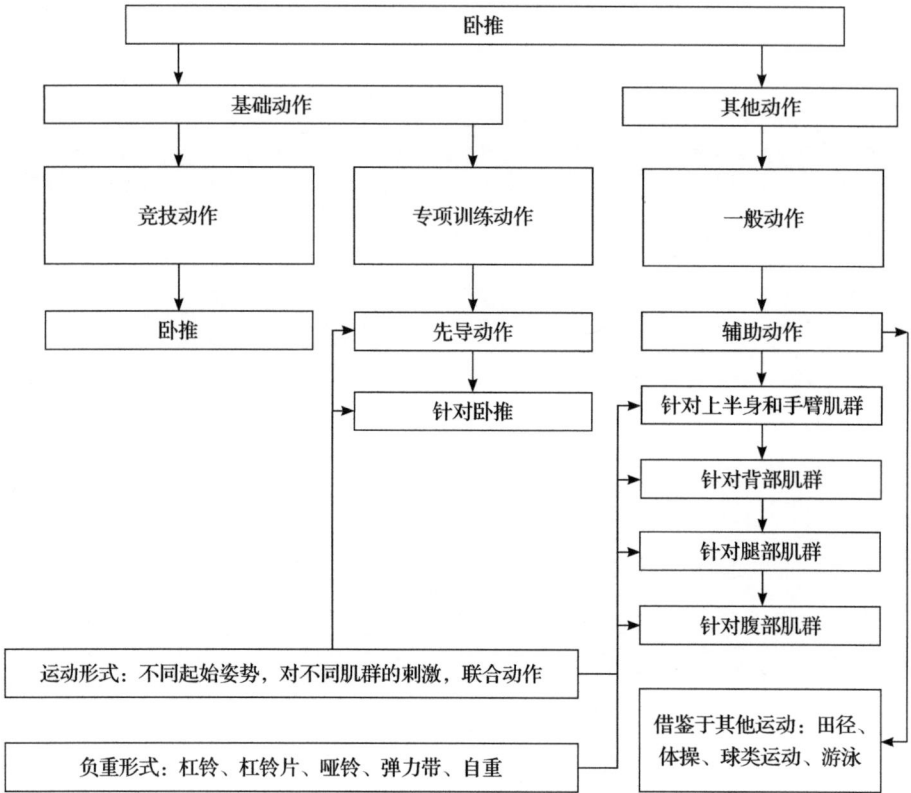

图1.4　卧推的基础训练和额外辅助训练安排

图1.5是由5个层次组成的卧推训练分类树（V. V. Kostryukov, 2011）。

竞技卧推由"B1"表示。

第一层代表使用的负重类型：杠铃和哑铃。

第二层描述了动作的起始位置：胸部启动或颈后启动。

第三层代表训练时身体的姿势：仰卧、坐姿、站姿和借力推。

第四层包含基于调整以下变量进行的训练：握法（手腕直立、反握）、躯干角度和训练节奏（左右同步、左右交替、仰卧臂屈伸）。

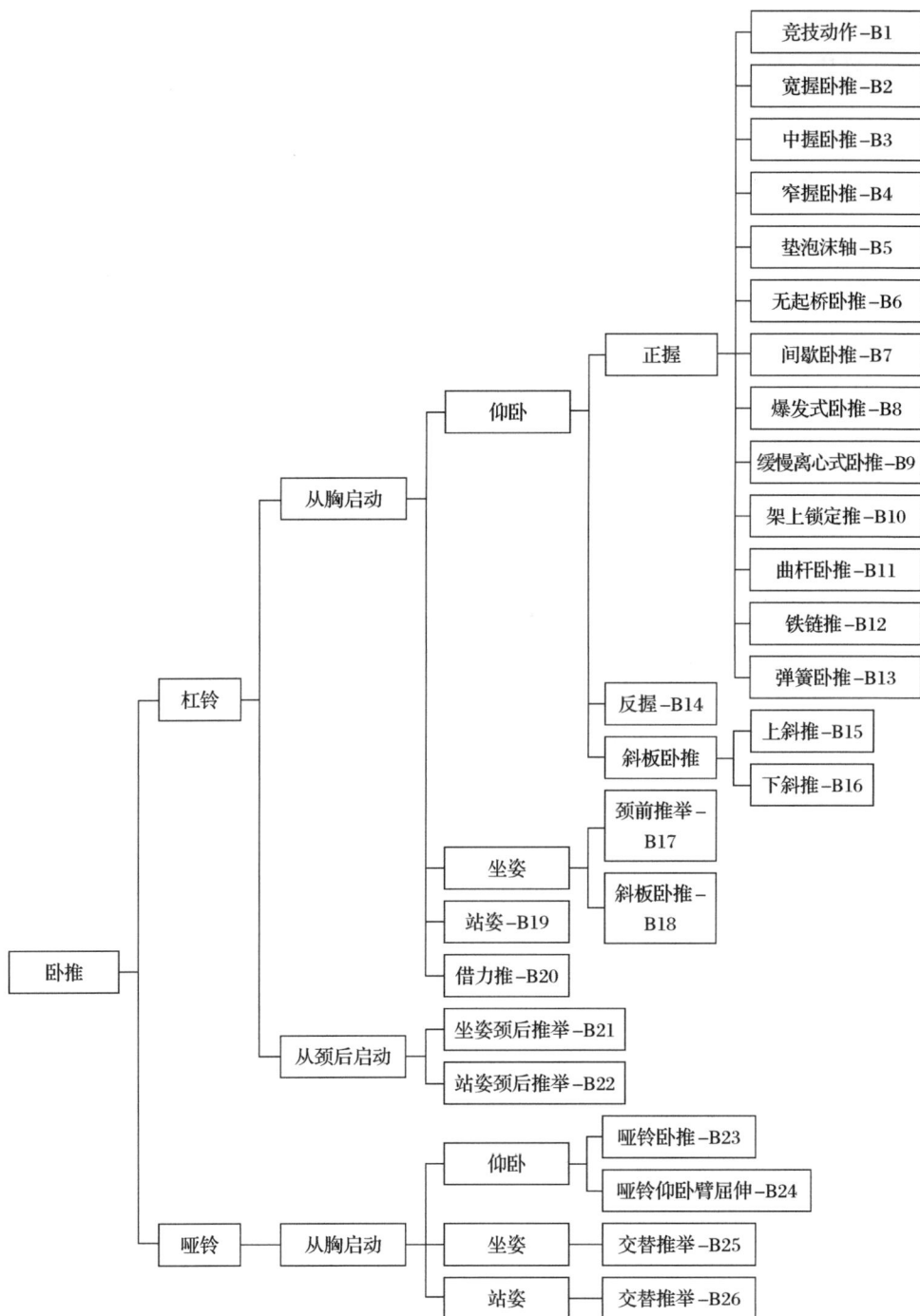

图 1.5 卧推训练分类树

第五层包含基于调整以下变量描述的卧推类型：握距（宽握、中握、窄握）、运动模式（间歇推、爆发式推、缓慢离心式卧推）、动作辅助（垫泡沫轴、架上锁定推）、躯干姿势（有无起桥）、负重类型（曲杆、铁链、弹簧）和卧推凳的倾斜角度（上斜、下斜）。[1]

1.5.1　第一类 竞技动作：卧推

竞技卧推这个动作应该根据俄罗斯力量举联合会和国际力量举联合会的标准与要求来进行（照片1.69）。

照片1.69　竞技卧推

1.5.2　第二类 专项训练动作：卧推的变种

这类动作都需要仰卧在平板卧推凳上利用杠铃进行训练。

1. 宽握卧推

起始姿势：握距为85~95厘米。这种极宽的握距让胸肌受力达到最大，训练者必须缓慢下落杠铃并落在相对靠近锁骨的位置，注意是相对靠近（照片1.70~1.72）。

照片1.70　　　　　　　照片1.71　　　　　　　照片1.72

演示动作的是3届世界冠军Irina Abramova。

---

[1] V.V. Kostryukov 的分类树可能会让读者难以理解，如 B18 提到的斜板卧推其实与 B15 和 B16 有重复；其次，B21 和 B22 对应的是本章后面会提到的颈后杠铃推举训练。——译者注

2. 中握卧推

起始姿势：握距为50~60厘米。在这项训练中，整个上半身肌肉的发力保持均衡（照片1.73~1.75）。

照片1.73　　　　　　　　照片1.74　　　　　　　　照片1.75

3. 窄握卧推

起始姿势：握距为30~40厘米。有两个手指应握在杠铃的光滑区域。这项训练对肱三头肌的刺激非常大（照片1.76~1.78）。

照片1.76　　　　　　　　照片1.77　　　　　　　　照片1.78

演示动作的是两届世界冠军Tatyana Yeltsova。

4. 腰下垫泡沫轴式卧推

起始姿势：在下背部下方垫泡沫轴。在做这一项特殊的训练时，泡沫轴能帮助训练者构造合适的躯干角度，这能使拥有较好胸椎活动度的训练者快速掌握起桥技术。泡沫轴的高度应为8~15厘米（照片1.79~1.81）。

照片1.79　　　　　　　　照片1.80　　　　　　　　照片1.81

5. 长间歇卧推

这一项训练采用竞技卧推动作，在杠铃触胸后停顿3~5秒。由于在底部停顿间歇加长，胸肌和三角肌的压力在重新推起的时候会增大。此训练适合卧推底部间歇只能维持较短时间的选手。

6. 爆发式卧推

这项训练需要杠铃缓慢下落至触胸（数3下），然后快速推起（数1下）。这项训练能训练运动员的主观意识，提升卧推的发力速度。

7. 粘滞点间歇卧推

在使杠铃下落和推起杠铃的过程中，训练者应在粘滞点做1~3秒的间歇。如果训练者在动作全程的任何阶段感觉困难，都可以加入额外的间歇停留来进行强化。

8. 反握卧推

起始姿势：反握杠铃使掌心朝向训练者的头顶方向。这项训练不应使用大重量，要让肱三头肌和肩部肌肉的发力比胸肌更多。俄罗斯力量举联合会和国际力量举联合会的规则是禁止在比赛中使用这种特殊的握法（照片1.82~1.84）。

照片1.82　　　　　　　　　照片1.83　　　　　　　　　照片1.84

9. 缓慢离心式卧推

起始姿势：此握距和竞技卧推的握距一样。杠铃应非常缓慢地下落至胸口（5~10秒）。一旦杠铃触碰到胸口，两旁的保护者将帮助运动员把杠铃送回至初始位置。这项训练应使用极限重量的90%~100%。训练者不仅可以通过这项训练强化各连接组织，还能更加适应大重量。但是这项训练对神经系统的消耗非常大，训练时应格外小心谨慎。

10. 木板卧推

起始姿势：第一位保护者帮助训练时出杠，第二位保护者将木板放在训练者的胸口上（木板的厚度为5~15厘米）。理论上木板越高，木板卧推时能用的重量就越大（照片1.85~1.87）。

照片1.85　　　　　照片1.86　　　　　照片1.87

这项训练能根据木板的具体高度加强卧推中的锁定力量或突破粘滞点的力量。

11. 铁链卧推

起始姿势：仰卧在卧推凳上，将铁链挂在杠铃的两边。随着杠铃被推起，铁链逐渐离开地面，从而使负重增大。铁链提供了平缓、稳定的压力（照片1.88~1.90）。这项训练可以帮助运动员加强卧推的锁定力量与控制力。

照片1.88　　　　　　　　　照片1.89　　　　　　　　　照片1.90

演示动作的是两届卧推世界冠军F. Muhamatyanov。

12. 弹力带卧推

起始姿势：仰卧在卧推凳上，杠铃两边挂上弹力带。当推起杠铃时，弹力带被拉长，从而使负重增大。在动作的顶端，负重将达到最大（照片1.91~1.93）。弹力带能创造动态变化的阻力，也提供了平缓稳定的压力，因为弹力带的阻力是逐渐增大的。

照片1.91　　　　　　　　　照片1.92　　　　　　　　　照片1.93

13. 弹簧卧推

起始姿势：仰卧在卧推凳上，杠铃两边挂上弹簧。当杠铃被推起时，弹簧被拉长，从而使负重增大。弹簧提供了平缓稳定的压力。这项训练能帮助运动员加强卧推最后阶段需要的手臂肌肉力量以及对动作的控制能力（照片1.94~1.96）。

照片1.94　　　　　　　照片1.95　　　　　　　照片1.96

14. 弹弓卧推

起始姿势：仰卧在卧推凳上。弹力带（slingshot）和类似的辅助产品（RAM, Catapult）在卧推的离心阶段和向心阶段都能提供额外的助力。由于弹力带能拉长和收缩，佩戴弹力带并不会影响卧推的自然发力。这类工具在杠铃推离胸口时提供帮助，能使训练者使用更大的重量训练，能帮助其克服粘滞点，同时加强锁定力量。使用比正常训练多出5%~10%的重量进行弹弓卧推训练能提升训练的强度（照片1.97~1.102）。注意：部分弹力带类产品能提供超过10%的助力，但那样的话只是为了推起更大的重量而已，对于提升无装备卧推力量来说不再有意义。

照片1.97　　　　　　　照片1.98　　　　　　　照片1.99

演示弹弓卧推的是欧洲及世界冠军Krill Sarychev。

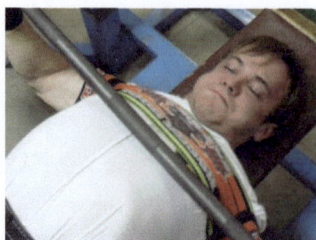
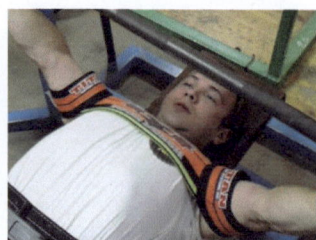

照片1.100　　　　　　照片1.101　　　　　　照片1.102

演示类弹力带产品辅助卧推的是世界青年卧推冠军Yan Urusov。

15. 悬腿卧推

在这项训练中，双脚不再踩地而是悬空，背部无起桥。这么做是为了放松腿部和背部的肌肉，从而使上肢肌肉的发力比重达到最大。一般使用比正常双脚踩地、背部反弓的竞技卧推重量轻10%~20%的重量进行这项训练（照片1.103~1.105）。

照片1.103　　　　　　　　照片1.104　　　　　　　　照片1.105

16. 地板卧推

起始姿势：躺在地板上，如果有必要，保护者帮助训练者将杠铃放至初始位置。这项训练是为了增强竞技卧推的锁定力量。进行这项训练的时候，训练者要注意避免受伤：极限重量的90%或更大的重量可能够导致肘部伤病。做这项训练时，建议每次做4~5组，每组3~6次（照片1.106~1.108）。

照片1.106　　　　　　　　照片1.107　　　　　　　　照片1.108

地板卧推使腿部肌肉放松，而胸肌、三角肌和肱三头肌的受力会较大。这项训练能增大胸肌的围度和力量。

17. 架上锁定推

起始姿势：仰卧在卧推凳上。架子的高度越高，使用的重量就可以越大（照片1.109~1.111）。根据架子高度的不同，这项训练能提升卧推初始阶段或粘滞点的手臂力量。

照片1.109　　　　　　　　照片1.110　　　　　　　　照片1.111

18. 曲杆卧推

起始姿势：仰卧在卧推凳上。由于这种杠铃杆是曲形的，它可以下落至比胸口更低的位置。在做功距离提升之后，胸部和手臂肌肉也会承受更大的压力（照片1.112~1.114）。要注意：杠铃需要缓慢下落，当其下落过快时，胸肌会有受伤的风险。

照片1.112　　　　　　照片1.113　　　　　　照片1.114

演示动作的是5届欧洲卧推冠军F. Muhamatyanov。

1.5.3　第三类 一般动作：卧推的肌肉辅助训练

这类训练包括上肢肌肉的训练，也包括腿部、背部和腹部肌肉的训练。这些训练不仅源自体操，也来自田径、游泳和其他项目。

1.5.3.1　发展胸部肌肉的基础动作

1. 上斜卧推

起始姿势：躺在30~45度的上斜卧推凳上，背部靠紧上斜卧推凳；双脚踩地；握距应大于肩宽。使杠铃下落至胸口后再推起。在做这项训练时要保证双肘朝两边适当打开，不要过分靠近身体。上斜板的角度越大，三角肌的发力就越多。训练者可以通过改变动作的角度来进一步加大上胸部肌肉的参与程度和激活三角肌。最优的上斜板角度为30度（照片1.115~1.117）。

参与的肌肉

- *主要肌群：胸大肌上束*
- *次要肌群：三角肌前束、肱三头肌*

照片1.115　　　　　　照片1.116　　　　　　照片1.117

2. 下斜卧推

起始姿势：躺在下斜卧推凳上，下斜板的角度为30~45度，背部靠紧下斜板；双脚固定在卧推架上；正握杠铃，握距大于肩宽。使杠铃下落至胸肌下方3~5厘米处，然后推起。由于做功距离被缩短，同时双肘更靠近身体，从而更好发力，下斜卧推的重量可能比平板卧推的重量更大（照片1.118~1.120）。

照片1.118　　　　　　　　　照片1.119　　　　　　　　　照片1.120

参与的肌肉

- *主要肌群：胸大肌下束*
- *次要肌群：三角肌前束、肱三头肌*

3. 平板哑铃卧推

起始姿势：躺在平板上，双脚踩地。当使用非常大的重量进行这项训练时，应当由两名保护者将哑铃递给躺在平板上的训练者。训练者在胸部上方接过并正握住哑铃（手腕也应当调整，从而使手掌达到卧推时的正常姿势），然后从与肩同高的高度往上直直推起哑铃，不需要在顶端使哑铃相碰。这项训练的好处在于相比杠铃卧推，哑铃卧推的做功距离更大，对肌肉的刺激也更大（照片1.121~1.123）。

照片1.121　　　　　　　　　照片1.122　　　　　　　　　照片1.123

参与的肌肉

- *主要肌群：胸大肌*
- *次要肌群：三角肌前束、肱三头肌*

4. 上斜哑铃飞鸟

起始姿势：躺在上斜凳上，双脚踩地，手持哑铃于胸部上方，掌心相对。双臂向两边展开，直到与胸部平行或低于胸部平面，然后回到初始位置。动作全程需要保持肘关节微屈。为了避免受伤，使用的重量不宜太大，因为这项训练是为了更大程度地伸展胸部肌肉（照片1.124~1.126）。

照片1.124　　　　　　　照片1.125　　　　　　　照片1.126

参与的肌肉

- *主要肌群: 胸大肌*
- *次要肌群: 三角肌前束*

5. 平板哑铃飞鸟

起始姿势：躺在平板凳上，双脚踩地，手持哑铃于胸部上方，且掌心相对。手臂的移动和上斜哑铃飞鸟一样，肘关节需要全程保持微屈（照片1.127~1.129）。

照片1.127　　　　　　　照片1.128　　　　　　　照片1.129

参与的肌肉

- *主要肌群: 胸大肌*
- *次要肌群: 三角肌前束*

6. 坐姿器械夹胸

起始姿势：坐在夹胸机上，身体靠紧靠背；双臂外展且上臂和前臂呈90度夹角，手握把手。呼气时，双臂水平内收，尽可能相互靠拢；在吸气返回起始位置前保持顶峰收缩。在双臂水平外展时，尽可能将肌肉拉伸到最大限度，这样能使做功距离增大，从而在收缩阶段使肌肉收缩得更充分（照片1.130~1.132）。

参与的肌肉

- *主要肌群：胸大肌*
- *次要肌群：三角肌前束*

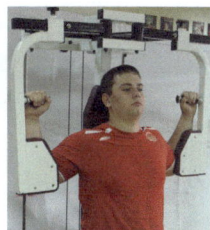

照片1.130   照片1.131   照片1.132

7. 哑铃直臂上提

起始姿势：背部躺在平板凳上，双脚踩地，臀部悬空；用双手手掌支撑哑铃的一侧于胸口上方，保持90度的屈臂。将哑铃下落至最低点，再回到初始位置。全程臀部固定，这样可以使胸部肌肉的伸展和收缩达到最大（照片1.133~1.135）。

照片1.133   照片1.134   照片1.135

参与的肌肉

- *主要肌群：前锯肌、胸大肌*
- *次要肌群：三角肌前束、背阔肌*

8. 负重双杠臂屈伸

起始姿势：双臂伸直支撑身体于双杠上，头微微前倾；固定双膝，保持躯干竖直。屈臂向下时，微微向外挤压双肘，同时身体前倾，直到屈臂角度达到90度。为了避免肩部受伤，不建议屈臂至更大的幅度。达到最低点后伸直手臂回到起始位置（照片1.136~1.138）。双杠间的距离越小，肱三头肌的发力越多；双杠间的距离越大，胸部肌肉发力越多。

参与的肌肉

- *主要肌群：胸大肌*
- *次要肌群：三角肌前束、肱三头肌、前臂肌群*

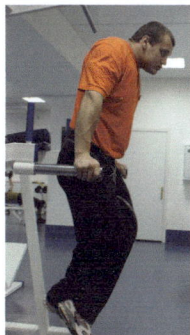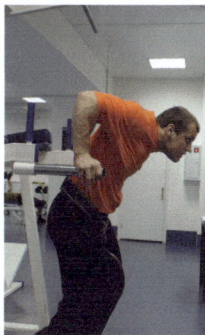

照片1.136   照片1.137   照片1.138

9. 宽距负重俯卧撑（强化胸部）

起始姿势：身体呈平板支撑状；手臂伸直，双臂张开，两手间的距离大于肩宽；躯干和双腿保持平直，下背部无反弓。屈曲肘部直至胸部触地（肘部向两边打开），伸直手臂回到起始姿势。为了进一步增加负重，可以在背上放置杠铃片，此时双腿应置于凳上或高台上（照片1.139~1.141）。

照片1.139　　　　　　　　照片1.140　　　　　　　　照片1.141

参与的肌肉

- *主要肌群：胸大肌*
- *次要肌群：三角肌前束、背阔肌、肱三头肌*

10. 窄距负重俯卧撑（强化肱三头肌）

起始姿势：身体呈平板支撑状；手臂伸直，双臂张开，两手间的距离等于肩宽。屈曲肘部直至胸部触地，双肘尽量贴紧身体。伸直手臂回到起始姿势。为了进一步增加负重，可以在背上放置杠铃片，此时双腿应置于凳上或高台上（照片1.142~1.144）。

照片1.142　　　　　　　　照片1.143　　　　　　　　照片1.144

参与的肌肉

- *主要肌群：肱三头肌*
- *次要肌群：三角肌前束、胸大肌中束、前臂肌群*

1.5.3.2 发展肩胛带的基础动作

1. 胸上过头推举（坐姿）

起始姿势：坐在健身凳上，将杠铃放置于胸上。推起杠铃直至手臂伸直，屈肘下放杠铃至初始位置（照片1.145~1.147）。

照片1.145　　　　　　照片1.146　　　　　　照片1.147

参与的肌肉

- *主要肌群：三角肌前束与中束*
- *次要肌群：肱三头肌、斜方肌、胸大肌上束*

2. 颈后过头推举（坐姿或站姿）

起始姿势：坐在健身凳上，杠铃在过头位置[①]。训练过程中腹部和背部肌肉保持稳定，以维持躯干的竖直（照片1.148~1.150）。

照片1.148　　　　　　照片1.149　　　　　　照片1.150

参与的肌肉

- *主要肌群：三角肌前束与中束*
- *次要肌群：三角肌后束、肱三头肌*

3. 交替哑铃推举（坐姿或站姿）

起始姿势：坐在健身凳上，手持哑铃在肩上方，手臂屈肘。右手先推起哑铃直至手臂完全伸直，然后屈肘下放至起始位置，接着左手再推起哑铃。做这个动作时，比较重要的一点是在关节活动度允许的情况下将哑铃尽量下放到底（照片1.151~1.153）。

———————————

① 即双臂伸直推起杠铃的姿势。——译者注

参与的肌肉

• *主要肌群：三角肌前束*

• *次要肌群：三角肌中束、肱三头肌、斜方肌*

4. 哑铃侧平举（站姿或坐姿）

起始姿势：站立，手持哑铃双臂下垂，双脚与肩同宽。将哑铃举至两侧，

照片 1.151　　　　　照片 1.152　　　　　照片 1.153

然后借助哑铃的阻力缓慢下放手臂以训练三角肌。切勿甩动哑铃，应仅依靠三角肌发力（照片1.154~1.156）。

照片 1.154　　　　　照片 1.155　　　　　照片 1.156

参与的肌肉

• *主要肌群：三角肌中束*

• *次要肌群：三角肌前束与后束、肱三头肌*

5. 哑铃后束飞鸟（站姿）

起始姿势：站立，双腿屈膝，屈髋前倾身体至上半身与地面接近平行，手持哑铃双臂下垂。将哑铃举至两侧，然后借助哑铃的阻力缓慢下放手臂以训练三角肌（照片1.157~1.159）。

照片 1.157　　　　　照片 1.158　　　　　照片 1.159

参与的肌肉

• *主要肌群：三角肌后束*

• *次要肌群：三角肌中束、斜方肌、冈下肌、菱形肌、小圆肌和大圆肌*

6. 哑铃前平举（站姿或坐姿）

起始姿势：站立，手臂完全伸直，交替将哑铃向前举起，直到手臂与地面平行（照片1.160~1.162）。

参与的肌肉

- *主要肌群: 三角肌前束*

- *次要肌群: 胸大肌、斜方肌和前锯肌*

照片1.160　　　　　照片1.161　　　　　照片1.162

1.5.3.3　发展肱三头肌的基础动作

1. 仰卧杠铃臂屈伸

起始姿势：双手以窄握距握住杠铃，仰躺在平板凳上，掌心朝上；双腿于平板凳两侧踩住地面。屈曲手臂将杠铃下放至前额或头顶，伸直手臂使杠铃回到起始位置。过程中双肘不要过伸（照片1.163~1.165）。

照片1.163　　　　　照片1.164　　　　　照片1.165

参与的肌肉

- *主要肌群: 肱三头肌*

- *次要肌群: 胸部肌群、三角肌、前臂肌群*

2. 杠铃三头伸展（站姿或者坐姿）

起始姿势：坐在健身凳上，双臂伸直将杠铃举过头顶，双手以窄握距握住杠铃。屈肘下放杠铃于头后方，再将杠铃以半圆弧轨迹举至初始位置。杠铃可以由哑铃代替（照片1.166~1.168）。

照片1.166　　　　　照片1.167　　　　　照片1.168

参与的肌肉

- *主要肌群: 肱三头肌*
- *次要肌群: 三角肌、前臂肌群*

3. 凳上臂屈伸（坐姿）

起始姿势：背对健身凳，双手撑于其边缘，双腿置于另一个健身凳上。弯曲双臂，缓慢将身体尽可能地降低，随后伸直双臂回到起始位置。推荐在双腿上放置杠铃片以增加负重（照片1.169~1.171）。

照片1.169　　　　　　　照片1.170　　　　　　　照片1.171

参与的肌肉

- *主要肌群: 肱三头肌*
- *次要肌群: 胸大肌下束*

4. 哑铃单手后屈伸

起始姿势：站立，以右腿支撑，向前俯身，左臂和左腿置于健身凳上，右手持哑铃且右肘保持屈曲，肘尖朝后。完全伸直手臂，在伸直到最终位置时保持1~2秒后使哑铃回到初始位置（照片1.172~1.174）。

照片1.172　　　　　　　照片1.173　　　　　　　照片1.174

参与的肌肉

- *主要肌群: 肱三头肌*
- *次要肌群: 三角肌后束、背阔肌*

5. 哑铃颈后臂屈伸

起始姿势：坐于健身凳上，右臂伸直将哑铃举于头顶上方。手肘贴紧头部，将哑铃下放至头部后方直到小臂平行于地面，伸直手臂回到初始姿势（照片1.175~1.177）。

照片1.175　　　　　　照片1.176　　　　　　照片1.177

参与的肌肉

- *主要肌群：肱三头肌*
- *次要肌群：三角肌、前臂肌群*

6. 三头下压（站姿）

起始姿势：面朝绳索器械，双脚与肩同宽，背部挺直；正手握把手于胸部高度，手臂弯曲并夹紧身体。缓慢向下拉动把手直到手臂完全伸直。在动作最低点保持1~2秒，然后弯曲手臂回到初始位置（照片1.178~1.180）。

 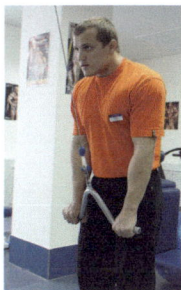 

照片1.178　　　　　　照片1.179　　　　　　照片1.180

参与的肌肉

- *主要肌群：肱三头肌*
- *次要肌群：三角肌、前臂肌群*

宽握距主要刺激肱三头肌长头，窄握距主要刺激肱三头肌外侧头。

1.5.3.4 发展肱二头肌的基础动作

1. 杠铃弯举（站姿）

起始姿势：站立，双脚与肩同宽，手臂伸直反握杠铃。以弧线轨迹尽可能高地举起杠铃（肘部静止不动夹紧身体），在顶端暂停，随后沿着原来的轨迹下放杠铃直至双臂接近伸直（肘关节微屈）。过程中使用手掌均衡支撑杠铃，避免手腕过度受力，使整个肱二头肌都被平均地刺激到。如果拇指朝上[①]，会更多地刺激肱二头肌的下部。此动作可以替换成哑铃双臂同时弯举，或哑铃交替弯举（照片1.181~1.183）。

照片1.181　　　　　　　照片1.182　　　　　　　照片1.183

参与的肌肉

- *主要肌群：肱二头肌*
- *次要肌群：肩部肌群、肱桡肌、三角肌前束、前臂肌群*

2. 杠铃坐姿牧师凳弯举

起始姿势：这个动作是在坐姿状态下手肘置于斯科特弯举机（一种斜托弯举器械）的斜托垫上进行的弯举，握距与肩同宽，手掌向下，双臂完全伸直，肱三头肌此时贴住垫子表面。先举起杠铃，接着回到初始位置。整个动作过程中肱三头肌需要与垫子表面保持接触。此动作可以使用EZ弯曲杠替代杠铃杆，从而避免对前臂造成额外压力（照片1.184~1.186）。

照片1.184　　　　　　　照片1.185　　　　　　　照片1.186

[①] 可以理解为曲杆弯举。直杆弯举加大了前臂的外旋，可以让肱二头肌得到更全面的刺激；而曲杆弯举减少了前臂外旋的程度，对肱二头肌的下部有更好的刺激。——译者注

参与的肌肉

- *主要肌群：肱二头肌*
- *次要肌群：肩部肌群、肱桡肌、三角肌前束、前臂肌群*

3. 哑铃交替二头弯举（站姿）

起始姿势：站立，手持哑铃，双臂完全伸直垂放在身体两侧；不要耸肩，保证肩胛处于中立位，双脚间距与肩同宽。弯曲单侧手臂，将哑铃举至肩高，然后缓慢将哑铃下放到初始位置（照片1.187~1.189）。另一只手臂重复此过程。

照片1.187　　　　照片1.188　　　　照片1.189

参与的肌肉

- *主要肌群：肱二头肌*
- *次要肌群：肩部肌群、肱桡肌、三角肌前束、前臂肌群*

1.5.3.5　发展背阔肌的基础动作

1. 宽握引体向上

起始姿势：悬挂于单杠上，双手宽握距。弯曲手臂向上发力，将躯干向上拉起，直至下颌越过横梁，然后回到初始位置（照片1.190~1.192）。

照片1.190　　　　照片1.191　　　　照片1.192

参与的肌肉

- *主要肌群：背阔肌*
- *次要肌群：肱二头肌、前臂肌群、前锯肌*

2. 宽握颈后引体向上

起始姿势：悬挂于单杠上，双手宽握距。弯曲手臂向上发力，将躯干向上拉起，直至后脑勺触碰到横梁，然后回到初始位置。动作要缓慢并在顶端停留1~2秒，此动作不适合新手（照片1.193~1.195）。

照片1.193　　　　　照片1.194　　　　　照片1.195

参与的肌肉

- *主要肌群：背阔肌上部*
- *次要肌群：肱二头肌、肩胛内收肌群*

握距越宽，就能越多地刺激背阔肌上部。

3. 高位下拉（坐姿）

起始姿势：坐在高位下拉器械的坐凳上，举起双臂于身体两侧，双手正握把手，握距大于肩宽，躯干保持竖直，把手应该位于头部上方。肘部弯曲折叠手臂，将把手从头顶下拉至触碰后颈。在这个位置保持一下，伸直手臂，恢复到初始位置，此动作不适合新手（照片1.196~1.198）。

照片1.196　　　　　照片1.197　　　　　照片1.198

参与的肌肉

- *主要肌群：背阔肌*
- *次要肌群：三角肌后束、斜方肌下束、菱形肌*

4. 坐姿绳索划船

起始姿势：坐在器械凳上，双脚踩在器械踏板上，双腿膝关节微屈；躯干竖直，双臂伸直置于身前，双手握器械把手，握距与肩同宽，采取正握。弯曲手肘，将把手拉至腹部，在此位置保持1~2秒，再恢复到初始位置（照片1.199~1.201）。

照片1.199　　　　　　　　照片1.200　　　　　　　　照片1.201

参与的肌肉

- *主要肌群：斜方肌中束和下束、背阔肌*
- *次要肌群：菱形肌、三角肌后束、肱二头肌、前臂肌群*

5. 杠铃俯身划船

起始姿势：站立，膝关节微屈，双脚间距与肩同宽，躯干前倾；采用宽握距，头微微抬起，目视前方，背部挺直。拉起杠铃直至触碰大腿，然后恢复到初始位置（照片1.202~1.204）。

照片1.202　　　　　　　　照片1.203　　　　　　　　照片1.204

参与的肌肉

- *主要肌群：背阔肌*
- *次要肌群：斜方肌、菱形肌、三角肌后束*

1.6 硬拉

硬拉是力量举三大项的最后一个动作。这个动作具有其特殊性：动作要求腿和背完全伸直，因此对应部位的肌群都会被用到。

图1.6展示了力量举中硬拉的基础训练和额外辅助训练的安排。

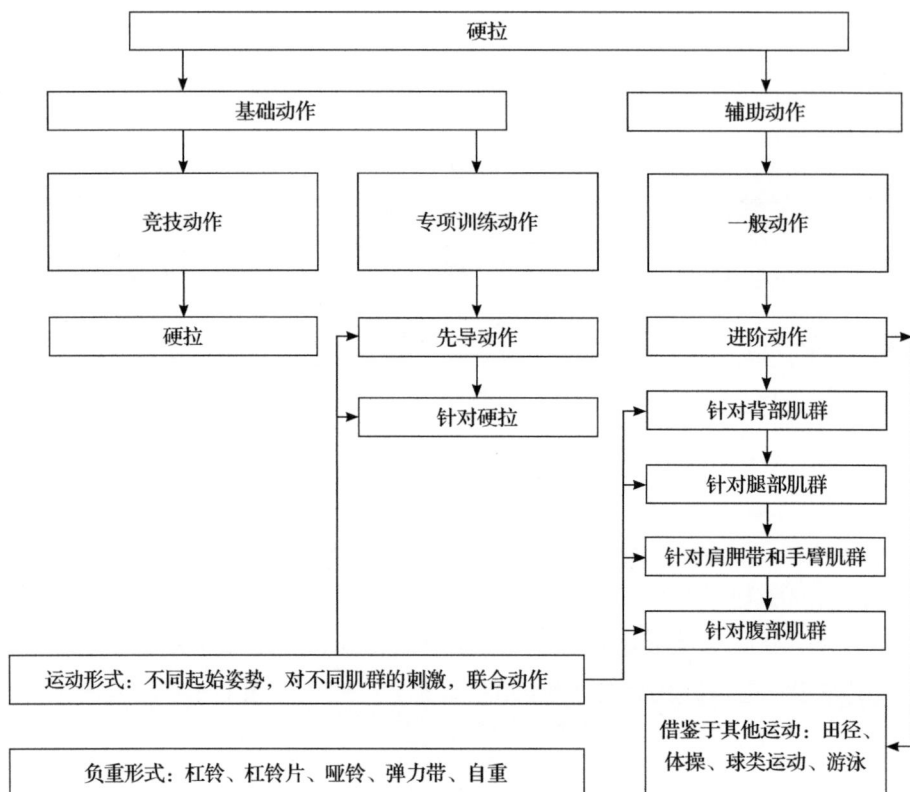

图1.6 硬拉的基础训练和额外辅助训练安排

图1.7展示了硬拉的树状结构，包含3个层次。竞技硬拉由"D1"表示。

第一层规范描述了起始姿势（站姿、箱子上、脚下垫高、史密斯机杠铃起始于膝盖高度、从中间垫高、坐姿）和动作幅度（全幅度或者仅是耸肩）。

第二层规范描述了杠铃的起始位置（膝盖上方、膝盖下方或位于膝盖高度）、杠铃的结束位置（竞技动作锁定位置、硬拉至膝盖高度）、握距、负重类型（杠铃、铁链、弹力带）、动作速度（停顿、慢放）。

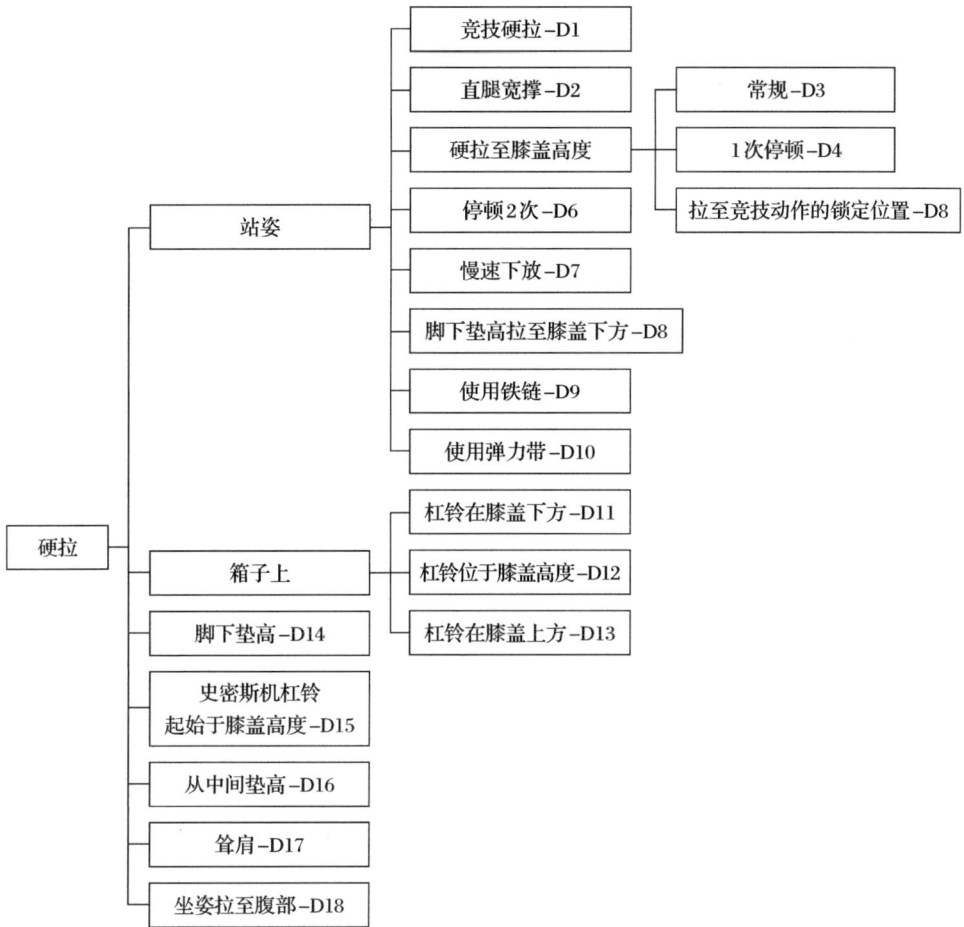

图1.7　硬拉动作树状结构图（V. V. Kostryukov, 2011）

　　第三层规范涉及拉至膝盖高度的硬拉，并且说明了其中的额外参数（常规、1次停顿、拉至竞技动作的锁定位置）。

1.6.1 第一类 竞技动作：硬拉

与深蹲和卧推相似，竞技硬拉动作需要遵循国际比赛规则的所有规范和要求。竞技硬拉动作可以采用"相扑"形式（照片1.205），也可以采用"传统"形式（照片1.207），还可以采用两者的结合形式（照片1.206）。

照片1.205　　　　　　照片1.206　　　　　　照片1.207

1.6.2 第二类 专项训练动作：硬拉的变种

这组硬拉动作包括专项训练的练习，又分为先导动作与一般训练。

1. 硬拉至膝高度

起始姿势：杠铃置于硬拉台，双脚分开站立为"相扑硬拉"站距或"传统硬拉"站距。将杠铃拉至膝关节下方，停顿2~3秒，之后将杠铃下放回硬拉台（照片1.208~1.210）。

照片1.208　　　　　　照片1.209　　　　　　照片1.210

2. 膝下停顿硬拉

这个动作是上一动作更为复杂的版本。

起始姿势：杠铃置于硬拉台，双脚分开站立为"相扑硬拉"站距或"传统硬拉"站距。拉起杠铃至膝关节下方5~8厘米，停顿2~3秒，然后完成动作至锁定姿势（照片1.211~1.213）。

照片1.211   照片1.212   照片1.213

3. 膝上停顿硬拉

起始姿势：杠铃置于硬拉台，双脚分开站立为"相扑硬拉"站距或"传统硬拉"站距。拉起杠铃至膝关节上方5~8厘米，停顿2~3秒，然后完成动作至锁定姿势（照片1.214~1.216）。

照片1.214   照片1.215   照片1.216

4. 膝上膝下两次停顿硬拉

起始姿势：杠铃置于硬拉台，双脚分开站立为"相扑硬拉"站距或"传统硬拉"站距。拉起杠铃至膝关节下方5~8厘米，停顿1~2秒。继续上拉杠铃，当杠铃到膝关节上方5~8厘米处，再停顿1~2秒。然后完成动作至锁定姿势（照片1.217~1.220）。

照片1.217   照片1.218   照片1.219   照片1.220

5. 竞技硬拉 + 膝下硬拉

起始姿势：杠铃置于硬拉台，双脚分开站立为"相扑硬拉"站距或"传统硬拉"站距。以竞技硬拉动作拉起杠铃至膝盖上方，呈锁定姿势，不下放杠铃到地面，而是降到膝盖下方后再次拉起杠铃至膝盖上方，呈锁定姿势。举起次数随举起重量变化。这个动作有助于运动员改善硬拉技术，提升腿部肌肉和躯干伸肌的力量，以及在锁定阶段的速度（照片1.221~1.224）。

照片1.221　　　　　照片1.222　　　　　照片1.223　　　　　照片1.224

6. 竞技硬拉 + 膝上硬拉

起始姿势：杠铃置于硬拉台，双脚分开站立为"相扑硬拉"站距或"传统硬拉"站距。以比赛硬拉动作拉起杠铃至膝盖上方，呈锁定姿势，不下放杠铃到地面，而是从膝盖上方再次拉起杠铃，呈锁定姿势。举起次数随举起重量变化。这个动作有助于训练者改善硬拉技术，提升腿部肌肉和躯干伸肌的力量，以及在锁定阶段的速度（照片1.225~1.228）。

照片1.225　　　　　照片1.226　　　　　照片1.227　　　　　照片1.228

7. 硬拉到膝 + 竞技硬拉

起始姿势：杠铃置于硬拉台，双脚分开站立为"相扑硬拉"站距或"传统硬拉"站距。运动员首先将杠铃拉起至膝关节下方（1~2次皆可），接着再做一次完整的竞技硬拉动作。这个动作主要是为了改善运动员的竞技硬拉技术。此外，它也可以提升腿部肌肉和躯干伸肌的力量（照片1.229~1.232）。

| 照片1.229 | 照片1.230 | 照片1.231 | 照片1.232 |

8. 低位硬拉（又名：超程硬拉）

起始姿势：运动员站在7~10厘米的高台上，双脚分开站立为"相扑硬拉"站距或"传统硬拉"站距（照片1.233~1.236）。将运动员垫高后，杠铃的行程变得更长，给腿部肌肉和躯干伸肌造成更大的负荷。这个动作可以增强硬拉启动所需的力量。低位硬拉的起始位置与普通硬拉不同，可能导致习得错误的技术，因此不建议新手使用该动作。

| 照片1.233 | 照片1.234 | 照片1.235 | 照片1.236 |

9. 膝下停顿低位硬拉

起始姿势：运动员站在7~10厘米的高台上，双脚分开站立为"相扑硬拉"站距或"传统硬拉"站距。拉起杠铃至膝关节下方5~8厘米，并停顿2~3秒，然后完成动作至锁定姿势（照片1.237~1.239）。

| 照片1.237 | 照片1.238 | 照片1.239 |

10. 膝上停顿低位硬拉

起始姿势：运动员站在7~10厘米的高台上，双脚分开站立为"相扑硬拉"站距或"传统硬拉"站距。拉起杠铃至膝关节上方5~8厘米，并停顿2~3秒，然后完成动作至锁定姿势（照片1.240~1.242）。

照片1.240　　　　　　　照片1.241　　　　　　　照片1.242

11. 铁链硬拉

起始姿势：杠铃置于硬拉台，双脚分开站立为"相扑硬拉"站距或"传统硬拉"站距。将铁链挂在杠铃两端，使得举起杠铃后增加杠铃负重，从而增大运动员腿部和背部肌肉的负荷。铁链负重在锁定阶段达到最大值。这个动作有助于运动员在锁定位置增强腿部和背部的力量（照片1.243~1.244）。

照片1.243　　　　　　　　　照片1.244

12. 膝下停顿铁链硬拉

起始姿势：杠铃置于硬拉台，双脚分开站立为"相扑硬拉"站距或"传统硬拉"站距。此动作的要点与动作2膝下停顿硬拉一样（照片1.245~1.247）。

照片1.245　　　　　　　照片1.246　　　　　　　照片1.247

13. 膝上停顿铁链硬拉

此动作的要点与动作3膝上停顿硬拉一样（照片1.248~1.250）。

照片1.248　　　　　照片1.249　　　　　照片1.250

14. 膝上膝下两次停顿铁链硬拉

此动作的起始姿势与动作要点与动作4膝上膝下两次停顿硬拉一样（照片1.251~1.254）。

照片1.251　　　　照片1.252　　　　照片1.253　　　　照片1.254

15. 低位铁链硬拉

此动作的起始姿势与动作要点与动作8低位硬拉一样（照片1.255~1.256）。

16. 膝下停顿低位铁链硬拉

此动作的起始姿势与动作要点与动作9膝下停顿低位硬拉一样（照片1.257~1.259）。

照片1.255　　　　　照片1.256

照片1.257　　　　　照片1.258　　　　　照片1.259

17. 膝上停顿低位铁链硬拉

此动作的起始姿势与动作要点与动作 10 膝上停顿低位硬拉一样（照片 1.260~1.262）。

| 照片 1.260 | 照片 1.261 | 照片 1.262 |

18. 膝下高位硬拉

起始姿势：杠铃置于低于膝关节高度的高台上，双脚分开站立为"相扑硬拉"站距或"传统硬拉"站距。此动作可以增强运动员腿部肌肉、躯干伸肌以及斜方肌的力量，还可以改善上半程硬拉的动作技术（照片 1.263~1.264）。

| 照片 1.263 | 照片 1.264 |

19. 膝上停顿高位硬拉

起始姿势：杠铃置于低于膝关节高度的高台上，双脚分开站立为"相扑硬拉"站距或"传统硬拉"站距。拉起杠铃到膝盖上方 5~8 厘米处停顿一次。此动作可以增强运动员腿部肌肉、躯干伸肌以及斜方肌的力量，还可以改善上半程硬拉的动作技术（照片 1.265~1.267）。

| 照片 1.265 | 照片 1.266 | 照片 1.267 |

20. 高位铁链硬拉

起始姿势：杠铃置于低于膝关节高度的高台上，双脚分开站立为"相扑硬拉"站距或"传统硬拉"站距。此动作可以增强运动员腿部肌肉、躯干伸肌以及斜方肌的力量，还可以改善上半程硬拉的动作技术（照片1.268~1.269）。

照片1.268　　　　　　　照片1.269

21. 膝上停顿高位铁链硬拉

起始姿势：杠铃置于低于膝关节高度的高台上，双脚分开站立为"相扑硬拉"站距或"传统硬拉"站距。拉起杠铃到膝盖上方5~8厘米处停顿一次。此动作可以增强运动员腿部肌肉和躯干伸肌以及斜方肌的力量，还可以改善上半程硬拉的动作技术（照片1.270~1.272）。

 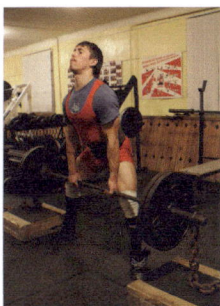 

照片1.270　　　　　　照片1.271　　　　　　照片1.272

22. 膝上高位硬拉

起始姿势：杠铃置于高于膝关节高度的高台上，双脚分开站立为"相扑硬拉"站距或"传统硬拉"站距。这个动作主要是为了加强硬拉的锁定阶段所需的力量，建议负重为可举起最大重量（即1-Repetition Maximum, 1RM）的90%~110%。此动作可以增强运动员腿部肌肉、躯干伸肌以及斜方肌的力量，还可以改善上半程硬拉的动作技术。将杠铃垫高可以针对发展锁定时所需的肌肉力量（照片1.273~1.274）。

照片 1.273　　　　　　　　照片 1.274

23. 慢放硬拉

起始姿势：杠铃置于硬拉台，双脚分开站立为"相扑硬拉"站距或"传统硬拉"站距。缓慢下放杠铃可以额外增加背部肌肉的负重。

1.6.3　第三类 一般动作：硬拉的肌肉辅助训练

力量举硬拉的常规辅助训练动作包括针对发展背部和腹部肌肉的动作。

1.6.3.1　发展背部肌肉的动作

1. 高位宽硬拉（从中间将杠铃垫高）

起始姿势：用一堆窄木板从中间将杠铃垫高，以宽距握住杠铃。在拉起阶段尽可能快速地起身，在下放阶段尽可能缓慢地下放杠铃。下放杠铃时，双腿需要微屈（照片 1.275~1.277）。

照片 1.275　　　　　　照片 1.276　　　　　　照片 1.277

参与的肌肉

- *主要肌群：大腿后侧肌群，臀部肌群*
- *次要肌群：脊柱伸肌（竖脊肌，分为 3 部分：棘肌、最长肌、髂肋肌）*

2. 耸肩

起始姿势：站立，双脚间距与髋同宽，伸直手臂握住哑铃。尽可能高地耸肩，接着恢复至初始位置（照片1.278~1.280）。

照片1.278　　　　　　　照片1.279　　　　　　　照片1.280

参与的肌肉

- *主要肌群：斜方肌上束和中束*
- *次要肌群：肩胛提肌、三角肌*

3. 山羊挺身

起始姿势：面朝下趴在器械上，固定双脚，双手抱头，躯干抬起与地面平行。下放躯干，接着缓慢抬起躯干至完全伸展（照片1.281~1.283）。此动作可以在头后方放置重物或者手持重物以增加负重（杠铃、杠铃片等）。

照片1.281　　　　　　　照片1.282　　　　　　　照片1.283

参与的肌肉

- *主要肌群：脊柱伸肌，竖脊肌*
- *次要肌群：臀部肌群，股二头肌*

4. 臀屈伸

起始姿势：面朝下趴在器械上，双手握住把手。保持背部平直，缓慢抬起小腿直至大腿与身体成一条直线，在此姿势保持1~2秒，此动作可增加负重练习。注意不要反弓背部（照片1.284~1.285）。

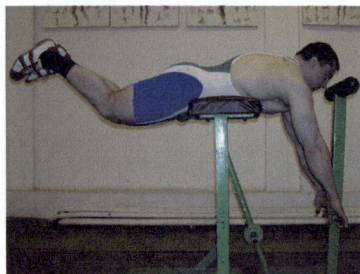 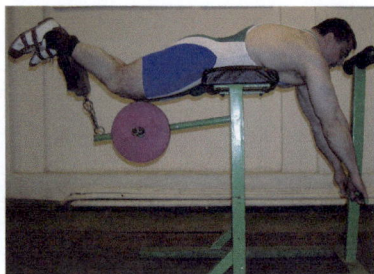

照片1.284　　　　　　　　　　　照片1.285

参与的肌肉

- *主要肌群：臀大肌*
- *次要肌群：竖脊肌*

5. 站姿杠铃体前屈

起始姿势：站立，双脚分开，将杠铃扛在肩上。双腿微屈，保持背部平直，前倾上身直到与地面接近平行，再回到初始位置（照片1.286~1.288）。

照片1.286　　　　　　照片1.287　　　　　　照片1.288

参与的肌肉

- *主要肌群：脊柱伸肌，竖脊肌*
- *次要肌群：臀部肌群、股二头肌*

6. 坐姿杠铃体前屈

起始姿势：坐于健身凳上，双脚分开，将杠铃扛在肩上。背部保持平直，前倾上身，再回到初始位置。动作的前倾角度视运动员的髋关节灵活度而定。前倾角度越大，脊柱伸肌的负荷就越大。切记前倾速度不可过快，否则会导致椎间韧带的损伤（照片1.289~1.291）。

照片1.289　　　　　　　　　　照片1.290　　　　　　　　　　照片1.291

参与的肌肉

- *主要肌群：脊柱伸肌，竖脊肌*

- *次要肌群：臀部肌群、股二头肌*

7. 站姿腿间负重体前屈

起始姿势：双脚间距略大于肩宽，手臂伸直并负重（壶铃、杠铃片等）。前倾上身，保持背部平直，双腿膝关节微屈，再回到起始位置（照片1.292~1.294）。

照片1.292　　　　　　　　　　照片1.293　　　　　　　　　　照片1.294

参与的肌肉

- *主要肌群：脊柱伸肌，棘肌，最长肌，髂肋肌*

- *次要肌群：臀部肌群、大腿后侧肌群*

8. 站姿杠铃体前屈加深蹲

杠铃位置和双脚位置与深蹲动作一致。第一步，上身前倾直至躯干与地面接近平行。第二步，以这个姿势做深蹲动作，此时肩膀与杠铃保持稳定，只有臀部向下移动。第三步，从深蹲动作回到体前倾动作。第四步，伸直背部回到初始位置（照片1.295~1.299）。

    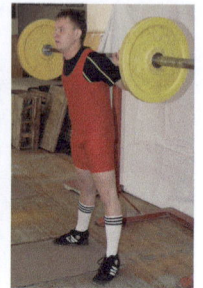

照片1.295   照片1.296   照片1.297   照片1.298   照片1.299

1.6.3.2 发展腹部肌肉的动作

1. 悬挂腿触杠

起始姿势：悬挂在横梁或单杠上。保持膝关节微屈，抬起双腿使双脚至单杠高度，然后回到起始位置。此动作主要由髋屈肌来完成（照片1.300~1.302）。

照片1.300   照片1.301   照片1.302

参与的肌肉

- *主要肌群：腹直肌*
- *次要肌群：腹斜肌、髂腰肌*

2. 悬挂举腿

起始姿势：手肘弯曲支撑在器械上，使身体竖直悬挂。抬起双腿直至与地面平行，然后回到起始位置。如果需要降低此动作的难度，可以让双腿于膝盖处微微弯曲（照片1.303~1.305）。

参与的肌肉

- *主要肌群：腹直肌*
- *次要肌群：腹斜肌、髂腰肌*

照片1.303　　　　　　照片1.304　　　　　　照片1.305

3. 平躺仰卧起坐

起始姿势：躺在水平的练腹健身凳上，双手背在头后，双腿膝关节微屈（这样可以降低腰椎的负荷）。抬起躯干，然后回到起始位置（照片1.306~1.308）。

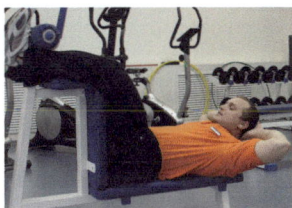  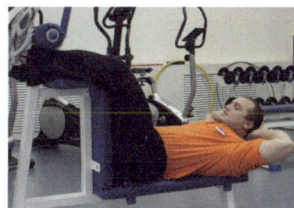

照片1.306　　　　　　照片1.307　　　　　　照片1.308

参与的肌肉

- *主要肌群：腹直肌*
- *次要肌群：髂腰肌*

4. 上斜仰卧起坐

起始姿势：双手背在头后，躺于上斜练腹健身凳上。此动作要点与前一动作一样。可通过手持重物来增加负重（照片1.309~1.311）。

照片1.309　　　　　　照片1.310　　　　　　照片1.311

参与的肌肉

- *主要肌群：腹直肌、腹斜肌*
- *次要肌群：髂腰肌*

第2章 力量举技术及生物力学的基本概念

运动行为的生物力学主要研究肌肉与骨骼系统的属性和功能及人类运动的基本概念、规则及经典力学规律。

体育项目的技术（即具体项目中运用的技术）是能提供基于具体项目、训练准则和竞技类型去完成运动目的的最有效的运动方案的方法和行动的集合。例如，在力量举中最佳的方法和行动的选择能使一位运动员利用其身心能力以最有效的方式举起最大重量的杠铃（在不违背竞技规则的情况下）。运动行为的组成和提升有多个阶段，它和训练过程密不可分。这可被定义为运动员的技术储备。

一位运动员对技术的熟练程度即为对其所施展动作的掌握程度，换言之就是项目技术。这和运动员训练的特点是相对应的，同时也是为了帮助运动员在竞技中取得成功。而技术训练的目的正是学习和完善动作技巧。

动作技术在体育项目需要的所有储备中占据了一个特殊的地位。运动员所施展的任何训练动作都可被视作其体能、策略和理论训练的结果。目前有许多专家认为技术储备在现代体育训练中代表了训练策略的方向。

由于任何运动（尤其在需要力量、速度和柔韧性的杠铃训练中）都有与之相关联的体能表现，对于动作的控制被视作重要技术的基础，必须与其他素质一同逐步发展。在运动成绩与大重量试举相关联的力量项目中，运动技巧可以被视作下意识地施展出技术动作的能力。

力量、速度和柔韧性的发展程度会影响训练动作的姿势和技术。因此，进行力量举运动中的杠铃训练时会伴随出现一些特殊的情况，同时运动员也会有以下动作特征。

1. 在用中小重量、极限重量甚至超越极限的重量进行训练时，运动员的肌肉系统会经历不同程度的动态和静态的压力。训练所使用的重量越大，参与运动的肌肉就越多。

2. 运动员的身体有着这大量连接的开放式运动链条，绝大部分连接有3个自由度，从而能巧妙地协调动作。

3. 在抗阻训练中，能观察到快速、相对平缓和静态的发力。有因惯性而出现的短距离动作表现，也有因身体各部位一起工作而做出的动作表现。当一个肌群主动进行动态运动时，关节周围的其他肌群将维持姿势的稳定，从而进行的是静态运动。无论是身体的整体还是局部，都存在动态和静态运动的持续变化和调整。

4. 在杠铃训练中会出现不常见的平衡状况。以运动员和杠铃为整体的质心会因训练动作的上升和下降全程都发生变化。例如深蹲，支撑重量的只是一块很小的区域，所以，当研究力量举训练技术时，运动员和杠铃必须被视作一个单一完整的有公共支点的力学单元。

运动员必须掌握无论杠铃有多重都能保持姿势不变形的能力，因为只有在姿势不变形的情况下进行训练才能将身体素质发展到新的水平，同时也会自然而然地提升现有技术。一部分在这方面的研究表明，随着杠铃训练使用的重量的提升，运动员的运动特征、力学运动特征和节奏运动特征都会出现变化。运动的空间和时间的特征会随着杠铃重量的提升而变化，同时也能观察到肌肉收缩的自然变化，这些变化被称为"肌肉发力感"。为了正确使用不同的重量进行训练，肌肉发力感是必须要有的。

另外，必须思考比赛中发生的各种情况。当运动员超常举起训练中从未举起过的重量时，其对动作的控制，也就是其神经系统基于过往训练经验所建立的充分募集运动单元工作的能力，已经达到了一个新的层次。运动员的身体在举起不同重量的杠铃时会学会不同的技能，从而掌握用更大的重量也能正确进行训练的能力。

技术的稳定性与运动员的抗干扰能力有关，也就是说无论是比赛还是常规状态，技术都应保持稳定。

2.1　竞技动作的技术结构

竞技动作的技术结构可以分成 3 类：技术的基础、要素和细节。

技术的基础由动作结构、力学结构和节奏结构这 3 个部分组成，为了以理想的方式达成动作目的，技术的存在是必要的。换言之，要以特定的顺序利用肌肉力量，正确的运动组合必须同时协调好运动的时间和空间。执行技术过程中违背或丢失任一组成要素都会使运动目的无法达成。以下要求可以被视作力量举运动技术的基础。

1. 在动作的向心阶段且无惯性协助时要建立关节的最优角度，尤其是在动作最困难的阶段（粘滞点）。

2. 按照从大肌群到小肌群的顺序，保持与动作相关联的肌群的激活。

3. 杠铃的移动轨迹需要是最高效的，且杠铃在动作的各个阶段均保持最佳的速度。

4. 为确保动作最终阶段的高效完成而创造必要的条件。

5. 为确保运动员的身体（尤其是组成身体的各部位）能够在施展竞技动作时更长久高效地传导肌肉力量至杠铃而创造必要的条件。

竞技动作的技术和其他任何系统框架一样，都有其各自的结构和定义的要素。主要要素的施展常常需要在相对短的时间内利用大量的肌肉力量。

技术要素对于实现动作表现来说是最重要且最关键的。例如，在跳高中，推进力就是技术的主要要素，需要速度和高步伐相结合；在投掷类项目中，则是最后那一瞬间的发力；在体操项目的跳跃中，则是在恰当的时候快速伸髋，随后停稳。施展这些基础动作时通常也需要在相对短的时间内利用大量的肌肉力量。

技术细节是不会干扰动作基础本身的次要运动特征。它们取决于运动员自身的形态和身体的功能性特点。正确使用适合特殊个体的独立技术便可被视作技术细节。

在体育学的理论和实践中，动作结构在运动中是一个相对稳定的要素，被视作一个整体。

动作结构是运动在时间和空间上的连接（运动学结构），也是力量和能量的相互作用（力学结构）。

当学习一个训练动作时，第一步就要确认其运动学结构。拍摄训练视频再做生物力学分析的方法可用于研究运动学结构。这种方法使追踪杠铃运动的轨迹、运动员的质心、杠铃的质心、运动员和杠铃作为一个整体的质心和运动员身体局部的位置变得可行。并且，训练的持续时间、各个阶段运动员身体在空间上的运动速度和加速度以及杠铃被举起的速度等信息都可以通过生物力学分析来确定。

力学结构是人体中各部位和外界因素（外界环境、训练装备、同伴和对手）间的自然力的相互作用（动态的）。

力学结构需要利用各种动态测量装置来进行分析，能够在设备被举起时收集与该动作相关的客观数据。例如，你能看到身体的局部与外界因素的交互，这能显示出运动员举起重量时的发力方式，并给出惯性阻力和特殊动作出现的原因。

节奏结构是随时间变化的运动、该运动持续时间的比率和该运动所有动作或单个动作细节间的相互联系。后续的动作的速度和持续时间取决于在特定时间内动作的侧重点。部分动作在方向、速度、加速和发力上是不同的。节奏结构需要用专门的时间指示器去测量。节奏结构能作为表示训练精通程度的一个特殊指标，它反映了动作在时间特征和空间特征上的特殊结合，同时也展示了动作的不同阶段的执行顺序。

训练的周期和阶段结构

周期指的是一件事从头到尾发生的这一段时间。在力量举中，一个周期可被视作拥有合理条件和高效训练动作的训练中的一个相对独立的部分。每一个周期中都会有显著的时间、空间、运动学、节奏等要素的特征的变化，可以看到一些相对完整的动作的完成。周期由一些拥有共同特点的阶段所组成。

运动目的可以被视作完成一些动作需要达到的普遍要求，这些要求由即将施展的动作的自然特点和其所处阶段的整体一致性决定。个体的每一个动作都有其明确的运动目的。例如，运动目的可以是达成特定的最终目标（例如完成一次深蹲），或者完成具体的运动表现。对运动控制的目的便是达成运动目的。运动目的就像某个等待达成的预期目标（根据 Bernshtein 的说法就是 "未来的目标"）。

阶段是一项训练中能达成运动目的的方法的组成部分。一个阶段是一次动作中的主要肌群的肌肉收缩类型的改变。先前的阶段会为后续阶段的进行创造最优的条件。根据 N. A. Bernshtein 的说法：" 任何运动的结束都是后续运动的开端。" 阶段的特点是其将维持一定时间，而该时长取决于运动员的体育素质、身高和杠铃的重量。将一个周期分成两个阶段是一种常见的做法，这么做能使一个阶段的结果迁移至后续运动目的中更重要的部分，甚至迁移至整个训练。

对竞技动作技术的每一个运动阶段的分析使运动的运动学特征和力学特征有一个更好的理解，并且帮助确认每一个特定阶段的变量和常量。运动员可以通过了解每个阶段的需求、阶段如何组合及作为运动的一部分阶段是如何被利用的，以获得训练结果，从而确定在整个训练中每个阶段所承担的角色，以便更好地理解和评估运动表现的水平。考虑到各独立因素的唯一性和运动的次序，阶段的结构对于正确的分析是很重要的。

要素是阶段的组成成分。如果说周期和阶段是伴随着个体技术训练必不可缺的部分，要素就代表着个体的技术，即技术细节。

力量举的 3 项竞技动作的动作施展过程通常被分成准备阶段、主要阶段和完成阶段。准备阶段指的是动作的起始姿势。它为即将进行的动作（深蹲、卧推和硬拉）创造最优化的条件，目的就是达成具体项目的运动目的。完成阶段（三大项的完成阶段）指的就是动作完成时的姿势。它为高效地完成主要运动目的提供必要的条件。

2.2　力量举中复合运动的生物力学视频分析

生物力学分析是分析体育训练的生物力学结构的一个过程。这种形式的分析是为了处理运动的组成问题及确定动作的生物力学规律。这种分析会研究那些在进行体育训练时出现的技术错误的成因和后果，并寻找解决这些问题的方法；会为训练的形式选择有效的个体解释，同时保持技术的完整性。对于任何运动员来说，基础技术的客观存在是必然的。拥有扎实的体育训练组成成分的基础知识对于掌握训练技术有重要的价值，也能促使训练目标的达成，所以，发展所有精英运动员都认可的同时也被用在生物力学结构基础阶段中的基础要求是很重要的。

与竞技动作属性相关的深入知识能在如何提升力量举选手的技术和新兴训练计划的构建上给出建设性建议。借助现代科技很容易使获取和信息可视化的过程变得高效，尤其是视频分析。视频分析的效果极大程度上取决于分析的方法和运动员或教练接纳这些信息的方式。

自19世纪以来，对人类及动物运动的运动学研究是利用对获取到的照片或者录像等图像信息进行单帧分析的方式来完成的。J. Marey（1830—1904）的研究是最早的对人类及动物运动的运动学研究之一。运动捕捉技术的应用使得对快速运动项目（例如"后空翻"）的人体运动学分析成为可能。

N. A. Bernshtein的发明的Kymocyclography是图像分析方法中最成功的研究成果。这种方法利用固定摄像机校准人体的运动关节的位置。将电灯泡附着在待测试的关节上，然后附着电灯泡的测试对象沿着垂直摄像机光轴的方向运动。一个带有小窗口的闭孔器具会在摄像机的镜头前旋转，时不时地出现在摄像机的前方，使得运动的轨迹断断续续，实际的轨迹坐标会被人工操作的立体镜头接收。根据DD Don教授（1971）的说法，这种记录运动的方式有明显的缺点：实验时间太长（完成一个周期需要花费高级实验技工两周的时间）且太复杂。

如今，Kymocyclography的校准功能已经趋于现代化了，例如，电灯泡被闪光灯取代，或者直接用反射标记替代。Kymocyclography是非接触式的，利用频率为100赫兹的闪光灯能确定具有长距离跨越的运动（例如跑步或者三级跳）的运动学特点和速度。

1970年和1980年在瑞士和意大利出现了无须人工操作便能确定运动坐标的技术。这种技术的核心是在人体的待测试部位附着带有红外不可见光谱的激活标记。CCD摄像头会将红外图像记录成数码信息并将标记的坐标记录在计算机的内存中。可惜的是，尽管运动数据的获取效率显著提高，但这项在实验室中完成的技术仍有几个缺点。

1. 当肢体旋转的时候，光源会从摄像机的视野中消失。

2. 部分运动轨迹会在标记源被身体部位遮挡的时候消失。

3. 在日光下，实验的精准度显著下降。

机械的运动记录仪在举重和力量举运动中都运用了很长时间，但现在逐渐开始用视频摄像机来有质量地准确记录运动轨迹中各个基点的联系。该领域中比较伟大的成就就是每秒能拍500~1000帧的高速数码相机的发明。由于红外辐射完全不可见且对人眼无害，直接对准附着在人体测试部位光标的红外辐射不会在研究期间对人眼造成干扰。反之，光标反射的红外光会被摄像机的CCD感应器捕获，从而能侦测到每一个反射光源中心的二维坐标。当使用多个摄像机时，计算机便能创建测试对象运动的三维模型。另外，相关的软件工具能为各种运动模式的可视化及量化分析提供丰富的条件。

某些情况下，可以不借助摄像机进行分析。基础的设置是将一套图像传感器排列成一个半径为30厘米的半圆。类似的设备已经在有肢体创伤的病人的康复流程中应用了。这种情况下，肢体运动时会依次遮住图像传感器，相关信息随后会被计算机记录并处理。捕获的数据将被用于创建角运动、速度和加速度的图表。

SPC"Videoscan"（莫斯科）的专家们发明了一套基于同步高速摄像机（帧率为每秒100~500）来做生物力学研究的软硬件系统。这套系统可以全自动和半自动地跟踪和反射运动员身体上的标记并且建立标记的空间移动轨迹，计算随时间产生的视觉、速度、标记的加速度和当前所选身体部位的质心位置的变化。

在价格方面，通常需要花费几百，甚至上千欧元的，如ELITE、SELSPOT、VICON、COSTEL、ARIEL、PEAK PERFORMANCE等同时代诞生的国外的运动学和力学特征的测量系统对绝大部分俄罗斯的研究中心来说是很昂贵的。

对力量举运动进行生物力学分析的软硬件

肌肉运动的计算机视频分析是基于对被一个或者两个摄像机捕获到的对象的主要图像数据进行算法处理来完成的。如果有必要的话，获取到的视频会被软件进行处理（裁剪视频、调整亮度、对比度、压缩设置等），分析人员还会利用特殊设计的程序对其进行分析。

发明一套软硬件系统的主要资源需求如下。

- 能使用任何摄像头。
- 不需要在运动员的身体和装备上做对比标记。这一点很重要，例如，在比赛中，事先在运动员身上做标记是不可能的。
- 使待测试对象的运动轨迹视觉化并能生成运动、速度和加速度的图表。
- 能将分析结果以可行的格式保存，能在其他的软件环境下重新打开。

由技术科学专业的博士，同时也是乌法国立航空技术大学信息和测量设备领域的教授Vladimir S. Festisov领导的科学小组，在2006年发明了研究力量举和举重运动员运动的运动学特征的软硬件系统。系统由硬件、软件和数据库3部分组成。

硬件包括如下内容。

1. 两套SONY HDR-HC3E摄像机，其中一套为主摄像机，另外一套作为备用。第二套摄像机并非必要，但还是可能会有帮助，尤其是在比赛中，待观察点被保护者或者器材遮挡或不好观察的时候。摄像机的类型并不重要，数码相机和模拟摄像机都可以。如果是数码相机，内置的视频模式应该开启。SONY HDR-HC3E摄像机能让你在3秒内捕捉200帧的图像。在普通模式下，只能达到每秒25帧，对于像举重或者力量举这样的运动来说已经足够了。

2. 闪存同步或者一个信标（beacon），都能简单地对两台摄像机捕获视频的顺序进行同步。特殊的强制同步两台摄像机的操作是不支持的，但是被不同摄像机在视频处理初期捕获到的视频可能会按照视频长度排序并进行同步。在记录运动的运动学特征部分的帧上选择一个在不同摄像机上都可见的"锚"（用于进行视频同步的参考帧）。存在的闪存或周期性信标信号能很大程度上地简化同步操作并且让其非常精准。

3. 计算机的视频处理，建议使用一台IBM的PC，或者拥有至少1GB内存的能兼容Windows 98/2000/NT/XP系统的计算机。如果能有针对视频编辑的额外的视频卡（或者数码视频接口IEEE 1394）和相关的软件，如Pinnacle Studio 10，是再好不过的。同样，一个DVD光驱也是可以利用的。笔记本电脑也能完成相同的工作。

使用Motion Trace（运动追踪）软件，教练能在运动员施展动作时快速定位其不足及高效地组织训练流程。这个软件的主要特点如下。

● 待测点（光标）运动的视觉化。

● 运动图表、速度、加速度、直角坐标系的扩张及待测试的对象点的捕捉都需要用户在视频的第一帧中做好标记。这个软件支持多达16个分析点，在一个能达到100帧的视频片段中对一个点的自动追踪可以达到80秒。

● 能正确组合视频片段和运动图表并将二者同时显示在屏幕上。

● 用户可使用附着在可移动或修正的点上的不同颜色的标签，输入水平线和竖直线的标记（图表）。

● 用户可以计算和监测当前运动员的质心、杠铃的质心和整体的质心的位置。为方便起见，在这个分析中的视频帧可以简化成动画骨架模型。

● 用户可以使用特殊的工具来区分有特征参考的帧并对其命名，这能使对各种训练阶段的分析变得便利。

这些表不仅能存储图中各个点的坐标，还能存储已选择的能用于在Excel中组织个人数据自动化计算的参考点的位置。

图2.1~2.3展示了典型的不同种类和阶段的力量举运动的运动追踪分析窗口。

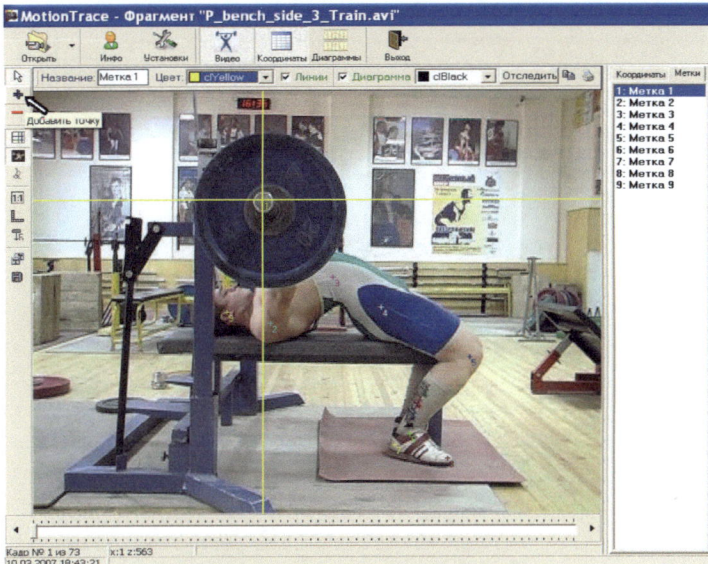

图2.1 同时标记不同的点

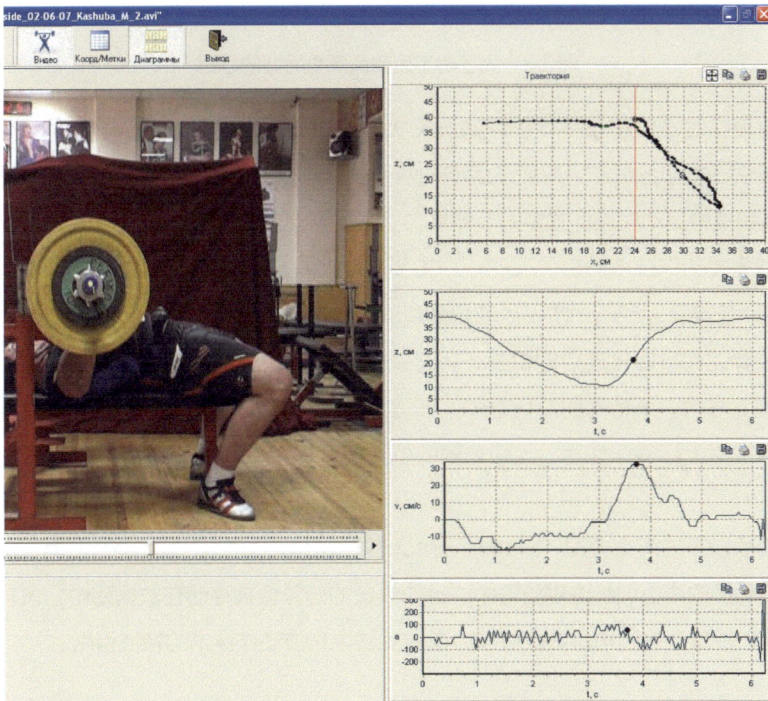

图2.2 杠铃中心的运动轨迹及其竖直方向上的运动、速度和加速度随时间变化的图表典例
（图表中的黑点表示当前可观察帧的位置）

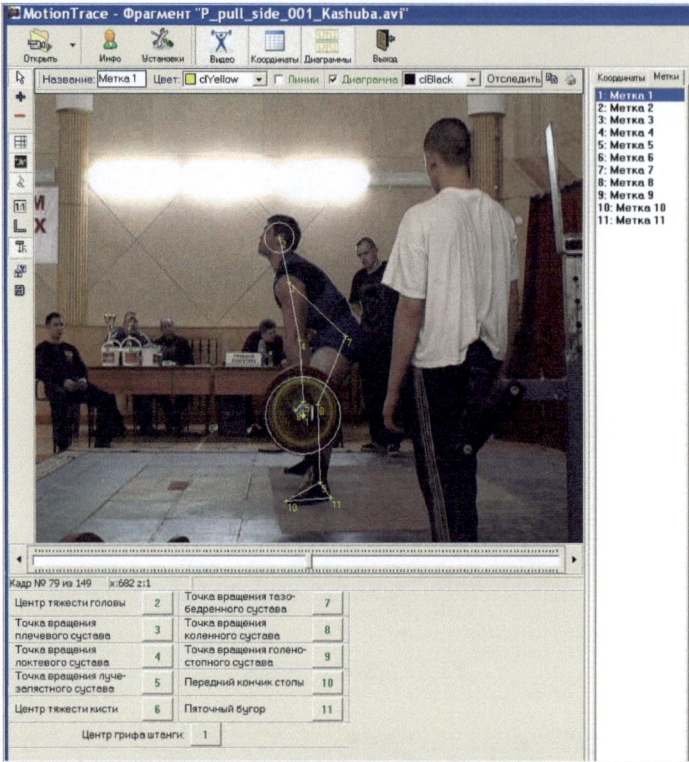

图2.3　为了确定运动员质心而做的标记

因为所有杠铃点位都在平行于运动员矢状面上移动，为了对任意一个点的"运动员-杠铃"系统做生物力学分析，了解点位运动的两个要素（垂直运动和水平运动）是至关重要的，这是任何杠铃点位运动轨迹的主要指示要素。

力量举竞技动作技术质量体现的一个主要特点就是杠铃质心（Center of Mass，CTS）的运动轨迹，它能体现空间中水平运动和垂直运动的情况。

为了计算运动员自身质心的位置，就必须知道运动员身体10个特殊点的坐标。这10个点列在屏幕下方的一个特殊的对话框中。在运动员身上做好相应的标记并标记杠铃的重心之后，它们会被附上标签。然后，当移动帧的位置时，追踪标签会自动指定并且质心会被自动计算。

为了覆盖以上的所有情况，Motion Trace软件可以记录和分析运动的生物力学特征，也能被用在运动员的线上训练进程管理中。运动参数的信息会被存储在数据库中，该软件也允许对训练技术创建定制化的模型并获取在力量举运动中竞技动作技术的特征引用。

　　为了提升数据的可读性，该软件提供了一个输入线框模型的功能，该功能将视频帧的主图像隐藏，只显示出几何结构。

　　运动员的质心在细小的点线的交界处，整体的公共质心在短线的交界处。这个图像能为训练技术的教学和掌握提供帮助，避免训练中出现错误，也能帮助安排训练进程和选择正确的纠正竞技动作技术的训练（图2.4）。

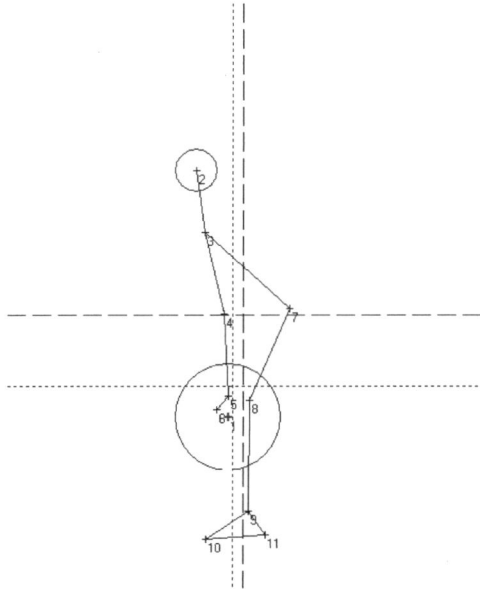

图2.4　线框模式

　　由VS Fetisov和他的团队发明的这一套软硬件系统在帮助运动员备战国家级、欧洲级和世界级力量举锦标赛中起到了很大的帮助。这套系统能根据运动员的个体特征去辨别特殊的运动错误从而使训练效果最大化。

　　生物力学、运动学和运动员动作的时空结构的视频分析的可行性和可用性，使得相关的软硬件系统不仅在俄罗斯力量举和举重的国家队中得到了利用，而且也扩展到了各体育机构和俱乐部的教学流程中。

2.3 深蹲技术

深蹲是力量训练中最有效的增肌训练之一，它是一个多关节动作，涉及非常多的大小肌群，可以说几乎所有的下半身肌肉都会在这个动作中被激活。该动作中不同的运动模式能够将负荷转移至不同的肌群。

深蹲的训练效果是毋庸置疑的，深蹲在不同体育项目的运动员的训练中都有着重要的地位，这就是最好的证明。这些体育项目包括滑雪、投掷类田径项目、短跑、跳高、摔跤、拳击、足球（国际足球和北美分支）和其他各种运动。

深蹲作为力量举的第一个比赛项目，调整好心态会对接下来的所有比赛有积极影响。如果不能有效地完成运动任务是不可能在深蹲项目中取得好成绩的。这需要正确的技术，正确的技术则基于技术规则和要求。

2.3.1 深蹲的技术规则

力量举中深蹲的技术规则和口令是由俄罗斯力量举联合会的主席团认可的，也符合国际力量举联合会的要求，具体要求如下。

1. 运动员将杠铃水平扛在肩上，面向举重台的前方。双手可握住杠铃的任意位置或直接接触内筒。将杠铃扛出深蹲架之后，运动员需要后退并确定出起始姿势。赛场上的保护员可以协助运动员将杠铃从深蹲架上扛出。

2. 当运动员调整好姿势（保持躯干竖直且膝关节锁定）之后，主裁判会给出开始的信号。信号是主裁判将手臂往下挥的同时喊出口令"下蹲"（squat）。在给出信号之前，运动员可以做出不违反起始姿势规则的任何动作。

3. 在收到主裁判的开始信号之后，运动员必须屈膝下蹲使大腿上部在髋关节的交界（近端[①]）要低于膝盖的最高点（远端）。只要运动员有了屈膝动作，就会被视作开始试举。运动员全程只允许做一次下降的尝试。

4. 当运动员恢复到身体竖直的状态从而完成动作之后，主裁判给出将杠铃放回深蹲架的信号，信号是手腕向后挥同时喊出口令"回杠"（rack）。信号给出之后，运动员便可将杠铃放回深蹲架。

5. 在"回杠"口令给出后，运动员脚底的任何移动都是允许的。当运动员回杠时，保护者可以协助其回杠（为了安全）。

6. 在比赛进行的时候，赛场上的保护者不多于5人且不少于2人。

---

① 近端——大腿离躯干更近的那一端，远端——大腿离躯干更远的那一端。——译者注

2.3.2　深蹲的阶段结构

本书的这一个部分会提供数位国内外[①]的专家对深蹲阶段的定义。这些信息是从一些专业的期刊和文章中收集的，经过总结后形成下文的图表。尽管深蹲的阶段结构和其个体的组成要素已经被国内外的专家在各类杂志文章中提及，但至今还没有被系统化地分析和总结。

L. Ostapenko（1998）和B. Sheiko（2003，2010）就竞技力量举的三大项的阶段结构以专家的角度做了总结。

许多国外的专家并不认为准备姿势很重要并且完全忽略了深蹲动作完成阶段要扛稳杠铃并将其放回深蹲架的过程（表2.1~2.2）。唯一的例外就是由乌克兰的荣誉教练A. Stetsenko（表2.1）提出的深蹲的阶段结构。

表2.1　国外专家提到的深蹲的阶段结构（L .Ostapenko, 1998；B. Sheiko, 2003, 2010）

作者＼阶段	John Lear（加拿大）	Bill Jamison（美国）	Thomas Harrier（美国）	A. Stetsenko（乌克兰）
阶段1	从深蹲架上扛出杠铃并建立起始姿势	从深蹲架上扛出杠铃	从深蹲架上扛出杠铃	靠近杠铃、握住杠铃并用背扛住杠铃
阶段2	下蹲	建立起始姿势	建立起始姿势	将杠铃扛出并建立起始姿势
阶段3	蹲起	下蹲	准备并且开始下蹲	下蹲
阶段4		蹲起	下蹲	蹲起
阶段5			蹲起	站稳
阶段6				将杠铃放回深蹲架并下场

[①] 本书中的"国内"指俄罗斯，"国外"指俄罗斯以外的国家及地区。——译者注

表2.2　由俄罗斯专家提出的深蹲的阶段结构（B. Sheiko 2005, 2010）

作者 阶段	I. Belsky	Y. Nazarenko S. Tye	B. Sheiko	L. Ostapenko	R. Tsedov	B. Schetina
阶段1	开始	开始	握杠，并将杠铃扛在肩上再扛出深蹲架	靠近杠铃、握杠并将杠铃扛在肩上	将杠铃扛出深蹲架	靠近杠铃
阶段2	靠近杠铃	下蹲	后退并建立起始姿势	将杠铃扛出深蹲架	后退并建立起始姿势	建立起始姿势
阶段3	深蹲	下蹲的过程	下蹲并达到适合的深度	后退并建立起始姿势	接收下蹲口令	以合适的速度下蹲
阶段4	保持完成姿势	蹲起	蹲起	准备深蹲	深蹲	达到深蹲的最大幅度
阶段5		建立完成姿势	建立完成姿势	下蹲	达到足够的深度	蹲起
阶段6			将杠铃放回深蹲架	蹲起	蹲起	接收回杠口令
阶段7				保持完成姿势	接收回杠口令	将杠铃放回深蹲架
阶段8				将杠铃放回深蹲架	将杠铃放回深蹲架	离开赛场

B. Schetina描绘了6个主要阶段和2个辅助阶段，2个辅助阶段分别是阶段1（靠近杠铃）和阶段8（离开赛场）。

根据B. Schetina的说法，缺少关于阶段持续时间和阶段中达成目的的数据，会使为了竞技动作的训练和技术提升而学习这些理论材料的实践效果降低。

在巴什科尔托斯坦的体育研究所的举重部门对深蹲动作的生物力学分析中，我选择了一组运动员作为研究对象，得出了深蹲的运动学结构的变化结果。我将深蹲分成3个周期、6个阶段和10个组成要素（图2.5展示了颈后杠铃深蹲的运动学结构）。

第一周期——准备阶段（由2个阶段和5个要素组成）

阶段1. 预备姿势

要素： 握杠并站在杠铃下方、将杠铃扛在肩膀上并且将杠铃扛出深蹲架

阶段2. 起始姿势

要素： 从深蹲架向后回退、确立站距、调整杠铃

第二周期——试举阶段（2个阶段和2个要素）

阶段3. 蹲下

要素： 下蹲到合适的幅度

阶段4. 蹲起

要素： 克服"粘滞点"蹲起

第三周期——最终阶段（2个阶段和3个要素）

阶段5. 保持最终姿势

要素： 彻底伸直膝关节、保持完成姿势

阶段6. 回杠

要素： 放回杠铃

需要注意的是各个阶段都需要与之相对应的时间去完成，时间的长短取决于运动员的技术、运动员的身高和杠铃的重量。在大多数情况下，技术的组成要素取决于个体、形态和功能性的差异特征，对这些特征的合理利用能组成运动员不同的个体技术，能使技术适配于不同的运动员（要使得运动员利用所有合理的技术）。遗漏或违反至少1个阶段或者组成要素会使运动目的的达成变得不可能。分析已经展现在训练过程中的上述深蹲技术的运动学结构，能提升运动员施展动作的效率和熟练程度。

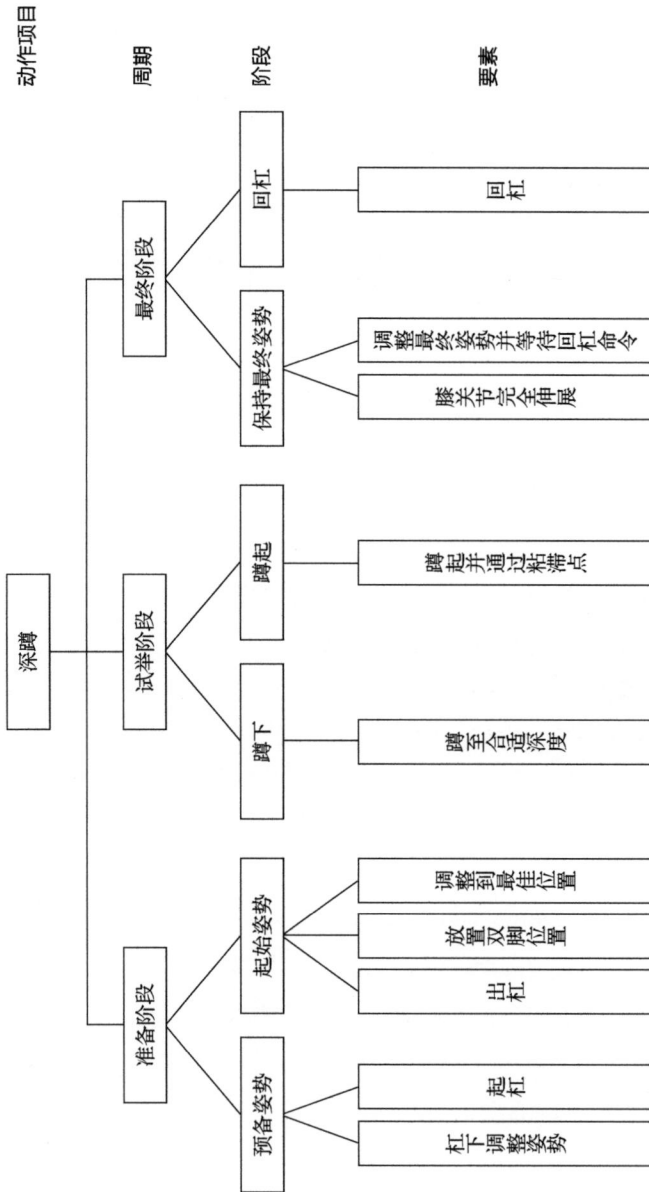

图2.5　颈后杠铃深蹲的运动学结构（B. Sheiko 2005, 2010）

2.3.3　深蹲的技术结构 [①]

能施展一项特别的动作不仅要有身体素质基础，还需要有技术方面的知识。动作的组成会受相应规则的影响，这些规则使打造高效的训练进程变得可能。例如，为了施展出深蹲的动作结构，运动员需要反复且精确地重复正在学习的动作技术的阶段。

在基础的深蹲教学中，教会运动员以正确的次序完成深蹲动作是很有必要的，不仅要教授所有的周期、阶段和要素，还要教授每一个待完成的要点的前因后果。

组成深蹲的有3个周期、6个阶段和10个要素，所以在这一节中会配合图例来详细讲解每一个周期。

第一周期——准备阶段（2个阶段）

阶段1. 预备姿势

从握杠到将杠铃扛出深蹲架都属于阶段1。其运动目的是创造建立准备姿势的最优条件。

1. 握杠

目前比赛规则中允许使用以下2种握杠方式（照片2.1~2.2）：

五指都握在杠铃杆的同一侧（虚握）；

四指握在杠铃杆一侧，大拇指握在另一侧。

每一个运动员双手间的握距根据各自的具体情况而定，主要取决于肩、肘关节的柔韧性和肌肉围度。有一些专家认为每侧的握距都应该比肩宽宽7~10厘米。

照片2.1　虚握

照片2.2　常规握法

---

① 当作者在撰写此内容时，选用的材料借鉴于：Mark Rippetoe，A. Samson，N. Kichaykinoy，G. Sam-sonov，B. Shtetina, et al.。

有其他一些人认为需要比肩宽宽10~12厘米的距离来支撑杠铃。当具体实施这个细节时，手肘应该稍稍往后抬起以防止杠铃往后滑落。在支撑杠铃时，上背部和双手手腕应该呈一个很准确的"三角形"，这可以使杠铃在整个深蹲动作中安全地被扛在运动员的背上（照片2.3~2.5）。

照片2.3　R. Gadiev　　　　照片2.4　A. Tarasenko　　　　照片2.5　A. Malanichev

2. 站在杠铃下方

站在杠铃下方时应该采取相对窄的站距，偏向标准姿势（正常站立），那样的话在随后扛起杠铃的时候，运动员不会失去平衡（照片2.6~2.9）。

照片2.6　　　　　　照片2.7　　　　　　照片2.8　　　　　　照片2.9

3. 将杠铃扛在肩上

在力量举中，杠铃被扛在三角肌后束的后侧和斜方肌的中束位置，运动员上半身微微前倾。为了保持杠铃被扛在肩上，需要用双手协助支撑杠铃，虽然这样会提升腕关节的压力，但这项技术明显减少了脊柱的力臂并且减小了背部肌肉的负担。上半身的前倾角度越大，腿部的压力越小，而背部承受的压力越大。低杠技术本身会增大身体的前倾角度。在前倾角度较大的姿势下，裁判是不会给出下蹲的口令让运动员开始下蹲的。

4. 将杠铃扛出深蹲架

伸直双腿并挺直腰背即可将杠铃扛出深蹲架。当杠铃被扛在肩上时，躯干肌肉会收紧，肩胛骨也要收紧（照片2.10~2.11）。

照片2.10

照片2.11

阶段2. 起始姿势

该阶段从运动员扛出杠铃后的回退到调整杠铃并确定起始姿势。此阶段的运动目的是让运动员身体的运动链条中的各组成要素间的相互作用保持稳定和高效，从而确定好起始姿势。

要素：运动员从深蹲架向后回退、确定站距、调整杠铃并确定起始姿势。

1. 从深蹲架向后回退

该要素需要后退一步或者两步，具体几步主要取决于深蹲架的设计。然后运动员要建立一个稳定的姿势，那样整体的质心会平均分摊在脚后跟到脚尖之间，也就是在足中的位置（照片2.12~2.15）。

照片2.12

照片2.13

照片2.14

照片2.15

2. 确立站距

就深蹲站距来说，有很多选择（请看照片2.16——4届世界冠军Nikolay Suslov）：有选手选择能达到的最宽的站距（照片2.18——2届世界冠军Maxim Podtynnyy）；大部分选手选择稍宽于肩宽的普遍被采用的站距（照片2.17——6届世界冠军Victor Furazhkin）。

照片 2.16 N. Suslov　　　　照片 2.17 V. Furazhkin　　　　照片 2.18 M. Podtynnyy

　　站距越大，双腿间打开的角度就越大，能使大腿更加平行于脚掌。而在脚尖相对更超前的窄站距中，相比起朝两边打开角度更大的宽站距，膝盖在深蹲中会前移更多。这是因为窄站距时膝盖前侧到大腿后侧的距离是很长的，这个距离越长，膝盖就需要前移更多以适应深蹲这个动作（Mark Rippetoe，2007）。

　　图2.6中脚尖朝外的窄站距深蹲和拥有不同脚尖角度的动作展示出这种深蹲姿势的膝盖前移的位置是不同的。

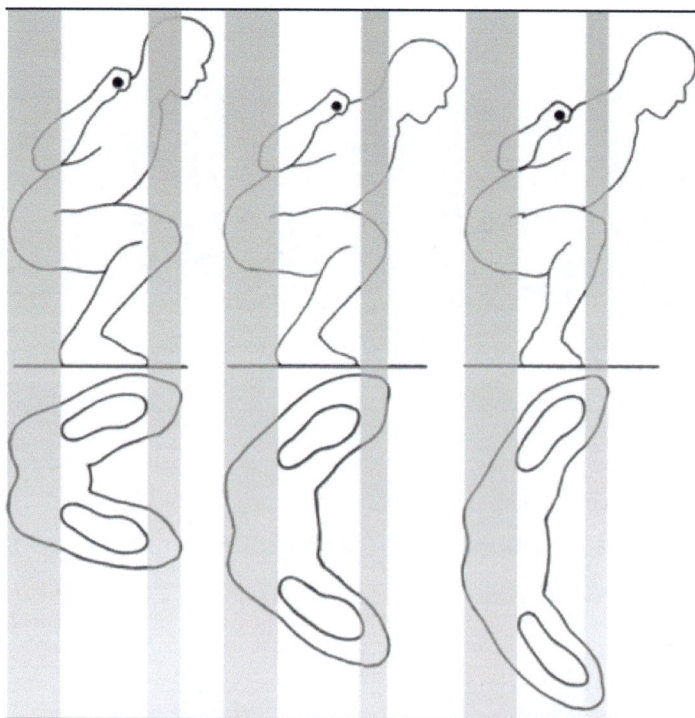

图2.6　这幅图出自 Mark Rippetoe 的文章《普及生物力学》

在力量举深蹲中如果使用非常宽的站距，那么下蹲时膝盖只会前移一点，同时小腿通常能保持差不多垂直于地面的姿势。但是如果脚尖朝前，宽站距深蹲中的膝盖前移距离小，就发挥不出作用，因为那样会导致膝关节的上下关节连接位置发生偏移[①]，这在人体解剖学上来说是错误的。

对于每一个运动员来说，只存在唯一的能最高效地发挥肌肉力量的最佳深蹲站距。通常膝关节应该往脚尖的方向移动，头需要稍稍抬起。

许多教练认为不同的深蹲站距对腿部肌肉有不同的影响。为了验证这一点，Paoli、Marcolin和Petrone（2009）进行了一次实验。他们测量了在3种不同的深蹲站距下使用不同的负重（无负重，30%1RM，70%1RM）：做3组10次的深蹲训练时腿部肌肉的肌电活动。组间休息6分钟。测量电极被放置在以下肌肉上：股内侧肌、股外侧肌、股直肌、腘绳肌、臀大肌和臀中肌。结果实验只发现了臀大肌的肌电活动在不同负重下的区别，采用宽站距的情况下，随着负重的增大，臀大肌的激活程度就越大，其他肌群并没有表现出显著的活动程度的区别（Paoli Marcolin）。

3. 调整杠铃确定准备姿势

调整杠铃确定准备姿势时需要绷紧手臂肌肉，"激活"膝关节，快速呼吸几次以便挺胸，并且最后一次呼吸应吸入最大肺活量的3/4。为了让脊柱附近的深层肌肉保持紧张，训练者应该适当地激活腹直肌。

第二周期——试举阶段（2个阶段）

阶段3. 蹲下阶段

从屈膝下蹲到达到合适的深蹲幅度（"突破角度"）的过程属于阶段3。

这个阶段的运动目的是基于比赛规则使下蹲幅度突破90度角（照片2.19~2.21）。

照片2.19　　　　　　　　照片2.20　　　　　　　　照片2.21

在裁判给出"开始"（start）口令之后，运动员快速有力地吸一口气后稳定身体并在动作全程保持憋气。I. Seregina（1965）的研究表明，观察到的对力量型运动最有效的呼吸方式是短呼吸后憋气（Valsalva Maneuver）。当屏住呼吸时，能在肩扛大重量时形成一股对脊柱

[①] 膝盖的位置不自然，膝盖和脚尖无法保持同一个方向。——译者注

的"支撑力"。在此阶段中肋骨需要适当撑起，同时拉紧手肘。

Mark Rippetoe建议深蹲时要保持平衡，也就是说杠铃应该在足底中间1/3处的正上方。在进行大重量深蹲时，无论将杠铃扛在哪儿（肩上或者背上），只要杠铃移动的轨迹保持垂直，就能保持杠铃不偏离位置。如果偏离了位置，杠铃将失去平衡并减速到一个粘滞点，此时运动员可能需要恢复平衡或者直接彻底失去平衡[1]。

Rippetoe也建议运动员在下蹲阶段注意以下内容。

1. 所有为杠铃提供支撑的骨骼——髌骨、髋骨和脊柱需要伸直锁定，那样肌肉才有足够的力量维持其他的细节姿势。

2. 杠铃应该位于足底中间1/3处的正上方。许多教练都强烈建议"运动员－杠铃"整体的质心在足中的正上方。例如，Frederick C. Hatfield（1982）声称："深蹲中普遍出现的问题就是骨骼肌协调不得当。重量压在脚后跟的上方会使杠铃往前偏移太多。这样容易造成深蹲时弯腰，那么在这种重量几乎都被转移给背部肌肉承担的情况下，在粘滞点位置维持伸髋的状态（hold the hips through critical point）几乎是不可能的。因此，将质心集中在脚后跟会使得髋部肌肉发力几乎全部转移，背部肌肉在此情况下仅仅是部分参与。所有类型的深蹲——宽、窄或中等站距都需要将质心集中在足弓处，严格控制在中间位置。"

M. Ostapenko（1994），S. Looking、M. Anold、Y. Batygin（1998）持有相反的观点，他们支持将质心主要集中在脚后跟。一些俄罗斯的专家认为只有在宽站距的情况下才有可能使质心保持在脚后跟。双脚站得越宽，质心就会越靠近足底的脚后跟区域，略宽于肩的站距会使质心主要集中在足中，只有少部分偏移至脚后跟。而在窄站距下，质心会主要集中在足中并稍微往脚尖偏移。

下蹲阶段，膝盖在垂直面移动并穿过足底的中线。膝盖的位置取决于躯干的角度和杠铃的位置。

使用杠铃扛在胸上的深蹲姿势[2]和杠铃扛在背后的高杠和低杠位的颈后深蹲姿势时，躯干和地面的垂线之间都会有不同角度的偏差。在不同的深蹲姿势下，肌肉骨骼系统的运动在动作底端和顶端会有不同，这是杠铃在身体上的位置相对于髋关节和膝关节的不同而导致的。

由Mark Rippetoe完成的力学分析说明了躯干角度能决定杠铃扛在身上的位置，当杠铃被扛在背上时，它的位置应该处在足中上方，并且足底要平踩在地面上。如果不是这样的话，运动员的身体的力学结构会是低效的。

当杠铃被扛在上背部（举重式深蹲）或稍稍低于肩胛骨时[3]，身体会保持一定程度的前倾，

---

① 即运动员要么克服粘滞点，要么深蹲失败被杠铃压下去。——译者注

② 即前蹲。——译者注

③ 即稍稍低于肩胛骨上沿，也就是通常我们说的低杠深蹲。——译者注

使杠铃在地面的投影正好落在足中范围。杠铃被扛在背上的位置越高，躯干和地面的垂线之间所需的用来满足质心条件的角度就越小（图2.7）。

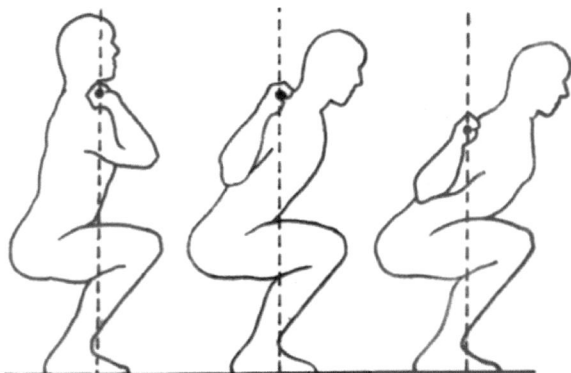

图2.7　这幅图出自Mark Rippetoe的文章《普及生物力学》

这意味着高杠位的颈后深蹲相比低杠位来说，躯干前倾的角度更小。当进行前蹲训练时，运动员的姿势和举重式的高杠位深蹲的姿势[①]一样。但是身体前倾的角度比起颈后深蹲来说更小一点。

大幅度地前倾身体会增大脊柱承受的压力，同样，后倾身体将质心放在脚后跟会增大下肢肌肉所承受的压力。

髋关节的外旋应该和足底的外旋角度一致。如果双脚间的站距足够宽，就能帮助运动员减轻任何膝关节上的非线性压力（扭转），同时能够确保内收肌参与发力。因此，膝关节和足底的外旋角度很大程度上取决于站距的宽窄。窄站距的深蹲可以配合脚尖朝向外侧打开的姿势，也可以配合脚尖打开5~10度几乎朝前的姿势。但无论如何在深蹲时膝盖必须朝脚尖的方向移动以确保大腿和足底保持平行，同时膝盖应该保持在一个平面内运动，这样能保证髌骨、髌骨韧带和胫骨平台间的线性关系不变。这三者应该处在一条直线上，那样膝关节才能在没有过度磨损的情况下工作，尤其是在负重的情况下。

有一些外国专家已经表达过这样的观点：在深蹲下落的阶段，胫骨必须垂直于地面。当胫骨垂直于地面时，膝关节的负担会减小。

在背部垂直的情况下前移膝盖会使得胫骨和股骨在深蹲底端时更加偏向于成一个锐角，这样会使腘绳肌收缩、髋外展的角度更大。所以，当进行杠铃扛在胸口上的前蹲训练时，比起颈后低杠位深蹲，股四头肌和臀部肌肉承受的压力更大，因为这些肌肉在前蹲姿势下依旧保持着很强的收缩。

Mark Rippetoe（2007）认为，在深蹲的底端至顶端之间，运动员的运动轨迹可能会偏

---

① 这里所指的姿势是身体前倾的程度。——译者注

离理想状态，但是如果起始姿势和完成姿势不理想，那么运动员的技术就存在人体力学上的错误，在进行深蹲时会比使用正确的技术时更困难。运动员的肌肉骨骼系统在深蹲时会找出最高效的使用肌肉发力的方式。将运动员与杠铃作为一个整体，会在各肌群工作的物理规则的限制下，做出这种代偿的行为。

在深蹲的底端，"运动员－杠铃"的力学结构系统处于一种平衡的状态：

脊柱的胸椎和腰椎段应该严格地固定住；

杠铃应位于足中的正上方；

足底平稳地踩在地面上；

大腿与足底所在平面平行（脚掌支撑整个身体）；

髋臼（髋关节的中心）要低于髌骨的最高点。

人体是多面的非固定系统，平衡状态意味着相对于具体关节的旋转中心的外部扭矩（杠铃重力的力矩和各身体部位的重力）必须由此关节所处的生物力学链条上的肌肉来平衡。

阶段4. 蹲起阶段

这个阶段从腿做出伸直的动作开始，一直到克服"粘滞点"蹲起时结束。阶段4的运动目的是成功克服"粘滞点"。

深蹲的蹲起阶段从膝关节做出伸直的动作开始，大腿和小腿间的平均角速度一般为2.0~2.2转/秒。当膝关节开始伸直时，可以观察到大腿和躯干之间的角度在0.2~0.24秒内减小[1]。N. Kichaykina和G. Samsonov（2010）认为这是下肢的两个角度[2]，发生变化的结果，并且下蹲时躯干也会前倾到必要的角度来维持身体的平衡。

所有的运动员，不论他们的技术和经验如何，都会在深蹲的蹲起阶段遇到同样的困难（"粘滞点"）。通常在大腿和通过膝盖的与地面平行的横线之间的角度达到30度的时候会遇到粘滞点。在粘滞点上，下肢肌肉会处于一个极度不利于发力的状态，因为此时臀部肌肉的激活程度已经被削减到了最小，同时腿部的伸肌正承受着最大的负荷。

由N. Kichaykina和G. Samsonov（2010）完成的实验的结果显示，在深蹲的蹲起阶段开始之后的0.16~1.20秒，运动员会开始做出伸髋动作。当使用60%1RM时，伸髋动作就会受到抑制，从而会有一个持续0.04秒的类似平台期的角度变化阶段。当使用80%1RM时，伸髋动作会延长0.02秒，角速度大致一样，之后会同样遇到一个持续0.06秒的角度变化平台期。力量举专家指出伸髋角度变化一旦进入平台期便意味着动作达到"粘滞点"，这与身体各部位的空间位置是相对应的。

---

[1] 作者的意思是在做出伸膝动作的那一瞬间，运动员会先抬起臀部，所以会导致屈髋的角度略微增大。——译者注

[2] 这里指的是屈膝角度——大小腿之间的角度和屈髋角度——大腿和躯干之间的角度。——译者注

根据力学规则，要消除"粘滞点"是不可能的，它只能被削减（使运动员的肌肉骨骼系统在垂直方向上承受的过量的压力达到最小）。"粘滞点"的形成和体现会在1/10秒内出现，也就是说，在这一瞬间内对"运动员-杠铃"的整体系统做出快速的动作纠正是不可能的。

克服"粘滞点"的唯一方法就是大腿肌肉充分发力并且头部往后顶起[1]，这能增强杠杆作用以协助伸髋。肩部和臀部必须以同样的速度上升。呼气只能在上升阶段的后1/3行程中进行（照片2.22~2.24）。

照片2.22　　　　　　　　照片2.23　　　　　　　　照片2.24

第三周期——最终阶段（稳定地达到目标状态）（2个阶段）

阶段5.保持最终姿势

从腿和臀部彻底伸直且杠铃静止不动到裁判给出"回杠"口令之间的阶段均属于阶段5。

此阶段的运动目的是让膝关节彻底伸直并且稳定地做出深蹲完成姿势直到主裁判给出"回杠"的口令（照片2.25~2.27）。

照片2.25　　　　　　　　照片2.26　　　　　　　　照片2.27

要素： 彻底伸直膝关节、调整最终姿势，并在主裁判给出"回杠"口令后回杠。

1.彻底伸直膝关节

在蹲起阶段的后1/3行程中，伸直髋关节，并与膝关节的彻底伸直同步。如果伸膝比挺直背部要快，整体的质心就会从足中前移，从而加大背部肌肉的负担，特别是腰椎部分的负担，

---

①让头部找到微微上顶的感觉，保持头颈部的中立位。——译者注

并且不利于运动员成功蹲起杠铃。

2. 调整至最终姿势并且主裁判给出"回杠"口令

当膝关节和髋关节彻底伸直之后，运动员应维持背部肌肉收紧的状态，继续保持专注，直到赛场上的主裁判给出"回杠"口令（照片2.25~2.26）。

阶段6. 回杠

阶段6从运动员做出将杠铃放回深蹲架的动作开始至杠铃被确认已放回深蹲架上。

本阶段的运动目的就是将杠铃放回深蹲架。

当主裁判给出"回杠"口令之后，运动员往前走一小步将杠铃放回，此时要保持肌肉的紧张并且提起肋骨。比赛的技术规则允许保护员在运动员放回杠铃时给予协助。照片2.25~2.26中就有保护者协助运动员将杠铃放回深蹲架的情形。

2.3.4　高水平运动员的深蹲技术

2.3.4.1　K. Pavlov的深蹲技术

Konstantin Pavlo是受尊敬的俄罗斯体育大师，他曾获得10届世界冠军并且是世运会VI-X的银牌获得者、世界卧推冠军、11届欧洲冠军、2届欧洲青年组冠军、3届欧洲卧推冠军、12届俄罗斯全国冠军。

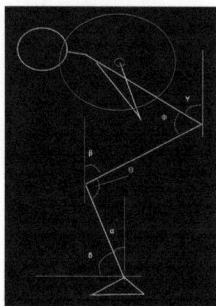

以下视频截图（第1帧~第9帧）展示了深蹲的基本要素：
1. 起始姿势
2. 杠铃在起始姿势往下12~15厘米的高度
3. 杠铃在下蹲行程的正中
4. 杠铃在离深蹲底部5~7厘米的高度
5. 深蹲底部
6. 杠铃在离深蹲底部8~10厘米的高度
7. 杠铃在蹲起行程的正中
8. 杠铃在完成姿势下方12厘米
9. 完成姿势

图2.8　角度示意图

第1帧：起始姿势

他采用常规握法（全握杠铃，四指握在杠铃杆一侧，大拇指握在另一侧），双手间的握距比肩宽宽约15厘米。杠铃被扛在三角肌后束和斜方肌中束的位置，腰背挺直，略微前倾，背角（γ）大致是10度。要使杠铃被扛在这个位置是困难的，所以运动员必须用手稳稳地支撑住杠铃。下巴微微抬起。身体和杠铃的整体重心大致落在足中位置。

双腿与肩同宽，两脚后跟中心点之间的距离大概是40厘米。脚尖朝外的角度为30~35度。膝盖朝向与脚尖的方向保持一致。踝角（δ）为89度，膝角（θ）为177度，髋角（ϕ）为168度（角度示意图如图2.8所示）。

第1帧

第2帧

第3帧

第4帧

第5帧

第6帧

第7帧

第8帧

第9帧

第1~9帧：K. Pavlov的深蹲

第2帧：杠铃在起始姿势下方12~15厘米的高度

在下蹲过程的初始阶段，运动员的最大下蹲速度达到30厘米/秒。踝角（δ）为77度，膝角（θ）减小到137度，髋角（ϕ）为120度。背部是挺直的，下蹲过程中运动员略微前倾，背角（γ）增大到20度。

第3帧：杠铃达到下蹲行程的正中

在这张视频截图中，杠铃大致是在行程的正中。踝角（δ）减小到85度，膝角（θ）为120度，髋角（ϕ）为100度，背角（γ）增大到25度。下蹲的速度削减至18厘米/秒。

第4帧：杠铃在离深蹲底部约5~7厘米的高度

杠铃离深蹲底部5~7厘米时，下蹲的速度再次增大至25厘米/秒。踝角（δ）减小到75度，膝角（θ）减小到85度并且髋角（ϕ）减小到70度。背角（γ）增大到30度。

第5帧：深蹲底部

运动员蹲到最深的幅度。踝角（δ）减少了15度，为60度。膝角（θ）减小至58度，髋角（ϕ）减小到53度。背角（γ）继续增大至35度。下蹲的速度减小到0。质心的位置从足中微微往脚尖的前方移动。

第6帧：杠铃在离深蹲底部约8~10厘米的高度

杠铃在离深蹲底部有8~10厘米的高度。在这个阶段，蹲起速度提升到48厘米/秒。踝角（δ）增大到75度，膝角（θ）为85度，髋角（ϕ）增大到70度。背角（γ）减小到30度。膝角和髋角的增大意味着运动员激活腿部和背部力量从深蹲的最底端开始发力蹲起。

第7帧：杠铃在蹲起行程的正中

在上一阶段之后，运动员开始减速，在本阶段速度减小至30厘米/秒（帧7）。减速意味着杠铃已经达到"粘滞点"区间。踝角（δ）为85度，膝角（θ）接近125度，髋角（ϕ）增大至105度。背角（γ）为25度。此时运动员不断地在保持腿部和背部肌肉的发力。

第8帧：杠铃在完成姿势下方12厘米

在短暂的停留之后，运动员重新加速并达到最大的蹲起速度，即50厘米/秒。此时踝角（δ）为87度，膝角（θ）和髋角（ϕ）已经分别增大到140度和125度。在这个阶段，腿部和背部肌肉仍然在持续发力，所以背角（γ）减小至20度。

第9帧：完成姿势

运动员进入完成姿势的状态，踝角（δ）为89度，膝角（θ）接近177度，处在完成姿势时膝盖和踝背屈的角度和起始姿势时的一样。由于背部肌肉在整个过程中承受过巨大的负荷，运动员是像起始姿势那样挺直背部的。髋角（ϕ）为166度，背角（γ）为12度，这两者都比在起始姿势时减小了2度。

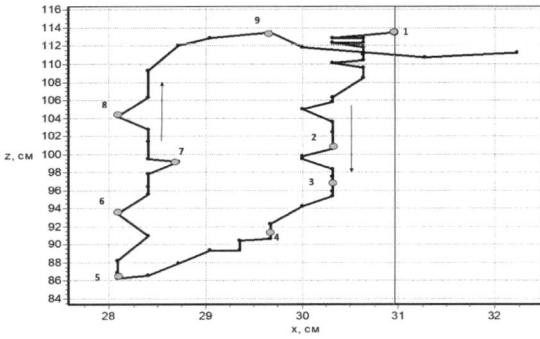

1. 起始姿势
2. 杠铃在起始姿势往下12~15厘米的高度
3. 杠铃在下蹲行程的正中
4. 杠铃在离深蹲底部5~7厘米的高度
5. 深蹲底部
6. 杠铃在离深蹲底部8~10厘米的高度
7. 杠铃在蹲起行程的正中
8. 杠铃在完成姿势下方12厘米
9. 完成姿势

图2.9 K. Pavlov在深蹲时,"运动员－杠铃"整体系统的质心运动轨迹

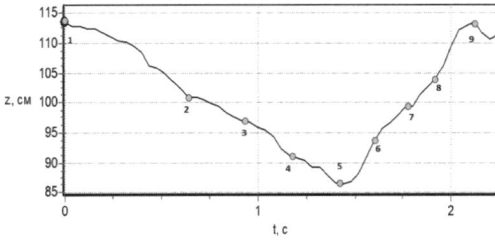

1. 起始姿势
2. 杠铃在起始姿势往下12~15厘米的高度
3. 杠铃在下蹲行程的正中
4. 杠铃在离深蹲底部5~7厘米的高度
5. 深蹲底部
6. 杠铃在离深蹲底部8~10厘米的高度
7. 杠铃在蹲起行程的正中
8. 杠铃在完成姿势下方12厘米
9. 完成姿势

图2.10 杠铃质心在矢状面的运动

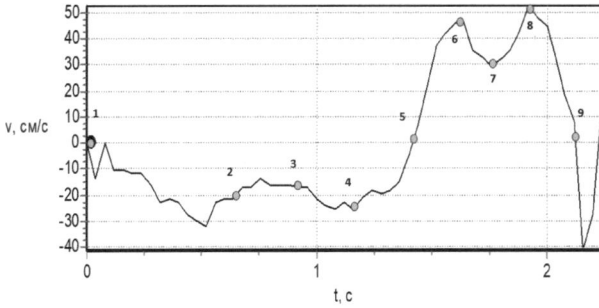

1. 起始姿势
2. 杠铃在起始姿势往下12~15厘米的高度
3. 杠铃在下蹲行程的正中
4. 杠铃在离深蹲底部5~7厘米的高度
5. 深蹲底部
6. 杠铃在离深蹲底部8~10厘米的高度
7. 杠铃在蹲起行程的正中
8. 杠铃在完成姿势下方12厘米
9. 完成姿势

图2.11 杠铃质心在矢状面上的运动速度

在分析这一次试举的起始姿势时（如图2.9~2.11），我们看不到任何错误的技术：运动员常规握杠，握距比肩宽宽15厘米。杠铃被扛在三角肌后束和斜方肌中束上并且腰背挺直，身体微微前倾，整个上半身的倾斜角度很小。下巴微微上抬。质心大致在足中。双脚与肩同宽，脚尖朝外40~45度。膝盖的朝向与脚尖的方向一致。

在第2帧和第3帧中，运动员是无法像起始姿势一样保持上半身的倾斜角度不变的，倾斜角度会增大。除此之外，第4帧和第5帧中，他下蹲的速度没有增大，如此一来要蹲到大腿突破平行地面的下蹲幅度会有困难，因为使用了缠绕式护膝，屈膝难度较大。他的膝盖比脚尖超出3厘米并且下落过程中背部的倾斜角度在增大，这意味着质心会从足中转移至脚后跟。在第6帧和第7帧中，背部倾斜程度在从底部蹲起时不断减小并且膝盖从超过脚尖的位置伸直到比脚尖靠后的位置，这又使得大部分压力转移到运动员的背部肌肉上。

2.3.4.2　E. Kovalkov的深蹲技术

帧1~9展示了俄罗斯体育大师、俄罗斯国家杯（2008、2009）银牌得主Evgeny Kovalkov（来自巴什科尔托斯坦共和国乌法市）深蹲技术的基本要素。

视频截图（第1~9帧）展示了Evgeny Kovalkov深蹲技术的基本要素的特点。角度示意图如图2.12所示。

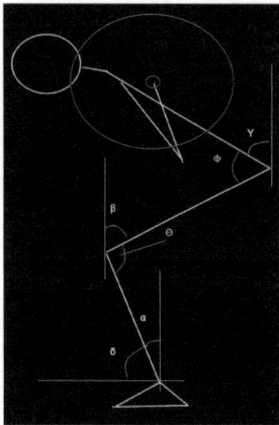

深蹲技术的主要要素：
1. 起始姿势
2. 杠铃在起始姿势往下10厘米的高度
3. 杠铃在下蹲行程的正中
4. 杠铃在离深蹲底部6~8厘米的高度
5. 深蹲底部
6. 杠铃在离深蹲底部6~8厘米的高度
7. 杠铃在蹲起行程的正中
8. 杠铃在完成姿势下方10厘米的高度
9. 完成姿势

图2.12　角度示意图

第1帧

第2帧

第3帧

第4帧

第5帧

第6帧

第7帧

第8帧

第9帧

这是从Evgeny Kovalkov的深蹲视频中选取的截图，他是俄罗斯国际体育大师，重量级为110千克级，杠铃重量为275千克（V. Fetisov，2009）。

第1帧：起始姿势

以常规握法握住杠铃，双手握距比肩宽宽12厘米。杠铃被扛在三角肌后束和斜方肌上，背部挺直，上半身微微前倾。背角（γ）为10度。将杠铃扛在背上时很困难的，所以运动员必须稳稳地握紧杠铃。下巴微微抬起。杠铃和运动员整体的公共质心大致在足中。双脚与肩同宽，两脚后跟之间的距离为55厘米。脚尖外八的角度为40~45度。膝盖朝向与脚尖朝向保持一致。踝角（δ）为90度，膝角（θ）为180度，髋角（φ）为170度。

第2帧：杠铃在起始姿势往下10厘米的高度

开始下蹲时，下蹲速度达到最大的45厘米/秒。踝角（δ）减小到80度，膝角（θ）减小到140度，髋角（φ）减小到130度。背部挺直并且保持紧张。下蹲时运动员会略微前倾身体，所以背角（γ）会增大到25度。

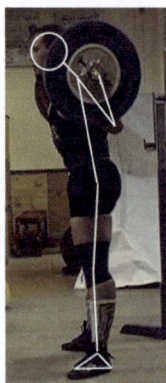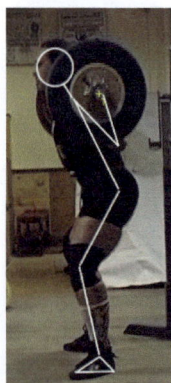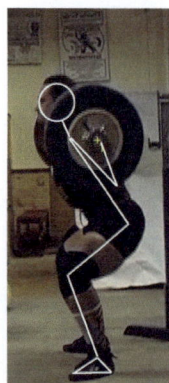

第1帧　　　　　　第2帧　　　　　　第3帧

第3帧：杠铃在下蹲行程的正中

在这张视频截图中，杠铃大致下落到下蹲行程的正中。踝角（δ）减小至70度，膝角（θ）减小至110度，髋角（φ）减小至100度。背角（γ）增大到35度。下落的速度保持不变，为45厘米/秒。

第4帧：杠铃在离深蹲底部6~8厘米的高度

在离深蹲底部6~8厘米的高度，下蹲速度已经减小到40厘米/秒。踝角（δ）持续减小到65度，膝角（θ）减小到90度并且髋角（φ）减小到70度。背角（γ）维持35度不变。

第5帧：深蹲底部

杠铃已经到达深蹲的底部。踝角（δ）减小了5度，为60度，膝盖前移的幅度达到了最大，超过了运动员的脚尖3厘米。膝角（θ）减小到65度，髋角（φ）减小到55度；背角（γ）依然维持35度不变。下蹲的速度在深蹲底部为0。质心已经从足中微微向脚尖方向偏移。

第4帧　　　　　　　第5帧　　　　　　　第6帧

第6帧：杠铃在离深蹲底部6~8厘米的高度

杠铃在离深蹲底部6~8厘米的高度。在这个阶段，蹲起的速度提升至42厘米/秒。踝角（δ）已经增大到70度，同时膝角（θ）增大到90度、髋角（ϕ）增大到65度、背角（γ）增大到45度。膝角、髋角的增大意味着运动员已经激活腿部肌肉使其发力从底部开始往上蹲起。这种情况下，背部肌肉才会被逐渐激活。

第7帧：杠铃在蹲起行程的正中

在第6帧之后，杠铃的上升速度开始减小，在帧7中速度减小至38厘米/秒（图2.14）。杠铃的减速意味着达到了"粘滞点"。此时踝角（δ）增大到75度，膝角（θ）增大到110度，同时髋角（ϕ）增大到80度。背角（γ）仍然为45度。运动员继续保持腿部的发力，此时背部肌肉的激活程度相比腿部肌肉依旧较少。在这个姿势下，大部分压力开始从腿部往背部转移。

  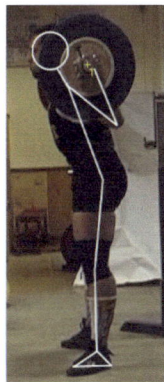

第7帧　　　　　　　第8帧　　　　　　　第9帧

第8帧：杠铃在完成姿势下方10厘米的高度

在短暂的停滞后[①]，蹲起速度开始持续增加并达到最大值66厘米/秒。踝角（δ）增大到80度，膝角（θ）增大至150度，同时髋角（ϕ）也已经增大到140度。在这个阶段，运动员的背部肌肉会和腿部肌肉一同保持激活状态，所以背角（γ）减小到30度。

第9帧：完成姿势

在第9帧中，E. Kovalkov已经做出了深蹲的完成姿势。此时踝角（δ）增加到90度，膝角（θ）近乎180度。完成姿势时的踝背屈和屈膝的角度和起始姿势时的角度几乎一致。由于此时背部肌肉在承受非常大的压力，运动员是无法完全像起始姿势时一样彻底挺直背部的，所以此时髋角（ϕ）为160度，相比起始时背角增大。

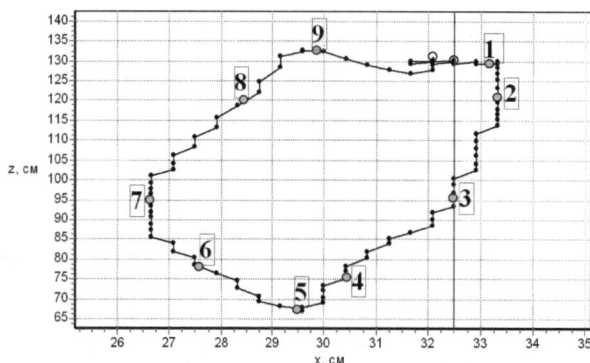

1. 起始姿势
2. 杠铃在起始姿势往下10厘米的高度
3. 杠铃在下蹲行程的正中
4. 杠铃在离深蹲底部6~8厘米的高度
5. 深蹲底部
6. 杠铃在离深蹲底部6~8厘米的高度
7. 杠铃在蹲起行程的正中
8. 杠铃在完成姿势下方10厘米的高度
9. 完成姿势

图2.13　E. Kovalkov（V. Fetisov，2009）在深蹲时，"运动员－杠铃"整体系统的质心运动轨迹

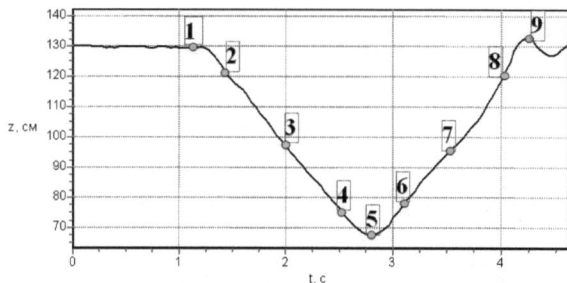

1. 起始姿势
2. 杠铃在起始姿势往下10厘米的高度
3. 杠铃在下蹲行程的正中
4. 杠铃在离深蹲底部6~8厘米的高度
5. 深蹲底部
6. 杠铃在离深蹲底部6~8厘米的高度
7. 杠铃在蹲起行程的正中
8. 杠铃在完成姿势下方10厘米的高度
9. 完成姿势

图2.14　杠铃质心在矢状面的运动（V. Fetisov，2009）

---

① 即突破粘滞点之后。——译者注

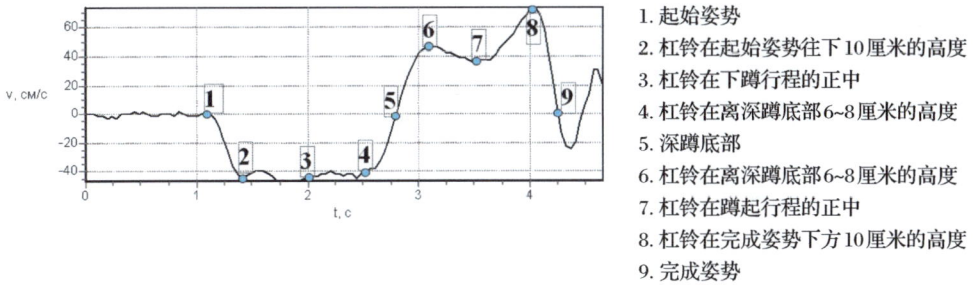

1. 起始姿势
2. 杠铃在起始姿势往下10厘米的高度
3. 杠铃在下蹲行程的正中
4. 杠铃在离深蹲底部6~8厘米的高度
5. 深蹲底部
6. 杠铃在离深蹲底部6~8厘米的高度
7. 杠铃在蹲起行程的正中
8. 杠铃在完成姿势下方10厘米的高度
9. 完成姿势

图2.15　杠铃质心在矢状面的运动速度（V. Fetisov，2009）

表2.3

重量 单位：千克	下蹲阶段垂直方向的最大位移 单位：厘米	下蹲阶段的时长 单位：秒	下蹲的最大速度 单位：厘米/秒	下蹲的最大加速度 单位：厘米每二次方秒
275	66	1.5	40	250

表2.4

膝盖超过脚尖的最大距离 单位：厘米	蹲起阶段垂直方向的最大位移 单位：厘米	蹲起阶段的时长 单位：秒	蹲起的最大速度 单位：厘米/秒	蹲起的最大加速度 单位：厘米每二次方秒
3	68	1.5	66	260

　　深蹲时，运动员无法维持上半身的倾斜角度不变，因此倾斜角度会在10度（起始姿势）到35度（深蹲底部）之间变化。除此之外，下蹲的速度在第3帧和第4帧中并没有提升，这会在使用缠绕式护膝的情况下增大下蹲到比大腿平行地面更深的幅度的难度，因为缠绕式护膝会将膝关节包裹得非常紧。下蹲时膝盖超出脚尖3厘米以及上半身倾斜角度的增大会使杠铃的重心前移。从深蹲底部蹲起之后，上半身的倾斜角度不断增大（从开始蹲起至上半身的倾斜角度为45度的时候）会使得运动员的背部肌肉承受大部分压力（图2.13~2.15）。

　　由表2.3~2.4可知，下蹲阶段垂直方向的最大位移是66厘米，蹲起阶段垂直方向的最大位移是68厘米，膝盖超出脚尖的最大距离是3厘米。

下蹲阶段的时长为1.5秒，下蹲的最大速度为45厘米/秒，下蹲的最大加速度为250厘米每二次方秒。

蹲起时间为1.5秒，蹲起的最大速度为66厘米/秒，蹲起的最大加速度为260厘米每二次方秒。

深蹲的完整时长为3秒。

2.3.4.3　Alexey Serov的深蹲技术

Alexey Serov，俄罗斯体育大师，巴什科尔托斯坦共和国青年组冠军及纪录保持者，其技术细节见表2.5~2.6。

第1帧

第2帧

第3帧

第4帧

第5帧

第6帧

第7帧

第8帧

第9帧

深蹲的视频截图如第1~9帧所示，"运动员-杠铃"整体系统的质心运动轨迹如图2.16所示。Alexey Serov体重为99.6千克，身高为185厘米，深蹲重量为235千克。质心在矢状面的运动和运动速度如图2.17所示。

第1帧：起始姿势

常规握杠（四指握在一侧，大拇指握在另一侧）。运动员双手的握距比肩宽宽15厘米。杠铃被扛在斜方肌中束和三角肌后束上，腰背保持挺直，上半身微微前倾。背角（γ）为20度。由于使用这种姿势扛杠铃是有难度的，所以运动员必须用双手紧紧握住杠铃。运动员和杠铃的公共质心大致在足中位置。双腿的站距为肩宽大致相同，双脚脚后跟间的距离为40厘米。脚尖朝外的角度为15~20度。膝盖与脚尖的方向保持一致。踝角（δ）为88度，膝角（θ）为178度，髋角（ϕ）为160度。

第2帧：杠铃在起始姿势下方10厘米的高度

在下蹲的初始阶段，速度达到70厘米/秒。踝角（δ）减小到70度，膝角（θ）减小到125度，髋角（ϕ）减小到116度。背部保持挺直，收紧。下蹲过程中，运动员上半身微微前倾，背角（γ）增大到29度。

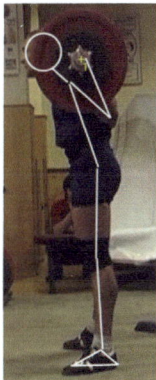  

第1帧　　　　　　　第2帧　　　　　　　第3帧

第3帧：杠铃在下蹲行程的正中

在这张视频截图中，杠铃大致在下蹲行程的正中。踝角（δ）减小到65度，膝角（θ）减小到105度，髋角（ϕ）减小到94度。背角（γ）增大到36度。下蹲的最大速度达到80厘米/秒。下蹲的最大加速度为300厘米每二次方秒。

第4帧：杠铃在离深蹲底部8~10厘米的高度

此时，杠铃在下蹲途中，并且到达离深蹲底部8~10厘米的高度，下蹲速度已经减小到60厘米/秒。踝角（δ）持续减小到56度，膝角（θ）减小到102度，膝盖已经超过脚尖。髋角（ϕ）减小到68度。背角（γ）增大了2度，为38度。

第5帧：深蹲底部

运动员已经下蹲到最深的幅度。踝角度减小到54度，运动员的膝盖超出脚尖7厘米。膝角减小到53度，髋角减小到49度，上半身的倾斜角度（背角）增大到40度。下落速度此时为0。质心从足中略微往脚尖前向移动。

第4帧　　　　　　　第5帧　　　　　　　第6帧

第6帧：杠铃在离深蹲底部10厘米的高度

杠铃上升至离深蹲底部10厘米的高度。在这个阶段，蹲起的速度增大到60厘米/秒。踝角（δ）增大到59度，膝角（θ）增大到81度，髋角（ϕ）增大到62度。背角（γ）维持40度不变。髋角和膝角增大意味着运动员已经开始激活腿部肌肉从深蹲底部往上蹲起，此时背部肌肉的激活程度比腿部肌肉小。

第7帧：杠铃大致在蹲起行程的正中

第6帧过后，运动员的蹲起速度减小并且在帧7的时候达到45厘米/秒（图2.13）。这个减速过程意味着杠铃已经抵达"粘滞点"。踝角（δ）增大到62度，膝角（θ）增大到100度，髋角（ϕ）增大到84度。背角（γ）增大到44度。运动员持续激活腿部肌肉，此时背部肌肉的激活程度仍然低于腿部。在这个阶段，绝大部分压力开始往背部转移。

第8帧：杠铃在完成姿势下方10厘米的高度

在短暂的下降之后，蹲起速度重新开始增大，并且达到最大值90厘米/秒。踝角（δ）增大到75度，膝角（θ）增大到140度，髋角（ϕ）增大到125度。在这个阶段，运动员的背部肌肉同腿部肌肉一样得到激活，所以背角（γ）减小到30度。

第9帧：完成姿势

此时运动员已经做出完成姿势，踝角（δ）为86度，膝角（θ）接近175度，完成姿势时的踝角和膝角与起始姿势时几乎一致。髋角（ϕ）为159度，背角（γ）为20度。

第7帧　　　　　第8帧　　　　　第9帧

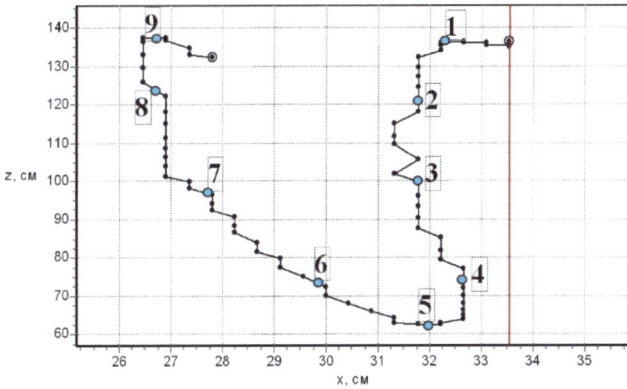

1. 起始姿势
2. 杠铃在起始姿势下方10厘米的高度
3. 杠铃在下蹲行程的正中
4. 杠铃在离深蹲底部还有8~10厘米的高度
5. 深蹲底部
6. 杠铃在离深蹲底部8~10厘米的高度
7. 杠铃在蹲起行程的正中
8. 杠铃在完成姿势下方10厘米的高度
9. 完成姿势

图2.16　A. Serov在深蹲时，"运动员－杠铃"整体系统的质心运动轨迹

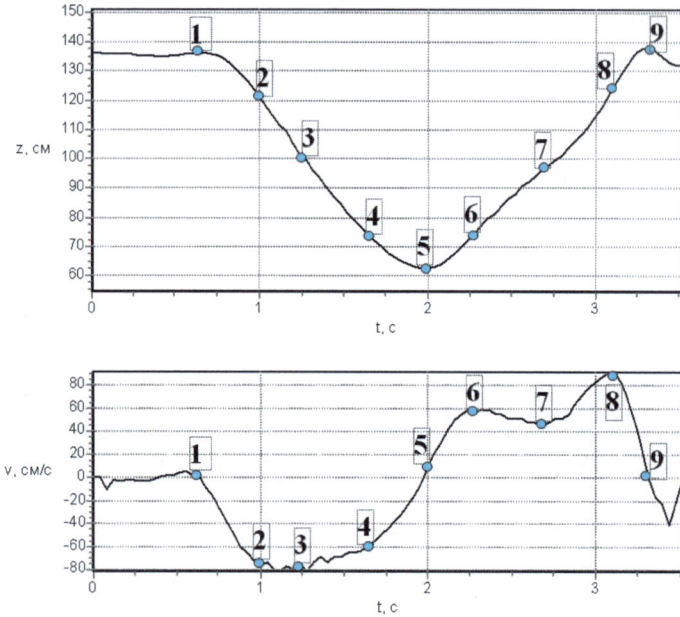

1. 起始姿势
2. 杠铃在起始姿势下方10厘米的高度
3. 杠铃在下蹲行程的正中
4. 杠铃在离深蹲底部还有6~8厘米的高度
5. 深蹲底部
6. 杠铃在离深蹲底部6~8厘米的高度
7. 杠铃在蹲起行程的正中
8. 杠铃在完成姿势下方10厘米的高度
9. 完成姿势

图2.17　质心在矢状面的运动和运动速度

表2.5

两脚后跟之间的距离 单位：厘米	脚尖朝外的角度 单位：度	下蹲阶段垂直方向的最大位移 单位：厘米	下蹲阶段的时长 单位：秒	下蹲的最大速度 单位：厘米/秒	下蹲的最大加速度 单位：厘米每二次方秒
40	15~20	74	1.3	80	300

表2.6

膝盖超过脚尖的最大距离 单位：厘米	蹲起阶段垂直方向的最大位移 单位：厘米	蹲起阶段的时长 单位：秒	蹲起的最大速度 单位：厘米/秒	蹲起的最大加速度 单位：厘米每二次方秒
7	76	1.3	90	300

2.4　卧推技术

和其他竞技项目一样，要在卧推项目中取得成绩的提升所需要具备的重要条件之一就是掌握技术。技术的提升不仅与运动员自身动作协调性的提升有关，也和其动作精准性的提升有关。一项运动的技术必须被视作其形式和内容的结合体。力量举卧推（第二个竞技动作）需要运动员躺在平板卧推凳上双手握住杠铃，首先运动员伸直双臂以支撑杠铃，然后使其下落至触碰胸口，之后再推起杠铃直到手臂完全伸直，此时达成动作的完成姿势。

进行卧推训练的时候，胸部肌肉、手臂肌肉和其他上半身肌肉会得到发展。这也是为什么不仅仅只有力量举运动员才训练卧推，健美运动员、举重运动员和其他许多项目的运动员都会训练卧推。

2.4.1　卧推的规则

卧推的技术规则和比赛秩序是俄罗斯力量举联合会的主席团认可的规则，同时也符合国际力量举联合会的要求。

运动员必须躺在平板卧推凳上，上背部、肩部和臀部必须贴住凳子。双脚允许发生滑动，但是必须在卧推动作的全程中全脚掌踩实地面或者木板（只要鞋子的形状满足踩实地面的要求即可），任何情况下不允许脚底离开地面。运动员需要全握杠铃（非半握），并且在动作全程都保持全握。

双手食指之间的握距不能超过81厘米。双手的食指都必须在杠铃的81厘米的标记内并且如果使用最宽握距，两个食指必须握在81厘米的标记上。反握杠铃是不允许的。

为了确保双脚踩稳地面，运动员可以使用高度不超过30厘米的木块作为脚垫。在所有的国际比赛中，木块高度有以下不同的规格：5厘米、10厘米、20厘米和30厘米，必须提供给运动员以作为腿部支撑（照片2.28）。

照片2.28　运动员使用10厘米高的木块作为脚垫

照片2.29 3名保护员，主保护员在帮助运动员取出杠铃

在试举的全程中，赛场上保护员的人数应不少于2人，不多于5人。一旦运动员做出正确的姿势准备开始试举，运动员可以要求保护员帮其将杠铃从卧推架上取出（照片2.29）。

在将杠铃从卧推架上取出之后（无论有没有保护员的协助），运动员必须在双臂伸直的情况下等待裁判的口令。当杠铃稳定且处在正确的位置时，裁判会给出口令。

卧推项目的开始信号是裁判往下挥手并且喊出"开始"口令。

在收到信号之后，运动员使杠铃下落至胸口（在规则中指的是胸骨范围内）并且以稳定的状态将杠铃停住。随后主裁判给出口令"推"（press），在收到信号之后，运动员推起杠铃直到双臂彻底伸直。当杠铃处在稳定正确的位置下，主裁判给出"回杠"口令并且同时伴随有动作指令即手臂往后挥。

2.4.2 卧推的阶段结构

任何竞技项目的训练中需要解决的常见问题之一就是如何提升技术的掌握程度。近年来，像之前的章节已经提到的那样，对技术的运动学结构的研究广受欢迎。在分析竞技项目时，结构化的分析可以从新的角度看待项目的阶段分类，用全新的视角看待方法和技术的掌握。在卧推中，专家将其结构划分成预备阶段、主要阶段和完成阶段。

预备阶段就是建立起始姿势的过程。主要阶段就是实际的卧推过程。完成阶段就是稳定地做出完成姿势并回杠的过程。

表2.7展示了由外国专家提出的力量举中卧推项目的阶段结构，从这些分析可以看出他们绝大多数并不重视起始姿势并且完全忽略了完成姿势时需要稳定杠铃并回杠的过程。这里有一个例外就是由乌克兰的荣誉教练——A. Stetsenko（2008）教授提出的阶段结构。可惜的是，包括A. Stetsenko在内的所有外国专家都没有给予杠铃在胸口上的停顿阶段足够的重视。在比赛中忽视该阶段是违反比赛规则的，试举会被判作失败。

由俄罗斯专家提出的结构单元的名称及其序号在4（V. Muravaiev）到7（B. Sheiko，R. Tsedov，L. Ostapenko）之间，同时拥有12个要素（表2.8）。表2.8的图表就展示了俄罗斯专家提出的卧推阶段结构。

表2.7 国外专家提出的卧推阶段结构（L. Ostapenko, B. Sheiko, 2003, 2010）

作者 \ 阶段	Bill Jamison（美国）	Rick Well（美国）	John Lear（加拿大）	Theodor Arcidi（美国）	Charles Poliquin（美国）	A. Stestenko（乌克兰）
阶段1	将杠铃从架子上取出并做好起始姿势	准备阶段	躺在平板卧推凳上	躺在平板卧推凳上	躺在平板卧推凳上	躺在平板卧推凳上并将杠铃从架子上取出
阶段2	下放杠铃至胸口	下放杠铃至胸口并停顿	将杠铃从架子上取出	将杠铃从架子上取出	将杠铃从架子上取出	做好开始姿势
阶段3	推起杠铃	加速	等待"开始"口令	等待"开始"口令	下放杠铃至胸口	下放杠铃至胸口
阶段4		向上推起	下放杠铃至胸口	下放杠铃至胸口	正确推起杠铃	正确推起杠铃
阶段5			正确推起杠铃	正确推起杠铃	建立完成姿势	建立完成姿势
阶段6						将杠铃放回卧推架

表2.8 俄罗斯专家提出的卧推阶段结构（B. Sheiko, 2005, 2010）

作者 \ 阶段	B. Muraviev	I. Belsky	A. Grachev	Y.Nazarenko S. Tye	A. Zabolotniy	B. Schetina	L. Ostapenko	R.Tsedov	B. Sheiko
阶段1	下放杠铃至胸口并停顿	开始	下放杠铃至胸口	开始	建立最佳起始姿势	建立起始姿势	躺在平板卧位置凳的合适位置上并握住杠铃	将杠铃取出卧推架	试举前建立好姿势
阶段2	杠铃离开胸口	下放杠铃至胸口	将杠铃停在胸口	下放杠铃	下放杠铃	下放并住杠铃	将杠铃取出卧推架	收到"开始"口令	开始试举
阶段3	杠铃向上移动	推杠铃	推杠铃离开胸口	改变杠铃的方向	将杠铃停在胸口	短暂停住杠铃	准备试举	下放	下放杠铃至胸口
阶段4	建立完成姿势	锁定	推杠铃	推杠铃	推杠铃	下落杠铃至胸口	停顿	将杠铃停在胸口	将杠铃停在胸口
阶段5			建立完成姿势	伸直手臂建立完成姿势	建立完成姿势	确保杠铃停在胸口	推杠铃，收缩肌肉	推杠铃	推杠铃
阶段6					将杠铃放回卧推架	往上推	收到"回杠"口令	建立完成姿势	建立完成姿势
阶段7						将杠铃放回卧推架	将杠铃放回卧推架	回杠	回杠

第一周期——起始姿势（2个阶段和3个要素）

阶段1. 预备姿势

要素： 运动员躺在平板卧推凳上，调整好姿势；握杠，将杠铃从卧推架上取出。

阶段2. 起始姿势

要素： 双臂伸直调整杠铃。

第二周期——卧推（3个阶段和7个要素）

阶段3. 下放杠铃至胸部

要素： 下放杠铃至杠铃达到最大下落速度；从最大下落速度点继续下放直到杠铃接触胸部。

阶段4. 在胸口停稳杠铃

要素： 将杠铃稳定在胸口位置。

阶段5. 推起杠铃

要素： 将杠铃推起至最大上升速度；从最大上升速度点继续推起直到进入"粘滞点"；突破"粘滞点"；从"粘滞点"到彻底伸直手臂。

第三周期——力量举卧推的最终阶段（2个阶段和2个要素）

阶段6. 稳定杠铃

要素： 在完成姿势下稳定杠铃。

阶段7. 回杠

要素： 将杠铃放回卧推架。

B.Schtetina（2008）在本地专家的建议下新加了2个额外的阶段到卧推的阶段结构中。根据他的说法，额外的阶段如接近杠铃和离开赛台应该加到卧推表现的运动学结构中。

2.4.3　卧推的技术和动作结构

动作结构可以被视作动作在空间和时间上（运动学结构）的交互模式，也可被视作动作系统中功率与能量（力学结构）的交互（D. Don，V. Zatsiorsky，1979）。每一个运动员的技术动作的执行都应刻意地对应着特殊的目的。

竞技平板卧推由3个周期、7个阶段和12个要素组成。每一个周期都有起始和结束阶段并且包含了有着特殊运动目的的组成要素（图2.18）。

第一周期——准备阶段（2个阶段）

阶段1. 预备姿势

要素： 运动员躺在平板卧推凳上做好准备姿势；握杠，将杠铃从卧推架上取出。

此阶段从运动员躺在平板卧推凳上开始，然后运动员握住杠铃之后将杠铃从卧推架上取出。这个阶段的运动目的是在做好起始姿势前使身体处于最优化的姿势。

1. 运动员躺在平板卧推凳上；调整双脚踩位，握杠，背部反弓[1]

双脚踩位：运动员可以在双脚不碰到卧推凳的情况下，在最宽到最窄之间使用任意宽度的卧推踩位（照片2.30~2.31）。

照片2.30　宽踩位卧推

照片2.31　窄踩位卧推

2. 握杠

握在杠铃有滚花的部位是很有必要的。在卧推中，运动员可以使用2种握距：宽握（81厘米），也就是规则允许下的最宽握距，这种情况下主要的负荷在胸肌；第二种为中等握距（60~65厘米），这种情况下肱三头肌和三角肌会更多地被激活。如何选择握距主要取决于运动员的手臂长度和胸部肌肉的力量水平。对每个运动员来说，握距都可以是独特的，但不变的是：握得越宽，从胸部推起杠铃的做功距离就越短且做功越少；反之，握得越窄，做功距离越长且做功越多（照片2.32~2.33）。

照片2.32　卧推的最宽握距（81厘米）

照片2.33　卧推的中等握距（60~65厘米）

---

① 即俗称的起桥技术。——译者注

做好起始姿势，需要保持肩胛骨后收（这能很大程度上减少做功距离）和手臂伸直。运动员应该尽可能尝试反弓背部，并且保持肩部和臀部贴住平板卧推凳。背部反弓越大，杠铃移动的距离就越小，需要消耗的体能就越少。背部反弓的高度在规则中是无限制的，并且这也在绝大程度上取决于运动员腰椎和胸椎的柔韧性。

3. 在保护员的帮助下将杠铃取出卧推架

目前，运动员都是可以在保护员的协助下将杠铃取出卧推架的（照片2.29）。运动员躺在平板卧推凳上离架子比较远的位置，伸直双臂接在保护员的协助下从架子上取出的杠铃。为了做到这一点，杠铃的高度必须是运动员能够在起桥姿势不变的情况下从保护员手中接过杠铃的高度。如果杠铃的位置太高，运动员需要减小桥的高度去握住杠铃，躯干会趋于平躺；如果杠铃的位置太低，运动员将没办法做出合适的背部反弓，并且增大了将杠铃取出卧推架的难度。从保护员手中接过杠铃时，运动员可以稍稍抬起臀部，将杠铃前移的同时在保持手臂伸直的情况下尽可能将其下沉，将肩胛骨后束并沉肩，然后再将臀部放下。三角肌前束的位置应该比胸肌的位置要低。

阶段2. 准备执行

此阶段从运动员从保护员手中接过杠铃开始，到运动员处于稳定的姿势为止。

此阶段的运动目的是做出最优化的起始姿势，以高效发挥接下来的动作潜能。

要素：双臂伸直调整杠铃。

头、肩和髋（臀部）都需要与平板卧推凳的上表面保持接触。运动员的脚掌和鞋子的后跟与赛台或脚垫的上表面保持接触。此姿势下的第一个支撑点是脖子和斜方肌。运动员此时已将肩胛骨后收并且肩胛骨不会触碰到平板卧推凳[1]，肩部也尽可能地下沉。腿部和背部肌肉被激活，臀部放在卧推凳上（照片2.34~2.35）。第二个支撑点就是运动员的脚掌。接下来，运动员在伸直双臂同时稳定住杠铃，等待主裁判喊出"开始"口令。

照片2.34

照片2.35

---

[1] 这里指的是极致的起桥技术，常规情况下肩胛骨是会碰到卧推凳的。——译者注

演示卧推起始姿势的是两届青年组卧推世界冠军Chistyakova Yulia。

当运动员保持不动且杠铃处在正确的位置时，主裁判会立刻给出口令。

第二周期——试举阶段（3个阶段）

阶段3. 下放杠铃至胸部

要素： 下放杠铃至杠铃达到最大下落速度；从最大下落速度点继续下放直到杠铃接触胸部。

这个阶段开始于肘部弯曲，结束于杠铃触碰运动员的胸部。在此阶段，运动员必须在保持支撑点离开卧推凳的情况下将杠铃靠近胸部。在杠铃下落以及上升时，手臂与身体之间的角度应约为45度。下放和推起动作均需要运动员屏住呼吸进行。杠铃从开始下落到接触胸部时的时间取决于运动员的人体测量特征（其手臂长度）、握距宽度、起桥高度、杠铃的下落速度及杠铃重量，甚至取决于卧推短袖的质量。在分析了250多个杠铃的垂直运动轨迹图后，我们观察到杠铃下落持续时间为0.6~3.0秒，平均为1.28秒。该阶段的动作目的是挑选出最有利的使杠铃下落到胸部的生物力学轨迹。

在触胸这一阶段，杠铃的下落速度会降至零。此时，运动员用身体与杠铃接触，他的腿部和肩胛骨为这一动作提供最大限度的支撑。许多运动员会使杠铃深陷于胸部，与此同时他们可以放松手臂，只用手腕紧握住杠铃。根据国际力量举联合会和俄罗斯力量举联合会规则，运动员必须将杠铃下放至胸大肌下部[1]。

阶段4. 在胸口停稳杠铃

这个阶段开始于杠铃触碰胸部并停稳，结束于杠铃与胸部分离的瞬间。

该阶段的动作目的是根据比赛规则维持杠铃与胸部接触，并将肌肉从离心运动切换到向心运动。

要素： 将杠铃稳定在胸口位置。

将杠铃下放到胸部后，运动员必须使其保持在胸部的一个固定位置（即不再上下左右晃动和偏移），这意味着完全停住杠铃。在分析杠铃的垂直运动轨迹图像时，我们观察到运动员的停顿各不相同，这不仅在于他们卧推的方式而且也在于他们停顿杠铃的时间。最短的固定停顿时间为0.3秒，最长时间则为1.5秒，平均持续时间为0.7秒。一些运动员开始下放杠铃到胸部的位置与推起杠铃的位置一致，有一些运动员在胸部暂停时会移动杠铃，杠铃的移动有向前的（远离头部）也有向后的（靠近头部）。

阶段5. 向心阶段

该阶段开始于杠铃离开胸部（即手臂开始在肘部处进行伸展），结束于手臂完全伸直。

该阶段的动作目的是从杠铃运动的最低点到最高点之间持续发力。

---

[1] 这里作者引用的是2011年的国际力量举联合会卧推规则，当时以装备卧推为主，运动员确实是将杠铃下落至下胸部甚至上腹部，如今以无装备卧推为主流，杠铃可落在胸部其他位置。——译者注

要素：

1. 将杠铃推起至最大上升速度

在听到"推起"的口令后，运动员利用爆发力使杠铃向上运动至达到最大上升速度。

2. 从最大上升速度点继续推起直到进入"粘滞点"（运动员的任务是尽可能长时间地保持住杠铃的最大上升速度）。

3. 突破"粘滞点"；从"粘滞点"到彻底伸直手臂。

相关性分析表明，每个运动员的"粘滞点"的高度和出现的时间取决于运动员的能力、运动员的性别、杠铃的重量和运动员在卧推中的最大努力程度。根据观察结果，随着运动员技能的提高，处于竞争状态的运动员出现了更明显的"粘滞点"。

这种现象出现的原因可能是杠铃重量与此运动员的记录成绩较为接近。在经过阶段4和阶段5之间的边界位置（Boundary Position，BP）后，"粘滞点"时间为0.4~1.2秒。根据运动员的人体测量特征，此时杠铃与胸部的距离为11~18厘米。运动员的任务是保持杠铃以最大上升速度进行运动。而能否成功通过"粘滞点"取决于运动员保持推起杠铃速度的能力：速度越快，越容易通过"粘滞点"，反之亦然。

推起杠铃通过"粘滞点"直到手臂到达锁定位置，即肘部完全伸直。在卧推的最后部分（约上1/3处），我们建议运动员进行一次突然呼气。一些高级运动员在动作结束时也会降低起桥高度，也就是说想象着将自己的身体"推离"杠铃，这有助于在动作后期激活肘部。切记两侧手臂的伸展必须同时进行。

第三周期——力量举卧推的最终阶段（2个阶段和2个要素）

阶段6. 保持最终姿势

保持最终姿势阶段开始于手臂在肘部完全且同时伸展，并维持在固定位置，直到主裁判发出"回杠"的口令。该阶段的动作目的是根据比赛规则保持住这一固定姿势。

要素： 在完成姿势下稳定杠铃。

运动员完全伸展手臂，将杠铃稳定在固定位置，并等待主裁判的"回杠"口令。

阶段7. 回杠

此阶段的动作目的是将杠铃放回卧推架。

要素： 将杠铃放回卧推架。

听到"回杠"口令后，运动员可以自己执行也可以通过保护员的帮助回杠。

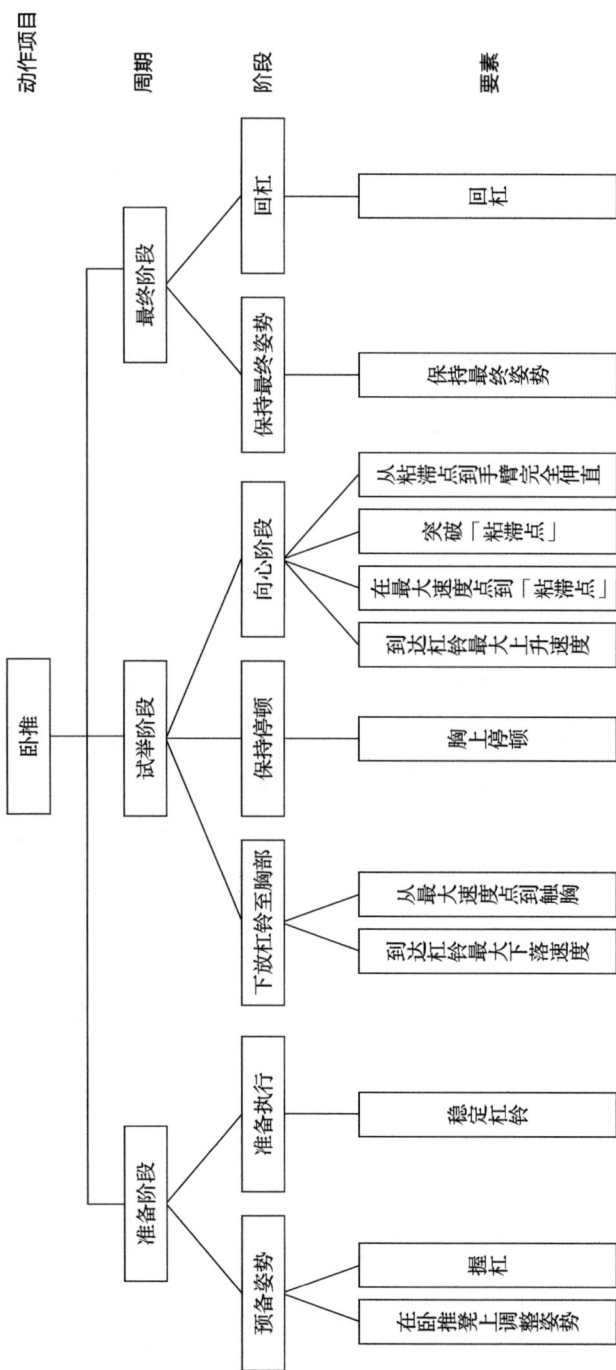

图2.18　卧推的动作结构图（B. Sheiko, 2005）

2.4.4　卧推的生物力学分析

我们对 250 次卧推试举进行了生物力学分析，结果显示所有卧推轨迹可以根据其形状划分为若干组，这些组可以通过某些特征来进行描述。图片 2.15~2.23 显示了不同组的轨迹的典型示例。在所有图片中，运动员的头部都位于左侧（或靠近坐标平面的原点）。划分组别的标准如下。

- 开始推起杠铃后，轨迹是否与垂直线（图中的红线）相交 [①]。
- 轨迹是否存在循环。
- 轨迹是否存在垂直部分。
- 轨迹底部是否存在水平的区域（将杠铃开始推离胸部之前，杠铃产生了向前或者向后的运动）。

下面是不同的轨迹组。

1. **轨迹类型 1**（图 2.19）上升轨迹（卧推本身）几乎与下降轨迹相同。开始时轨迹与垂直线没有相交，且轨迹几乎是一条直线。但是距离垂直线太远的杠铃停顿点（最下端相交点）也说明运动员让杠铃向腹部方向偏移太多，可能会违反比赛规则。

2. **轨迹类型 2**（图 2.20）上升轨迹在开始后与垂直线相交，之后偏离下降轨迹并向运动员的头部的方向（靠近纵坐标）运动。

3. **轨迹类型 3**（图 2.21）上升轨迹和下降轨迹彼此不相交，且上升轨迹在开始后也不与垂直线相交，但两者仅是稍微偏离。整个轨迹从一开始就位于垂直线的右侧。

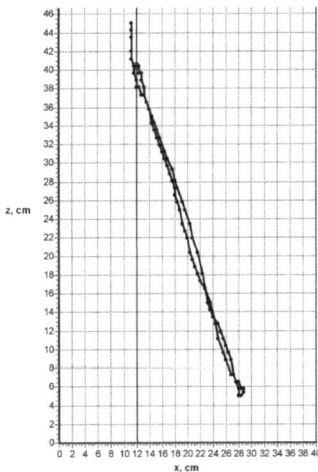

图 2.19　轨迹类型 1　　　　图 2.20　轨迹类型 2　　　　图 2.21　轨迹类型 3

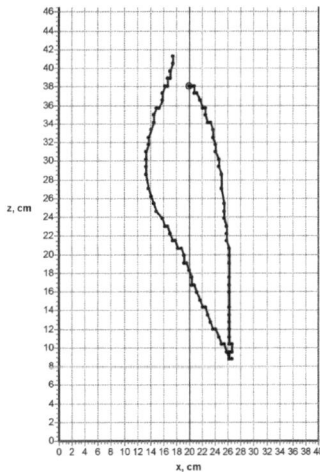

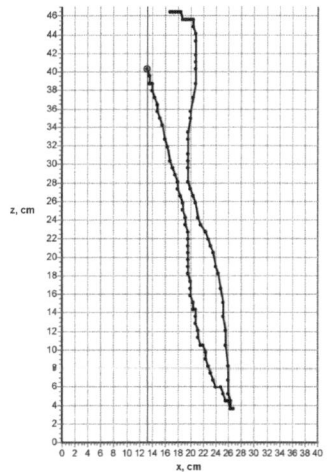

4. **轨迹类型 4**（图 2.22）上升轨迹相比于下降轨迹略微向左（即头部方向）进行了移动，并且轨迹几乎结束于轨迹起始点。上升轨迹在开始后并没有与垂直线相交。

---

① 红线与卧推轨迹相交，则运动员出杠后的杠铃位置为起始点。——译者注

5. **轨迹类型5**（图2.23）轨迹在底部形成了一个环。相比于下降轨迹的结束点，上升轨迹在开始时略微向右产生了移动（即运动员脚的方向）。此类型中，上升轨迹在开始后有时会与垂直线相交。

6. **轨迹类型6**（图2.24）轨迹在底部也有一个环，但此环比轨迹类型5中的环要大。相比于下降轨迹的结束点，上升轨迹的起始点在开始时向左（运动员头部的方向）发生了移动且上升轨迹在开始后不与垂直线相交。

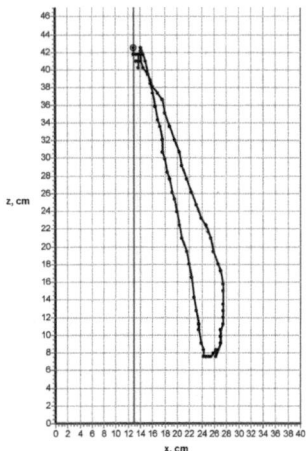

图2.22　轨迹类型4　　　　图2.23　轨迹类型5　　　　图2.24　轨迹类型6

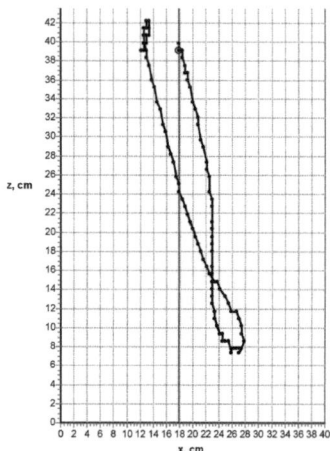

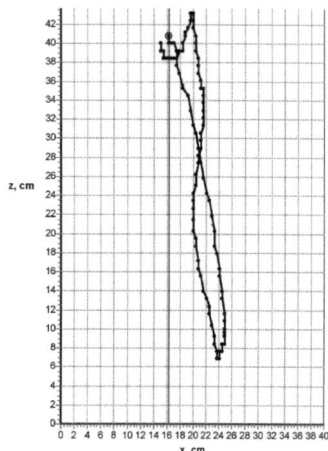

7. **轨迹类型7**（图2.25）上升轨迹在开始后与垂直线发生了一次或两次的相交。很明显能发现，在杠铃停止运动后运动员继续将杠铃下陷进胸部，这是违反比赛规则的。

8. **轨迹类型8**（图2.26）这一类型在上升阶段存在粘滞点。粘滞点是运动员肌肉发力最困难的点。发生粘滞点的阶段是影响最终成绩的主要因素之一。相关性分析表明，每个运动员发生粘滞点的高度和时间都具有特异性，粘滞的程度与运动员的能力、性别、相对于最大重量的比例以及个人最好的卧推成绩有关。上升轨迹在开始后有时会与垂直线相交。

9. **轨迹类型9**（图2.27）此轨迹的特点是下降轨迹几乎是垂直的，上升轨迹在开始后可能与垂直线有一次或两次相交。上升轨迹既可以与下降轨迹形成环，也可以从开始时就完全位于垂直线的左侧。

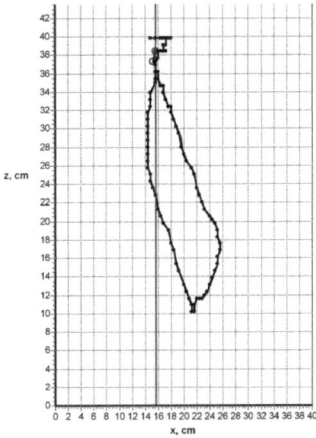

图2.25　轨迹类型7　　　　图2.26　轨迹类型8　　　　图2.27　轨迹类型9

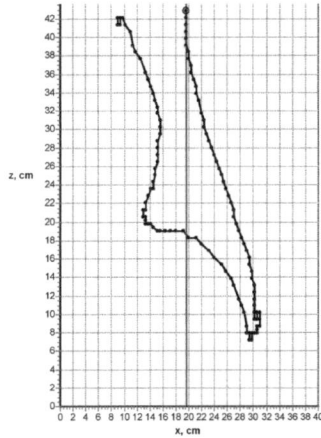

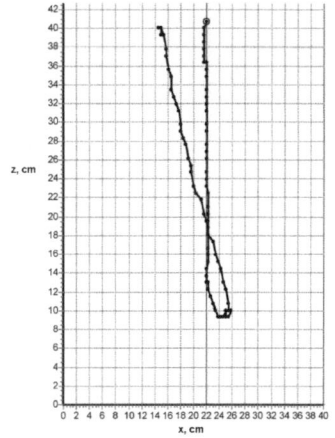

对轨迹类型进行比较，我们发现在比赛中具有较好且稳定成绩的运动员在大多数情况下呈现图2.21~2.23中描绘的轨迹。

在对卧推的垂直杠铃轨迹图进行统计分析后，我们有如下发现。

a）下降阶段的时间为0.6~3.0秒，平均值为1.28秒，标准差为0.50。

b）暂停的时间为0.3~1.8秒，平均值为0.70秒，标准差为0.26。

c）上升阶段的时间为0.5~5.0秒，平均值为1.40秒，标准差为0.68。

d）对卧推的推起阶段的定量分析表明该阶段具有较大的时间分布：0.5~5.0秒，平均值为1.4秒。

图2.24和2.25分别显示了两个不同的运动员卧推时杠铃末端中心点（Bar End Center，BEC）垂直方向运动的时间状态图及其速度图。左侧的图片显示了80%~85%1RM（即1RM的80%~85%，下同）的试举。右侧则对应次最大重量的试举。黑点标记对应杠铃峰值速度的位置。图片形象地展示了两位运动员所使用的技术。

运动员F（图2.28）在开始后使杠铃平稳地下降（约3秒），在底部暂停（约0.6秒），然后进行均匀的快速上升（约1秒）。当杠铃重量为次最大重量时，上升速度不再均匀增加：在时间状态图的7~8秒可以看到清晰的粘滞点，在对应的速度图中具有两个速度峰值。大多数运动员在次最大重量下都会出现这种趋势。通常也能在轨迹图上观察到（图2.29）。

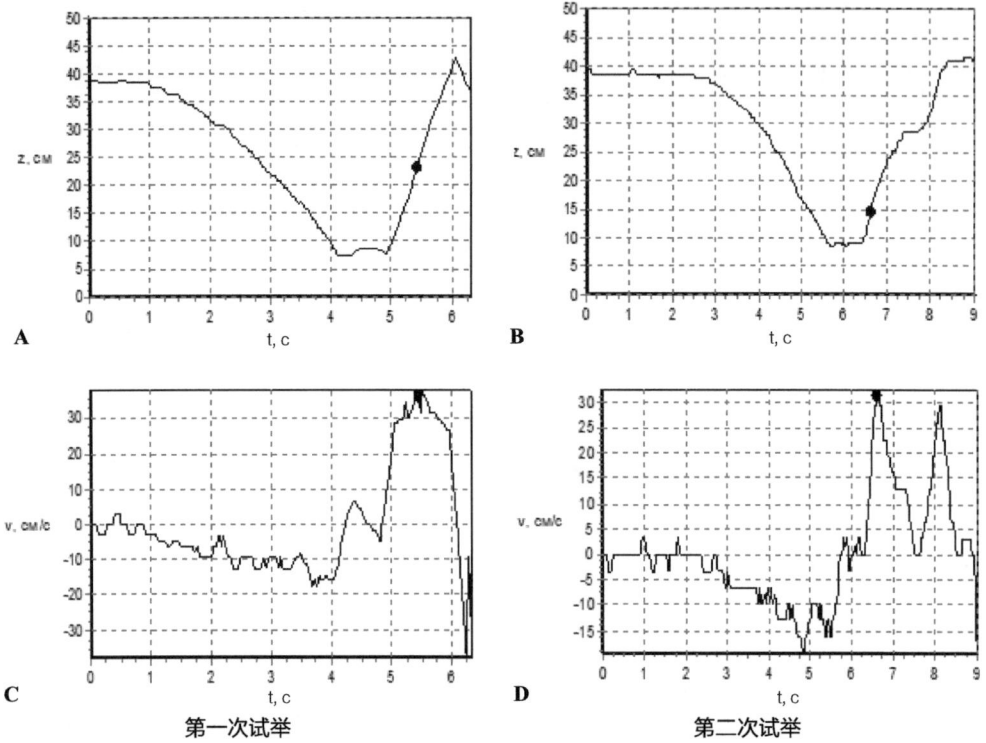

图2.28　运动员F.两次试举时BEC垂直方向运动的时间状态图及其速度图

运动员K.（图2.29）的技术具有相当稳定的轨迹，当重量增加时动作不发生变形。可以在图中看到杠铃均匀的上升与下降，两者所需的时间基本相同（1.5~2.0秒），并在底部有暂停（约0.4秒）。当重量增加后，上升阶段的后半部分速度略微减慢，且缩小了速度图中的加速区域，尽管减少得不是很多。

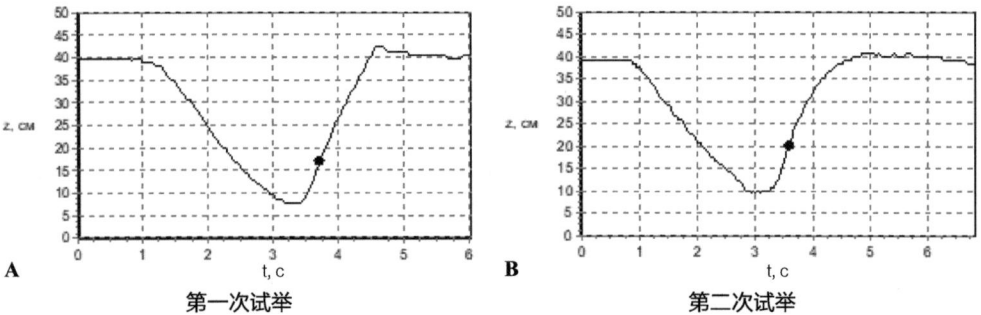

图2.29　运动员K.两次试举时BEC垂直方向运动的时间状态图及其速度图
（俄罗斯体育大师，出生于1987年，体重135千克）

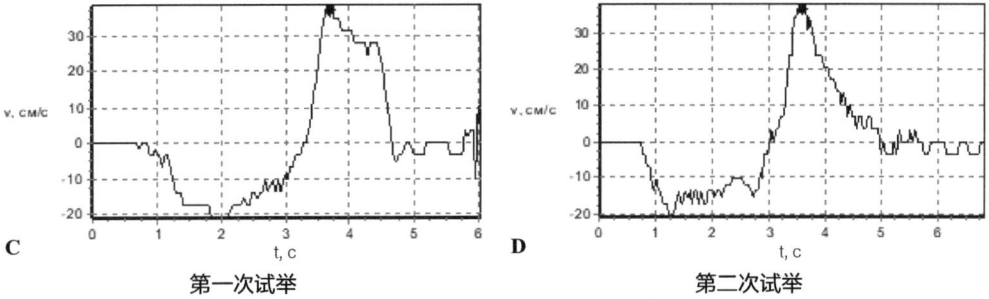

C 第一次试举

D 第二次试举

图2.29 运动员K.两次试举时BEC垂直方向运动的时间状态图及其速度图（续）

（俄罗斯体育大师，出生于1987年，体重135千克）

时间状态图中的垂直方向的运动也能让我们对比赛中的动作进行质量评估，因为它能够清楚显示卧推成功与否。例如，图2.30A显示出将杠铃从胸部推起时产生了严重的延迟[①]。图2.03D则显示了杠铃在推起阶段产生了向下运动（4秒时），尽管运动员成功推起了杠铃，但试举并不成功。

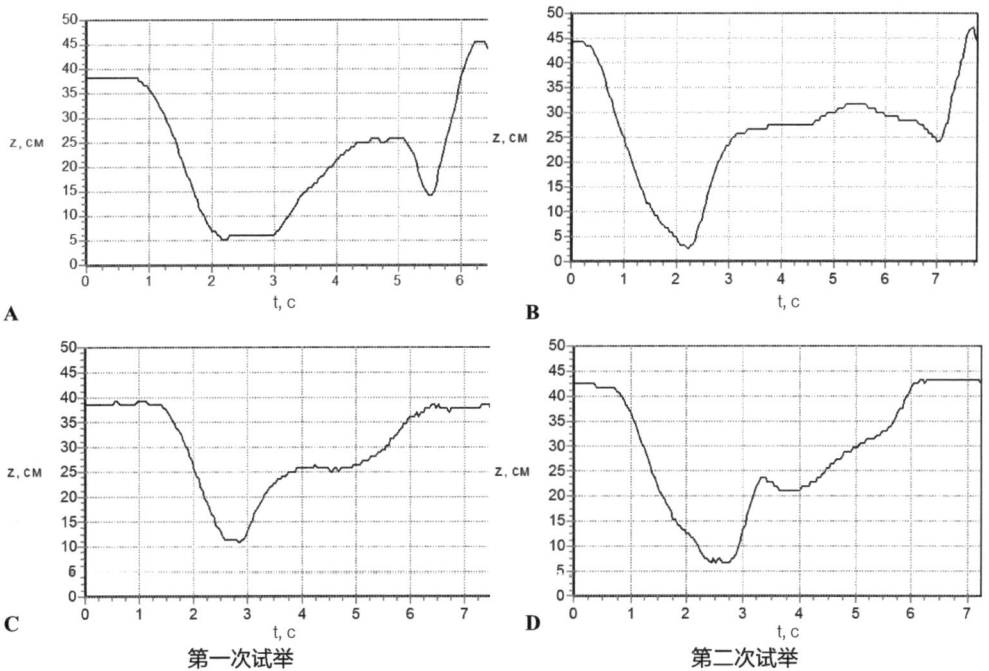

A

B

C 第一次试举

D 第二次试举

图2.30 两次卧推试举失败时BEC垂直方向运动的时间状态图

---

① 延迟发生在第2~3秒处。——译者注

对上升阶段减速这一典型情况进行分析，我们发现如果该阶段开始时的速度不大于10厘米/秒又或者中间阶段的平坦区域的时间大于1秒，那么在次最大重量下的试举通常是不成功的。图2.30B和2.30D就展示了这种情况，其中杠铃在保护者的帮助下被放回卧推架。

对卧推进行生物力学分析能够帮助我们找出产生技术差异的因素，并且让我们能够客观地对其进行评估。技术成熟的高级运动员的卧推倾向于特殊且持久的轨迹类型，在BEC垂直方向运动的时间状态图和速度图中也具有这样的特点。

轨迹分析则能够让我们得出关于动作是否合理以及是否存在明显错误的结论。在动作中检测到的运动学特征可用于开发具有合理（有效）技术的力量举训练模型。

实验结果使我们能够在训练或比赛期间对目标运动员的动作采取定性分析，而无须事先收集与该运动员相关的视频数据。

因此，通过比较不同运动水平的运动员做动作时的时空特性和动态特性，我们可以了解低水平运动员所犯的错误，以及达到高水平所需的适当技术参数。

我们已经得出以下结论：

1. 基本卧推技术包含3个周期，7个阶段和12个要素（图2.18）。

2. 忽略或违反其中任何一个元素都可能无法解决动作中存在的问题。每个阶段都具有一定的时间特征，其时长取决于运动员的运动水平、身高以及试举重量。技术要素可能因运动员而异，但是主要取决于他们的个体形态与身体功能特征，正确运用个体特征（以及合理运用技术所需的通用法则）才能制订出符合个体的技术。

3. 竞技卧推的速度是一个基本的因素。

4. 速度越低，粘滞点就越早出现。

5. 粘滞点出现的位置越低，运动员就越难克服。

在上述基础上，作者建议在距离胸部10~15厘米处推起有困难的运动员进行40%、50%和55%（相对于最大重量）重量的卧推速度训练。这有助于提高运动员进行爆发性运动的速度和能力。

2.4.5 起桥对卧推的影响

为了在卧推中取得最好成绩，目前许多运动员会选择将下背部拱起（照片2.34）。起桥（下背部拱起）有助于运动员获得更好的成绩，其原因如下（B. Sheiko，2013）。

1. 减小（卧推的）运动范围。

2. 更强壮的胸肌的中下部位能够更积极地参与到卧推中并发挥功能（S. Glyadya, M. Starov, Y. Batygin, 1999; M. Rippetoe, S. Bradford, 2011; P. Evangelista, 2011）。

3. 根据肌肉的长度－强度的关系，胸部肌肉越显著地伸展，就越容易利用其弹性变形产生的力量。

这里讲解一下前两个因素。

1. 减少（卧推的）做功距离

在起桥时做功距离减小有以下两个原因：

起桥时肩胛骨的收缩显著降低了杠铃相对于肋骨的高度（图2.31中的h_1），其中背阔肌发挥了主要作用。R. Roczniok等人（2013）的数据表明，下降阶段的背阔肌活动程度明显地影响了卧推的结果。我们的数据也表明，该肌肉在卧推的下降阶段被显著激活。

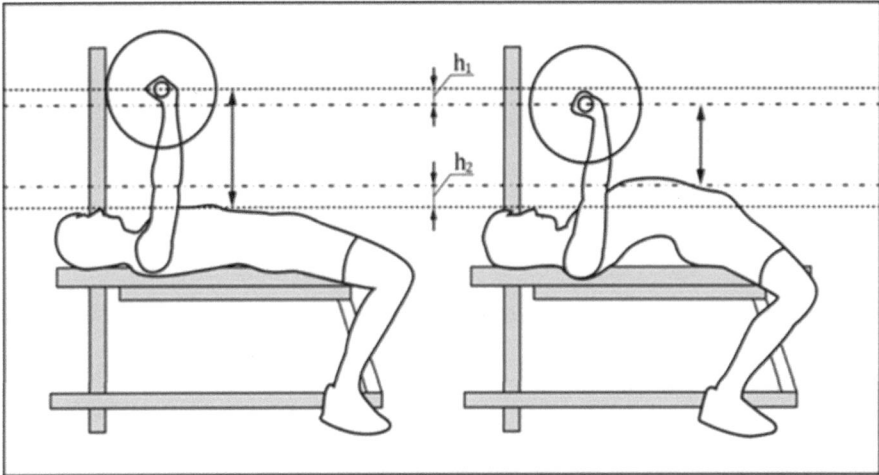

图2.31 起桥对卧推运动范围的影响

（h_1：因为肩胛骨收缩所带来的运动范围减小。h_2：因为下背部拱起所带来的运动范围减小。）

由于椎间盘的存在导致椎骨之间可以移动，因此下背部可以形成拱形。C. I. Medrano, D. A. Cantalejo（2008）表明，起桥会对下背部造成很大的负担。以下肌肉可以维持背部的拱形：竖脊肌（脊柱竖脊肌）、横脊肌和棘间肌。值得注意的是，精英力量举运动员拥有异常肥大的竖脊肌（S. McGill, 2009）。在吸气时进行卧推可以扩大胸部，增加腹内压，并挺起肋骨。

2. 胸肌中更强壮的中下部位更活跃地参与到卧推中并发挥功能

H. Krol等人（2006）表明在卧推时起桥使得一些运动员可以利用到胸大肌的不同肌肉纤维。因此作者认为胸大肌的各种纤维的参与程度取决于下背部拱起的程度。之后，P. Evangelista（2011）的研究也表明，起桥为胸部创造了有利的力学条件，因为此时卧推与下斜卧推比较相似。与竞技卧推[①]相比，运动员在下斜卧推训练中可以得到更好的成绩。出现这种情况是因为此时肩骨相对于躯干的位置，更利于肩部与较低（且较强）的胸大肌肌纤维之间产生较高扭矩。

因此，对于运动员来说保持起桥高度是非常重要的，因为它有助于减少向上移动杠铃的做功。

---

① 这里指平板卧推。——译者注

有些因素会降低起桥的高度。起桥时被挤压的脊柱和椎间盘可视为具有较高刚性的弹簧，这其中产生的力试图为这个拱形"减压"并"伸直"运动员的脊柱。然而，起桥时竖脊肌以及下肢形成的支撑框架会一同抵抗这个力。这种支撑的力量能够防止卧推期间起桥高度的降低，是下肢在卧推中的主要功能。如果不存在这样的力量，那么在杠铃向上运动期间，臀部就会朝腿部方向移动并且降低起桥的高度，而这是我们非常不希望看到的。

2.4.6　从腿部向杠铃传递力量

大多数针对卧推的研究倾向于关注上半身的运动技术，对下半身的功能尚未加以考虑。M. Rippetoe和S. Bradford（2011）指出，尽管腿部不是卧推运动链的一部分，但腿部和背部肌肉的正确放置和使用将有助于稳定卧推中的躯干位置（其主要功能），以及产生必要的水平力以增加起桥高度并尽可能保持胸部的高度。

在杠铃下降阶段，如果肌肉力量没有得到充分发挥，起桥高度就会降低。因此大腿肌肉（股四头肌和腘绳肌）与臀大肌的等长收缩可防止背部拱形程度的减小。

接下来我们将讲解一个能使得运动员将力学冲量从腿部传导到杠铃上的技术要素。

B. Sheiko等人（2007）提出了一个假设，即卧推时，下肢也可以将力量从腿部传递到杠铃上。作者指出，在杠铃上升阶段开始时，一些运动员通过双腿向头部方向发力将自己推向卧推凳。

对两名完全不同水平运动员的竞技卧推研究进一步证实了这一技术要素的作用。一名较低水平的运动员仅通过使用他的上背部和躯干肌肉来进行卧推，他的下肢肌肉没有完全被激活。另一名运动员通过激活下肢肌肉，为自己创造了坚固的支撑条件。首先，他可以让他的身体稳定在卧推凳上；其次，为杠铃下降阶段以及卧推本身保持稳定的起桥高度；最后，在开始推起杠铃时将力学冲量从腿部传递到杠铃上。

A. Samsonova等人进行了一项研究，旨在解释从腿部向杠铃传递力学冲量的机制。他们分析了超过30个不同水平运动员的视频，并运用冲量方法来检查他们的卧推技术。

图2.32显示了从下肢到杠铃的冲量传递。由于小腿肌群和股四头肌的活动，膝关节向髋部移动，同时臀部肌肉迅速收缩。这导致运动员在保持臀大肌接触卧推凳的同时，使得髋部向上和向头部发生微小移动。

值得注意的是，运用冲量方法的运动员会略微向上移动胸部。出现这种运动是因为他们的髋部、脊柱、胸部和肩胛骨是由躯干肌群固定在一起的刚性框架的一部分，髋部向上、向头部的运动导致该框架沿着肩胛骨产生了旋转与胸部的轻微抬高，结果导致力学冲量被传递到杠铃上（此时杠铃位于运动员胸部上方）。如果运动员可以凭借这个小冲量进一步运用手臂（即有力地激活上身躯干肌肉和手臂肌肉，冲量等于杠铃的质量乘以其移动速度），那么在开始推起杠铃时便将有助于提高杠铃的移动速度。但是，并非所有运动员都能在腿部和胸部的急促推动运动中正确地使用手臂。如果他们没有及时做出动作，那么冲量就会消失。此外，如果髋部向上移动太多，臀大肌将失去与凳面的接触，并导致此次试举失败。

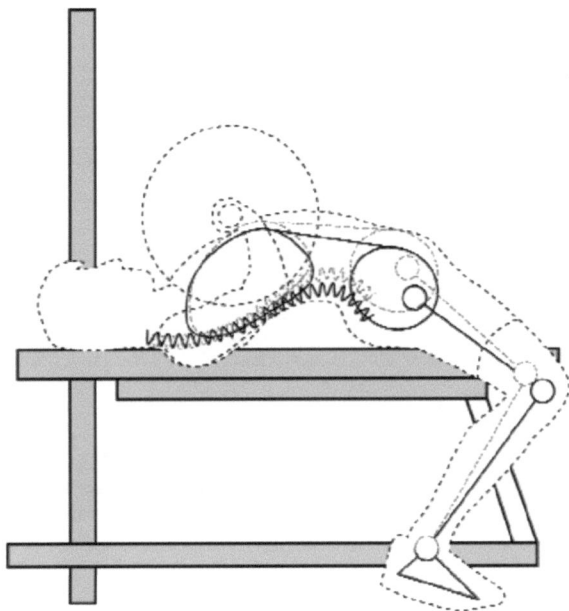

图2.32 从下肢传递到杠铃的冲量

2.4.7 高水平运动员的卧推技术

2.4.7.1 K. Pavlov的卧推技术

Konstantin Pavlov是俄罗斯体育大师，获得过多次世界冠军与欧洲冠军，也获得过12次俄罗斯冠军。

我们在分析中使用了传统的参考点，即BEC，以便跟踪Konstantin Pavlov的卧推技术特征（图2.33~2.35）。在来自视频的第1~9帧中，可以按照顺序清楚地看到他使用的技术。

第1帧：下降阶段开始

起始位置：四指环绕杠铃杆，拇指位于杠铃杆的另一侧以"锁定"杠铃。握距为81厘米——竞赛规则所允许的最大握距。此握距可以将重量主要负荷在胸肌上。头部、肩部和臀部与卧推凳接触。腿部和背部肌肉保持收缩。鞋底完全踩在地面/平台上。待主裁判发出"开始"口令后，运动员出杠，锁定肘部并稳定住杠铃。

第1帧

第2帧

第3帧

第4帧

第5帧

第6帧

第7帧

第8帧

第9帧

第1~9帧截选自卧推视频（V. Fetisov, 2008）（K. Pavlov，56千克级别，杠铃重量为185千克）

第2帧：杠铃位于起始位置下方8厘米处

杠铃下降速度达到最大值——35厘米/秒。

第3帧：杠铃位于下降阶段的中间位置

在点3（图2.35），下降速度减慢到5厘米/秒。

第4帧：杠铃位于胸部上方5厘米处

下降速度再次上升到22厘米/秒。

第5帧：杠铃接触胸部

下降轨迹长度为24厘米。暂停时长为0.75秒。在主裁判发出"推起"口令后，运动员使用他的上半身肌肉最大限度地发力推起杠铃。发力最初从腿部传递到头部。在推起杠铃时涉及以下肌肉：胸肌、三角肌、肱三头肌和背阔肌。

第6帧：杠铃位于胸部上方5厘米处

杠铃到达最大速度——50厘米/秒。

第7帧：杠铃距离结束位置约8厘米并接近粘滞点，这解释了为什么此时杠铃突然降速至5厘米/秒。

第8帧：粘滞点

杠铃速度减小到零，运动停止，然后速度增加到10厘米/秒。

第9帧：上升阶段结束

在完全且同时锁定双臂后，运动员停住杠铃，并等待主裁判"回杠"口令。杠铃上升轨迹长20厘米，上升时间为2.7秒，上升阶段的最大加速度为260厘米每二次方秒。

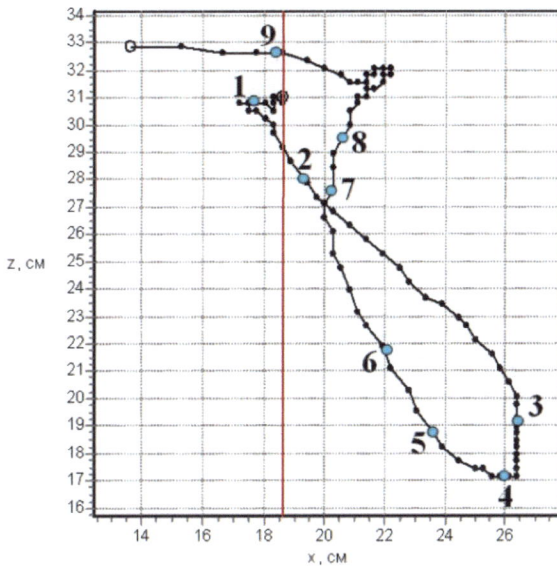

1. 下降阶段开始
2. 杠铃位于起始位置下方8厘米处
3. 杠铃位于下降过程的中间位置
4. 杠铃位于胸部上方5厘米处
5. 杠铃接触胸部
6. 杠铃位于胸部上方5厘米处
7. 上升过程的中间位置
8. 粘滞点
9. 上升阶段结束

图2.33　卧推期间杠铃质心的运动轨迹（V. Fetisov, 2007）

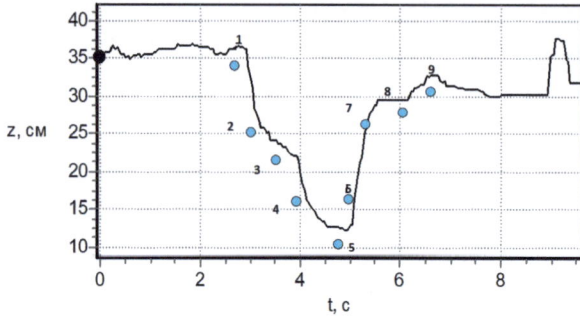

1. 下降阶段开始；2. 杠铃位于起点下方8厘米处；3. 杠铃位于下降过程的中间位置；
4. 杠铃位于胸部上方5厘米处；5. 杠铃接触胸部；6. 杠铃位于胸部上方5厘米处；
7. 上升过程的中间位置；8. 粘滞点；9. 上升阶段结束

图2.34　卧推期间杠铃质心在矢状面上的运动轨迹（V. Fetisov, 2008）

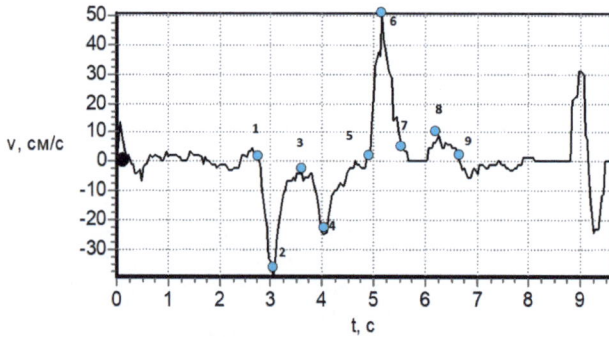

1. 起点；2. 最大下降速度；3. 下降速度开始减小；
4. 下降速度为22厘米/秒；5. 杠铃接触胸部；6. 最大上升速度；
7. 上升速度下降；8. 粘滞点；9. 上升阶段完成
（1：0厘米/秒，2：35厘米/秒，3：5厘米/秒，4：22厘米/秒，5：0厘米/秒，
6：50厘米/秒，7：5厘米/秒，8：10厘米/秒，9：0厘米/秒）

图2.35　卧推期间杠铃质心的运动速度（V. Fetisov, 2008）

2.4.7.2　Y. Chistyakova的卧推技术

　　Yulia Chistyakova是俄罗斯国际体育大师，曾两次获得世界青少年卧推冠军（2010，2011），并在世界青少年锦标赛中获得卧推银牌（2012）。

第1帧

第2帧

第3帧

第4帧

第5帧

第6帧

第7帧

第8帧

第9帧

第1~9帧截选自卧推视频（V.Fetisov, 2008）（Yulia Chistyakova，俄罗斯国际体育大师,66千克级别）

第1帧：下降阶段开始

起始位置：四指握住杠铃，拇指在杠铃杆的另一侧以"锁定"杠铃。握距为81厘米——竞赛规则所允许的最大握距。此握距可以将重量主要负荷在胸肌上。头部、肩部和臀部与卧推凳接触。腿部和背部肌肉保持收缩。鞋底完全踩在地面/平台上。待主裁判发出"开始"口令后，运动员出杠，锁定肘部并稳定住杠铃。

第2帧：杠铃位于下降阶段的中间位置

在点2（图2.38），下降速度为20厘米/秒。

第3帧：杠铃在胸部上方5厘米（图2.38中点3）

下降速度降至10厘米/秒。

第4帧：杠铃触胸

下降时间为1.25秒。轨迹长度为32厘米。暂停长度为0.25秒（暂停时间非常短，几乎注意不到，但在图2.36中容易观察到）。

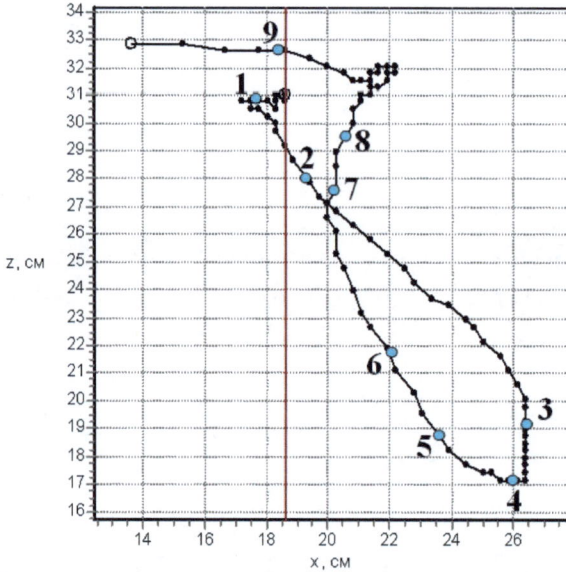

1.下降阶段开始；2.杠铃位于下降阶段的中间位置；3.杠铃在胸部上方3厘米；
4.杠铃触胸；5.杠铃在胸部上方2厘米；6.杠铃在胸部上方5厘米；
7.杠铃在胸部上方10厘米；8.杠铃在胸部上方12厘米；9.上升阶段结束

图2.36　卧推期间杠铃质心的运动轨迹（V. Fetisov, 2008）

第5帧：杠铃在胸部上方2厘米

在主裁判发出"推起"口令后，运动员使用他的上半身肌肉最大限度地发力推起杠铃。发力最初从腿部传递到头部。运动员推起杠铃时涉及以下肌肉：胸肌、三角肌、肱三头肌和背阔肌（图2.37的点5）。

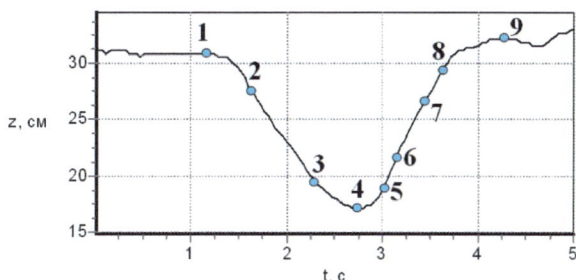

1. 下降阶段开始；2. 杠铃位于下降阶段的中间位置；3. 杠铃在胸部上方3厘米；
4. 杠铃触胸；5. 杠铃在胸部上方2厘米；6. 杠铃在胸部上方5厘米；
7. 杠铃在胸部上方10厘米；8. 杠铃在胸部上方12厘米；9. 上升阶段结束

图2.37 卧推期间杠铃质心在矢状面上的运动轨迹

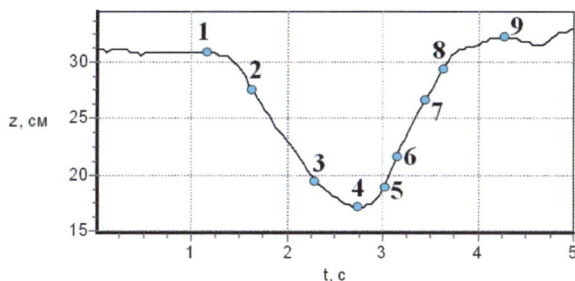

1. 下降阶段开始；2. 杠铃位于下降阶段的中间位置；3. 杠铃在胸部上方3厘米；
4. 杠铃触胸；5. 杠铃在胸部上方2厘米；6. 杠铃在胸部上方5厘米；
7. 杠铃在胸部上方10厘米；8. 杠铃在胸部上方12厘米；9. 上升阶段结束
（1：0厘米/秒，2：20厘米/秒，3：10厘米/秒，4：0厘米/秒，5：13厘米/秒，
6：20厘米/秒，7：17厘米/秒，8：13厘米/秒，9：0厘米/秒）

图2.38 卧推期间杠铃质心的运动速度（V. Fetisov, 2008）

第6帧：杠铃在胸部上方5厘米

上升速度达到最大——20厘米/秒（图2.38中点6）。

第7帧：杠铃在胸部上方10厘米

运动员无法长时间维持最大杠铃速度，因此杠铃速度降至32厘米/秒（图2.34中点7）。

第8帧：杠铃在胸部上方12厘米

杠铃速度快速降低至13厘米/秒（图2.38中点8）。此时卧推的最艰难时刻——粘滞点出现。运动员通过集中意志力与肌肉力量推起杠铃直到双臂锁定（第7帧和第8帧）。

第9帧：上升阶段结束

在完全且同时锁定双臂后，运动员停住杠铃，并等待主裁判的"回杠"口令。杠铃上升轨迹长36厘米。由于轨迹中出现了曲线，上升轨迹长于下降轨迹，但二者高度几乎相同。

下降时间为1.25秒，底部停顿为0.25秒，上升时间为1.3秒，起始阶段为0.6秒，粘滞点耗费1.0秒，推离胸部时间为0.5秒。

最大下降速度为15厘米/秒。

最大下降加速度为80厘米每二次方秒。

最大上升速度为18厘米/秒。

最大上升加速度为80厘米每二次方秒。

2.4.7.3　A. Babin的卧推技术

Alexander Babin是俄罗斯国际体育大师，多次获得巴什科尔托斯坦共和国冠军且为纪录保持者，其卧推期间杠铃质心的运动轨迹如图2.39所示。

第1帧

第2帧

第3帧

第4帧

第5帧

第6帧

第7帧

第8帧

第9帧

第1~9帧截选自卧推视频（A. Babin，90千克级别，杠铃重量为245千克）

第1帧：下降阶段开始

起始位置：四指握住杠铃，拇指在杠铃杆的另一侧以"锁定"杠铃。握距为81厘米——竞赛规则所允许的最大握距。此握距可以将重量主要负荷在胸肌上。头部、肩部和臀部与卧推凳接触。腿部和背部肌肉保持收缩。鞋底完全踩在地面/平台上。待主裁判发出"开始"口令后，运动员出杠，锁定肘部并稳定住杠铃。

第2帧：杠铃位于下降阶段的中间位置

在点2（图2.41），下降速度为30厘米/秒。

第3帧：杠铃位于胸部上方5厘米处（图2.41中点3）

下降速度降至25厘米/秒。

第4帧：杠铃接触胸部

下降长度为1.25秒。轨迹长度为32厘米。暂停时间为0.25秒（暂停时间非常短，几乎注意不到，但在图2.40中可容易观察到）。

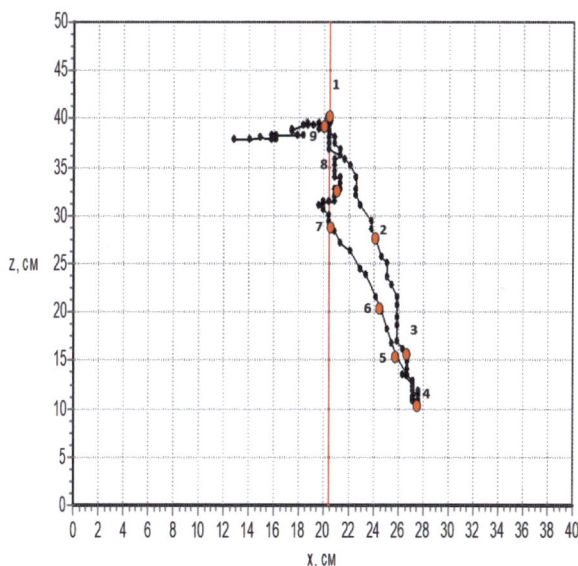

1. 下降阶段开始
2. 杠铃位于下降阶段的中间位置
3. 杠铃位于胸部上方5厘米处
4. 杠铃接触胸部
5. 杠铃位于胸部上方5厘米处
6. 杠铃位于上升阶段的中间位置
7~8. 粘滞点
9. 上升阶段结束

图2.39　卧推期间杠铃质心的运动轨迹

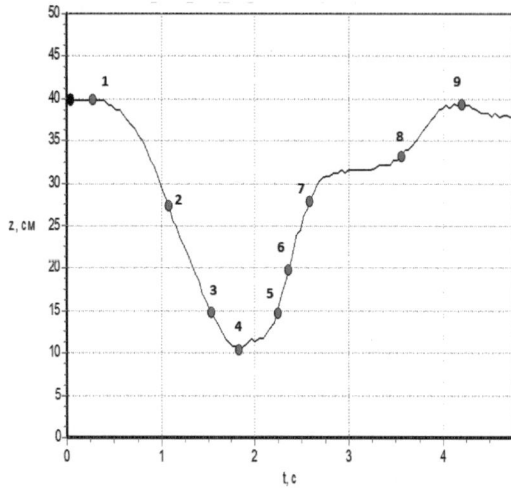

1. 下降阶段开始；2. 最大下降速度；3. 杠铃下降速度减慢；4. 杠铃接触胸部；
5. 杠铃位于胸部上方5厘米；6. 最大上升速度；7~8. 速度降低；9. 上升阶段的结束

图2.40 卧推期间杠铃质心在矢状面上的运动轨迹

第5帧：杠铃位于胸部上方5厘米处

在主裁判发出"推起"口令后，运动员使用他的上半身肌肉最大限度地发力推起杠铃。发力最初从腿部传递到头部。在推起杠铃时涉及以下肌肉：胸肌、三角肌、肱三头肌和背阔肌。在图2.41的点5，杠铃位于距离胸部5厘米处，其速度为30厘米/秒。

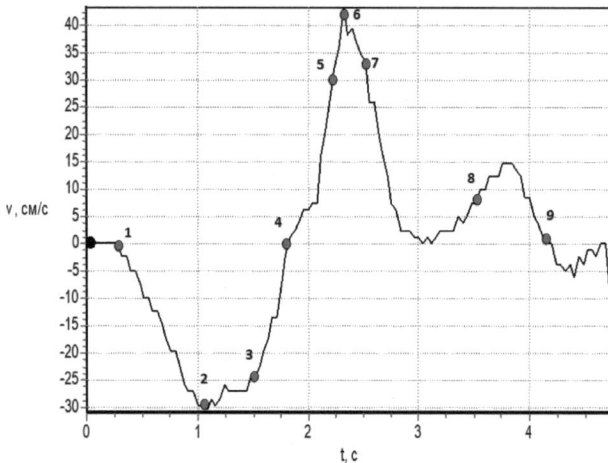

1. 下降阶段开始；2. 最大下降速度；3. 杠铃下降速度减慢；4. 杠铃接触胸部；
5. 杠铃位于胸部上方5厘米；6. 最大上升速度；7~8. 速度降低；9. 上升阶段的结束
（1：0厘米/秒，2：30厘米/秒，3：25厘米/秒，4：0厘米/秒，5：30厘米/秒，
6：42厘米/秒，7：32厘米/秒，8：8厘米/秒，9：0厘米/秒）

图2.41 杠铃质心的运动速度

第6帧：杠铃位于上升阶段的中间位置

上升速度达到最大值——42厘米/秒（图2.41中点6）。

第7~8帧：粘滞点

运动员无法长时间维持最大杠铃上升速度，因此杠铃上升速度降至32厘米/秒（图2.41中点7）。杠铃速度快速降低至8厘米/秒（点8）。此时卧推的最艰难时刻——粘滞点出现。运动员通过集中意志力与肌肉力量推起杠铃直到双臂锁定（第7帧和第8帧）。

第9帧：上升阶段结束

在完全且同时锁定双臂后，运动员停住杠铃，并等待主裁判的"回杠"口令。杠铃上升轨迹长36厘米。由于轨迹产生了曲线，上升轨迹长于下降轨迹，但二者高度几乎相同。整体上升过程用时约为2.1秒，其中起始阶段耗费了0.6秒。

2.5 硬拉技术

硬拉是力量举的第三个也是最后一个项目。根据大多数专家的说法，硬拉非常重要，因为它的结果往往对运动员比赛的成功或失败起着决定性的作用。

2.5.1 硬拉规则

俄罗斯力量举联合会的主席团认可并遵守国际力量举联合会制订的硬拉技术规则，其执行顺序规则如下。

1. 运动员必须面朝硬拉台正面。杠铃位于运动员前方，运动员可以用双手以任何方式握杠并拉起杠铃直到运动员完全站直。

2. 在拉起杠铃的最后姿势中，膝关节必须完全锁定，肩膀必须后收。

3. 主裁判的信号包括向下的手势以及明确的"下放"（down）口令。直到杠铃稳定且运动员明显表现出完成动作的姿势，主裁才会发出信号。

4. 任何有意拉起杠铃的尝试都被认为是一次试举。在开始拉起杠铃后，直到运动员身体站立并且腿部完全伸直为止杠铃都不能向下移动。如果是因为锁定时肩部后收造成的杠铃略微下降（即拉起阶段末期的轻微向下运动），也判定试举为成功。

2.5.2 硬拉的阶段结构

与力量举的其他两个项目一样，硬拉动作的阶段是基于试举时明确的动作目的所划分的。让我们看看表2.9和表2.10，并分析专家对硬拉各阶段的看法。

表2.9　外国专家对硬拉阶段的划分（L. Ostapenko, B. Sheiko, 2003, 2010）

作者＼阶段	阶段1	阶段2	阶段3	阶段4
Bill Jamison（美国）	握住杠铃并调整起始姿势	拉起杠铃	维持最终姿势	下放杠铃
John Lear（加拿大）	起始姿势	拉起杠铃	维持最终姿势	下放杠铃
Ladislav Philip（前捷克斯洛伐克）	起始姿势	拉起杠铃	维持最终姿势	下放杠铃
David Pasanella（美国）	起始姿势	拉起杠铃	维持最终姿势	下放杠铃
A.Stetsenko（乌克兰）	调整起始姿势	拉起杠铃	维持最终姿势并下放杠铃	

表2.9的分析表明，大部分外国专家划分了4个硬拉阶段，但这并没有给我们展现技术的全貌。

表2.10　俄罗斯专家对硬拉阶段的划分（B. Sheiko, 2005, 2011）

作者＼阶段	阶段1	阶段2	阶段3	阶段4	阶段5	阶段6
I. Belsky	开始	拉起杠铃	锁定			
Y. Nazarenko S. Tyo	开始	开始拉起	拉起杠铃	锁定		
E. Kudelin	准备阶段	开始	主要阶段	最终阶段		
S. Smolov	准备阶段	动态调整	开始拉起	拉起杠铃	锁定	
R. Tsedov	调整起始姿势	开始拉起	拉起杠铃	调整锁定姿势	下放杠铃	
A. Ermachenko	准备阶段	起始姿势	开始阶段	主要阶段	最终阶段	
B. Sheiko	调整起始姿势	起始姿势	开始拉起	拉起杠铃	最终姿势的锁定	下放杠铃到硬拉台
L. Ostapenko	调整起始姿势	握住杠铃	开始拉起	进入最终姿势	维持最终姿势	下放杠铃到硬拉台
B. Shetina	起始姿势	杠铃离地前的运动员－杠铃相互作用	杠铃开始加速	最后拉起阶段的努力	锁定	下放杠铃到硬拉台

B. Shetina（2008）提供了另外2个阶段：走上和走下硬拉台。综上所述，俄罗斯专家提出了更广范围的硬拉阶段，包括了3~6个阶段。

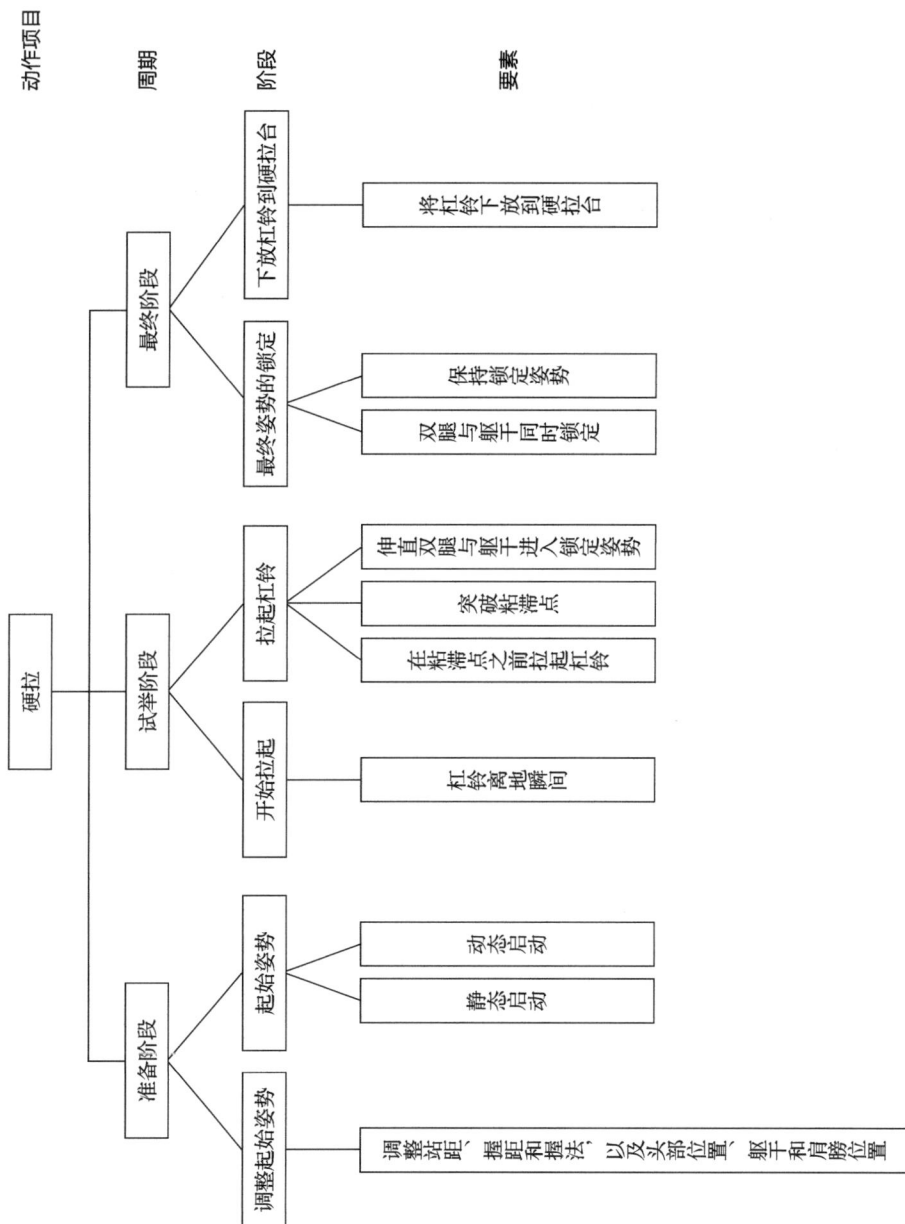

图2.42　硬拉的运动结构图（B. Sheiko, 2005）

2.5.3 硬拉的技术和结构 [1]

硬拉的时间结构包括3个周期、6个阶段和10个元素（图2.42）。

第一个周期是开始时期。它由2个阶段（调整起始姿势和起始姿势本身）与3个元素组成。硬拉中正确的起始姿势非常重要。它对合理使用运动员的身体能力并成功完成随后动作起到了巨大的作用。根据V. Rodionov（1967）的说法，"起始姿势会影响杠铃路径、运动员运动的发力难度、肌肉募集程度、速度以及技术"。

在力量举中，有3种硬拉形式：传统硬拉、相扑硬拉和介于二者之间的硬拉。传统硬拉是双脚站距与髋同宽或者稍窄一些，就像举重一样（照片2.36）。

照片2.36 Medvedev I.   照片2.37 Fedenko A.   照片2.38 Gadiev R.

使用相扑硬拉的运动员将双脚站得尽可能宽（照片2.37）。那些喜欢介于二者之间的硬拉的人，他们的双脚站距比相扑硬拉的站距更窄，但比举重站距更宽（照片2.38）。

阶段1. 调整起始姿势

阶段1为运动员走向杠铃并在硬拉台上调整到合适的姿势的阶段。

阶段1的动作目的是为调整起始姿势创造最佳的条件。根据L. N. Sokolov（1972）的说法，开始阶段的主要目标是选择一个姿势，让运动员能够以最有效的方式运用自身力量拉起杠铃。

要素：

站距。运动员的支撑面取决于双脚的起始姿势。双脚站距同其在深蹲中的一样，从经典的臀部宽度一直到最宽的相扑硬拉站距，这二者之间存在着各种可能的双脚站距。任何情况下，它都应该为杠铃提供适当的加速度并且支持"运动员–杠铃"这一系统（照片2.36~2.38）。此外，双脚站距越宽，硬拉高度就越低、杠铃运动范围就越小。硬拉的高度取决于双脚的位置以及运动员的腿、躯干和手臂的长度。双脚站距越宽，运动员的背部就应当越接近竖直。双脚放置在杠铃杆下方时，杠铃的垂直投影应位于跖趾关节上。脚尖应向外45~60度。运动员保持

---

[1] 这一部分引用了由 Mark Rippetoe、A. Samsonova、N. Kichaikina、G. Samsonov、B.Sheiko 及其他人所做的研究工作。——译者注

背部平直，降低身体，弯曲双腿，前推膝盖。臀部靠近杠铃。起始位置的踝关节、膝关节和髋关节角度取决于运动员的身体形态（身体各部位的相对长度），因此不可能为每个人提供精准的建议。但是，有一些对每个人都很重要的一般原则。其中包括以下两个。

a）缩短胫骨和杠铃之间的距离（它们应该几乎相互接触）。

b）肩关节位于杠铃上方，允许有微小的偏差。

不同运动员的区别之处主要在于双脚相对于杠铃的位置，因为它取决于运动员的形态特征。大多数研究者认为跖趾关节的中心应与杠铃质心在同一垂直线上。A. Mulchin（1971）从理论上证明，根据运动员的体型，杠铃中心的投影应位于跖趾关节与足中之间。

胫骨应略微向前倾斜并触碰杠铃。一些俄罗斯的研究人员得出的结论是，杠铃越靠近胫骨，双足对地面产生的压力就越大，此时跖趾关节的中心就是最终支撑点，因此如果杠铃的位置超过这个点，那动作就是不合理的。美国的Stone和O'Brien（1987）则认为，从力学角度来看，杠铃与运动员距离最近的位置应该有助于运动员对杠铃施加最大的力。Farley（1995）也有类似的观点。他写道："通常在起始位置时杠铃应非常靠近胫骨。"然而，也有一些俄罗斯和国外作者的研究指出，杠铃太靠近胫骨可能导致杠铃的额外减速，从而降低了试举的效率。

在所有类型的起始位置中，膝盖向外角度应与脚尖的方向一致。这使得杠铃在水平方向上更靠近臀部，降低了杠铃相对于其公共轴[①]的力矩，使得运动员能够更容易拉起杠铃。

调整起始姿势时，运动员弯曲双腿，向前倾斜躯干，并用双手握住杠铃杆。

握距。握住杠铃后双手间的距离称为握距。在相扑硬拉和介于相扑与传统形式的硬拉中，双手应握在膝盖内侧（照片2.39~2.41）。在传统硬拉中，双手应握在双脚外侧。

握法。双手握住杠铃的方式称为握法。运动员大多使用两种抓握类型：正反握，双手朝向不同的方向；双正握，4个手指在拇指的另外一侧（照片2.39~2.40）。有些运动员并不使用全握，而是将杠铃固定在手指的指骨上，就像"钩子"一样，即手指勾握（照片2.41）。

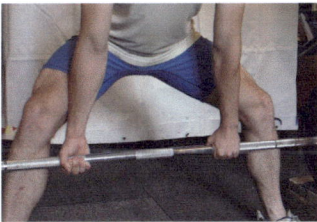

| 照片2.39　正反握 | 照片2.40　双正握 | 照片2.41　手指勾握 |

握距应足够宽以使得运动员在锁定位置时双手在髋部之外。

---

① 这里指的是髋和杠铃之间的连线，该连线越短，力矩越小。——译者注

头部位置。起始姿势时，运动员的头部应稍微抬起，目视前方。头部处于这个特殊的位置时，颈部的适度紧张更有利于保持躯干伸肌收紧，这使得躯干更容易保持紧张并进一步激活相关肌肉。研究表明，与更低的头部位置相比，微微上抬头部的运动员在开始时对杠铃施加的力量会多出9%。它同时还降低了手臂屈肌的紧张，使杠铃的"悬挂"更加牢固，因此延迟了手臂的提前泄力。

硬拉中的头部位置显著影响着硬拉技术。任何头部位置的变化都会导致肌肉张力的重新分布。头部相对于躯干的位置，能够重新分布硬拉不同阶段的肌肉张力，从而为合理地运用技术创造了良好的条件。

躯干和肩膀位置。运动员在起始姿势与硬拉全程中保持着不同的躯干位置。一些运动员在硬拉过程中保持下背部反弓；一些运动员在开始时就反弓下背部，但在动作期间仅轻微圆背；还有一些运动员在开始和做动作期间都保持略微圆背。由举重专家进行的实验表明，在所有情况中，反弓下背部在开始时可以获得额外8.3%的力量。当竖脊肌反弓下背部时，它使躯干成为一个刚性杠杆，这使得力能够更好地从腿部和躯干伸肌传递到杠铃。关于肩部位置，许多举重专家都认为在开始拉起杠铃时肩部中间的位置应正好位于杠铃杆中心的正上方。

Mark Rippetoe（2007）则表达了一个相反的观点，他认为任何一种正确将杠铃拉离地面的形式——无论是正常硬拉还是举重中的高翻或抓举，杠铃都应该位于肩胛骨下方与胫骨前方。这样的位置使肩部略微位于杠铃的前方，并且手臂以一个微小的角度在杠铃的后方。这是肌肉骨骼系统的特性，即使运动员运动技术较差也仍会拉起杠铃：如果杠铃不靠近胫骨且距离胫骨很远，只要杠铃位于肩胛骨正下方那么它就能被拉离地面。

阶段2. 起始姿势

阶段2以弯曲双腿并降低身体开始，到调整起始姿势结束。

此阶段的动作目的是运动员调整到一个合理的姿势，以使得其身体的动力链各元素的相互作用更加具有刚性与有效性。硬拉启动阶段可以划分为连续的静态与动态启动。

静态启动是指运动员用开始与杠铃相互接触时的姿势启动。在这个姿势下，运动员和杠铃还没有正式进行相互作用，两者质心还未重合。

然而，在动态启动开始时，运动员实际上已开始拉起杠铃，尽管杠铃仍在地面上，但是运动员已经动用一部分力量来平衡杠铃的重量。此时，"运动员－杠铃"系统具有共同的质心，且在运动员双脚的正上方。一旦运动员开始硬拉，他就开始正式与杠铃进行相互作用，形成的"运动员－杠铃"系统将重合两者的质心。这也解释了此时运动员姿势为何会产生变化。因此，动态启动是指用在杠铃离开地面之前运动员的瞬时姿势启动。

开始时，一些运动员会在矢状面上做一些预备动作，以便更容易地将杠铃从地面拉起。在握住杠铃后，他们会抬起臀部直到躯干平行于地面，然后以更快的速度将刚才的动作反着做一遍。当肩膀正好位于杠铃中心上方时，运动员开始伸展双腿并蹬地。

要记住的是从预备动作到拉起杠铃的过渡是比较困难的。因此，只有在运动员掌握了正确的技术之后才可以练习预备动作（但在练习技术之中并不学习预备动作）。

开始时，运动员将脚放在最舒适自然的位置，杠铃杆在跖趾关节正上方或将近正上方的位置。脚尖向外，膝盖与脚尖同向。小腿竖直，接触或几乎接触到杠铃。质心位于足中。背部笔直或略微圆背。膝盖关节为60~90度——以使臀部与膝盖处于同一水平或在此之上。手臂应该在开始时就伸直。肩部下沉并位于杠铃正上方或略微向前。下巴微微抬起，以维持适当的后背位置。眼睛向上向前看。

举重式硬拉的起始姿势要求运动员具有更强的竖脊肌，因为背部会更加平行于地面。相扑式硬拉具有更平直和竖直的后背，并且股四头肌的负荷更大（Piper, Waller, 2001）。

A. Mulchina（1971）曾写道，起始姿势取决于运动员的身高、四肢与躯干的长度、躯干与腿部伸肌的发达程度、身体的比例以及双脚站距。在起始姿势时不同身高的运动员的肢体之间具有不同的角度。较矮的运动员的膝关节角度更大[1]，因此在硬拉的第一阶段，他们大多使用躯干伸肌。中等身高或较高的运动员则更加依赖腿部伸肌来为杠铃提供初始速度。

有可能存在无限种起始姿势，但是任何姿势下运动员都需要在杠铃离开地面之前，缓慢给杠铃施加力。永远不要忘记这一主要与必要条件：在杠铃离开地面之前的最后一刻，运动员应该调整好姿势，使得肩膀正好位于或几乎位于杠铃的正上方。

"运动员-杠铃"系统的平衡在硬拉中非常重要。这种平衡的最佳条件是系统的共同质心（common center of mass，CCMS）在足中上方的位置。B. Sheiko（2001）和R. Tsedov（2003）都认为在"调整起始姿势"阶段，运动员应该采取共同质心位于足中正上方的位置。他们认为，这是做到最优硬拉动作的基本条件之一。

将足中均分为3部分，当杠铃被拉离地面时其质心正好位于双脚中间1/3处的正上方（图2.43）。

为什么是双脚的中间1/3处？

因为如果重量是平衡的，且全部负荷等于运动员与杠铃在"运动员-杠铃"系统质心下施加给地面的总重量，那么负荷将分布在整个脚底。

在硬拉中，杠铃杆总是悬挂在手中且当杠铃在膝盖以下时总是位于肩胛骨下方，因此尽管躯干角度会随着人体测量学而变化，但是这个角度已经基本被预先确定下来。

如果重量转移到脚尖或者脚跟，系统的质心就会

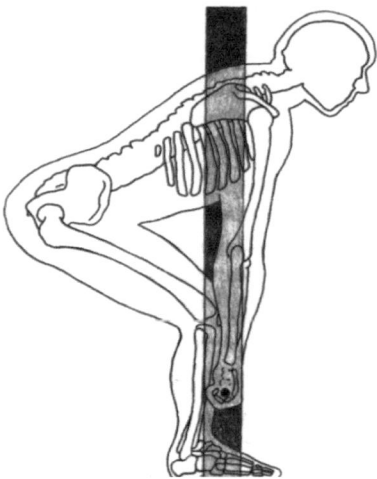

图2.43 杠铃被拉离地面时其正好在双脚中间1/3处的正上方

[1] 也就是上身会更加前倾一些，硬拉就要使用到更多背部肌群与躯干伸肌。——译者注

137

向前或向后移动以达到最佳平衡位置。当杠铃重量很小时，体重是平衡的主要因素。但随着运动员越来越强壮，杠铃变得越来越重时，杠铃对"运动员－杠铃"系统的贡献就越大，系统的质心就越近似于杠铃的质心。

因此，运动员调整起始姿势的主要目的是优化身体作为杠杆的作用，并且使得动力链的各个要素、地面和杠铃之间紧密联系，从而为之后的拉起杠铃做准备。

第二周期是拉起杠铃。它由2个阶段（开始拉起杠铃和拉起杠铃）和4个要素组成。

阶段3. 开始拉起杠铃

阶段3开始于向杠铃施加力，结束于杠铃离开地面。

这一阶段的动作目的是在杠铃离开地面之前，使得动力链的各个要素、地面和杠铃之间产生紧密的相互作用，从而为之后拉起杠铃做准备。在杠铃离开地面之前，运动员可以快速吸气并屏住呼吸直到杠铃离开地面。I. Seropegin（1965）证明，当屏住呼吸一小段时间后，力量运动是最有效的。他发现当肺部含有的空气量等于其肺活量的3/4时，运动员拉起杠铃的力量最大。

开始拉起杠铃（照片2.42）意味着第二个硬拉周期的开始。此时，运动员和杠铃成为一个系统。拉起杠铃的初始力量源于腿部蹬直。在此期间膝盖还有臀部都进行了伸展，脚踝角度也微微变大，臀部和肩膀以相同的速度上升，同时背部肌肉保持紧张。杠铃尽量靠近小腿和股四头肌。

照片2.42 开始拉起杠铃（Yury Fedorenko, 俄罗斯体育大师）

L. Sokolov（1967）研究了举重运动员的肌肉力量，他使用动力学平台对等长状态下的肌肉进行了测量。他的结论是，力量从运动员做出起始姿势时开始增大。该数据支持了动力链杠杆的位置会影响运动员发力这一观点。

一些运动员确实正确地抓握住了杠铃，但是他们是通过弯曲手臂和使用上身肌肉来握住杠铃的。而这里我们的目标是让手臂伸直，在拉起杠铃过程中几乎不去使用它们，使双手只是起到连接杠铃和上身（肩关节）的作用。

阶段4. 拉起杠铃

这个阶段从杠铃离开地面一直持续到双腿与背部完全伸直。

本阶段的动作目的是通过不断增加施加在杠铃上的力来使杠铃具有足够的移动速度与最佳运动轨迹。

要素：

在粘滞点之前拉起杠铃。 杠铃顺利离开地面后，其接下来的运动应该具有持续的加速度，即杠铃应该在上升时受到不断增大的拉力。在任何情况下都不应该将杠铃从地面上突然拉起。最大发力应该始终贯穿整个拉起杠铃阶段。

这一阶段的主要目标是为杠铃提供足够的力，以便在新条件下继续维持系统的前后平衡，从而使杠铃离开地面。整个拉起阶段都需要满足这个要求。它使得运动员可以高效地利用能量与身体功能，并让他充分展示其掌握的技术。如果质心相对于足中向前或向后发生了移动，那么运动员将不得不花费精力以保持平衡，从而弥补质心的移动。

当杠铃被拉起到上半段时，运动员的双腿几乎伸直，且上身肌肉开始发力，从而进一步伸直躯干。实际上，当杠铃处于膝盖高度时，就已经发生了躯干的伸展和髋部向前的运动。

突破粘滞点。 这是硬拉中最困难的部分。当杠铃位于膝盖高度时，运动员很难保持精确的平衡。快速的腿部伸展会使得膝盖向后移动并使得杠铃悬挂在身体前方。结果，相对于运动员的质心，杠铃的质心就会向前移动，很多人在此时无法继续拉动杠铃。因此，重要的是保持杠铃质心尽可能靠近运动员的质心，并且当它处于膝盖水平高度时保持其速度至少为0.1米/秒。

伸直双腿与躯干进入锁定姿势。 在拉起杠铃的最后1/3阶段，运动员使用背阔肌将肩部向后拉动。此时运动员头部稍微抬起，整个上背部微微向后。此时主要的困难之处在于握住杠铃（不脱手）。

第三个周期即为动作的结束部分。它有2个阶段（最终姿势的锁定以及下放杠铃到硬拉台）和3个要素。

阶段5. 最终姿势的锁定

阶段5以腿部和背部完全伸展开始，保持握住杠铃的姿势直到听到"下放"的口令。

该阶段的动作目的是根据比赛规则保持固定的身体姿势直到主裁判下达"下放"的口令。

要素：

双腿与躯干同时锁定。 在此要素期间，在斜方肌和竖脊肌的发力下，运动员的躯干可以和双腿同时伸直。背部保持平直。为了防止背部的过度伸展，运动员应收紧臀大肌。此时，可以稍微呼气以减少腹内压力。

保持锁定姿势。 保持锁定姿势起始于肩胛骨收缩（肩膀向杠铃的后部移动），臀部向前移动，结束于运动员短时间地固定这个姿势。

阶段6. 下放杠铃到硬拉台

阶段6从杠铃向下运动开始持续到杠铃接触地面。

将杠铃下放到硬拉台。 下放阶段与拉起阶段刚好相反，但速度稍快，主要是因为腿部发力的减少。根据规则，运动员需要握住杠铃直到杠铃接触地面。

2.5.4 不同硬拉形式的比较分析

在过去的30年里，人们一直在争论什么硬拉形式才是最好的。例如，S. Smolov（1990）、A. Surovetsky（2000）和B. Sheiko（2003）认为相扑硬拉比传统硬拉更有效。Fredrick Hatfield（1982）、Mike Lambert（1988）、Farley（1995）和Bill Starr（2000）则持有相反的观点。其他专家（V. Protasenko，2003）认为，相扑硬拉只对较矮的轻量级运动员更有利。

McGuigan和Wilson（1996）研究了相扑硬拉的生物力学效率。他们指出，由于有更多不同肌纤维的参与，硬拉的轨迹长度得以最小化。他们的研究表明，相扑硬拉的轨迹长度减少了19%。McGuigan和Wilson（1996）也得出结论，在相扑硬拉中，杠铃比传统硬拉更靠近身体。由于功率等于功除以时间（P=W/t），因此硬拉所需的功率取决于杠铃上升的时间。他们还发现使用上述两种形式进行硬拉都需要大约2秒，因此在力量表现的效率上，它们是一样的。

V.S. Fetisov 和B. Sheiko 对2008年俄罗斯全国比赛中运动员的生物力学分析表明，相扑硬拉平均需要2.74秒，最短的硬拉需要1.5秒（A. Bykov，体重75千克），最长的需要7.5秒（S. Omelchenko，体重125千克）。传统硬拉则平均需要3.85秒，最短的是2.4秒（D. Reshetov，体重110千克），最长的是7.75秒（Y. Vavilova，体重52千克）。此外分析表明，相比传统硬拉，使用相扑硬拉时运动员的膝关节角度要大得多。因此研究者得出一个结论，相扑硬拉需要大部分股四头肌与膝盖的激活，而传统硬拉使用竖脊肌开始硬拉。

美国专家（Sholevsky等人，1991）发现，比起传统硬拉，相扑硬拉的姿势能够让运动员与杠铃更加接近，还可以减轻其腰背部的压力，并相应地降低下背部的运动范围。从力学角度，身体越靠近杠铃越能帮助运动员发挥出更多的力量（Stone和O'Brian, 1987）。Grabiner和Garhammer（1989）也有相同的观点，他们认为硬拉中最重要的原则是在整个拉起杠铃过程中尽可能保持杠铃贴近身体。这样有助于缩短杠杆力臂，从而导致力矩显著减小。

使用相扑硬拉技术的运动员既可以有直线的杠铃移动路径，也可以有S形的杠铃移动路径，而使用传统硬拉的运动员仅有S形的杠铃移动路径。

　　然而，McGuinan和Wilson（1996）的硬拉分析表明，使用相扑硬拉的运动员中有一半在第二阶段出现了粘滞点，而在使用传统硬拉的运动员中只有15%会出现粘滞点。但是，国外专家并不完全同意这种观点。我们发现使用相扑硬拉的运动员的粘滞点出现在膝盖以上约5~7厘米处；而使用传统硬拉的运动员的粘滞点出现时间较早，为膝盖下方5厘米或与膝盖同一水平。McLaughlin等人（1997）指出，当最有效的肌肉处于最无效的生物力学位置时，粘滞点便会出现。硬拉上升阶段最难的部分是杠铃通过膝盖所处水平位置的瞬间，因为此时很难保持平衡。许多运动员从这一点开始无法继续拉动杠铃。运动员在这一点应至少让杠铃达到0.1米/秒的速度，并将膝盖外旋从而为成功拉起杠铃创造最佳的条件（S. Smolov, 1990）。

　　因为身体更向前倾，传统硬拉需要竖脊肌更多地参与。而相扑硬拉时背部更竖直，由股四头肌完成大部分做功（Piper T., Waller M., 2001）。

　　对截止到2010年12月的俄罗斯硬拉纪录进行分析，我们发现所有运动员都使用相扑硬拉（表2.11）。

表2.11　截止到2010年12月31日的俄罗斯纪录（B. Sheiko, 2011）

姓名	体重级别（千克）	硬拉重量（千克）	日期（年.月.日）	比赛	硬拉形式
Sergey Fedosienko	56.0	261.0	2010.02.16	RN	相扑
Mikhail Andryukhin	60.0	285.0	2005.08.25	RC	相扑
Vladimir Pak	67.5	300.5	2005.08.25	RC	相扑
Vladimir Pak	75.0	330.5	2006.03.02	RN	相扑
Oleg Chvanov	82.5	340.0	2007.03.16	RN	相扑
Andrey Belyaev	90.0	380.0	2006.09.21	RC	相扑
Alexey Zvarykin	100.0	380.0	2008.03.14	RN	相扑
Yury Fedorenko	110.0	405.0	2006.03.04	RN	相扑
Andrey Malanichev	125.0	403.0	2005.08.28	RC	相扑
Andrey Malanichev	+125.0	402.5	2008.08.24	RC	相扑

对硬拉形式的选择取决于运动员的身体比例。对于成功试举来说，其主要因素之一是在硬拉中所使用的技术。

2.5.5　高级运动员的硬拉技术

使用视频以及技术元素剖析高水平运动员的硬拉技术，可以让我们探查出运动员最佳技术中的个体特征。

2.5.5.1　A.Belyaev的硬拉技术

Andrey Belyaev是俄罗斯国际体育大师、世界冠军（2007）、两届青少年世界冠军（2002，2003）、卧推世界冠军（2005）、欧洲冠军（2006）、欧洲青年冠军（2003）。他拥有俄罗斯、欧洲和世界纪录。

根据视频的8帧图像（第1~8帧），我们可以使用图2.46中定义的角度分析Belyaev的硬拉技术。

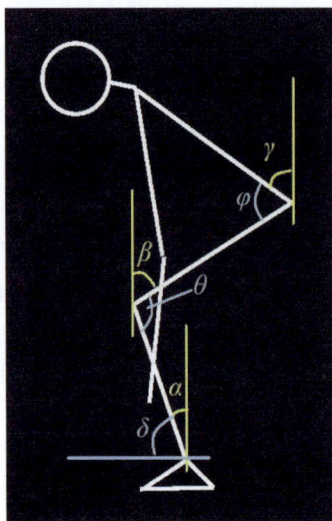

1.起始位置
2.杠铃离地的时刻
3.杠铃位于胫骨中间
4.杠铃位于膝盖下方4~6厘米处
5.杠铃处于膝盖高度
6.杠铃位于膝盖上方3~5厘米处
7.杠铃位于最高（锁定）位置
8.最终位置

图2.44　角度指示图

运动员的身体在实际中并不是一维的，其四肢的运动不能仅仅抽象到一个平面上。

例如，举重运动员（特别是相扑硬拉运动员）的大腿会以一定角度相对于矢状面转动，因此大腿与水平或垂直轴形成的真实角度，是不同于大腿在矢状面上的投影与水平或垂直轴所形成的角度的。但当我们从侧面看运动员时，我们只能处理身体在矢状面上的投影。因此，所有涉及的角度都是关节之间投影的角度而不是关节本身之间的角度。

第 1 帧

第 2 帧

第 3 帧

第 4 帧

第 5 帧

第 6 帧

第 7 帧

第 8 帧

A. Belyaev（俄罗斯国际体育大师）的硬拉视频各帧截选
（A. Babin，体重 89.6 千克，身高 166 厘米，杠铃重量为 375 千克）

143

第1帧：起始位置

运动员采用相扑硬拉姿势。两脚后跟之间的距离为122厘米。双脚向外转动45度。膝盖与双脚方向相同。杠铃位于跖趾关节前1~2厘米处。踝角（δ）为85度。膝角（θ）为105度。髋角（φ）为65度。小腿碰触杠铃。握法为正反握。握距略窄于肩宽。肩部下沉且和杠铃处于同一垂直平面。背部保持平直。背角（γ）为35度。臀部高于膝盖水平。"运动员−杠铃"系统共同质心位于足中上方（如下方图2.45第1帧所示）。

第2帧：杠铃离地的时刻

杠铃离开地面的时刻将起始位置和拉起阶段划分为两个阶段。第2帧记录了杠铃离开地面的瞬间运动员采用的姿势。从此刻开始到后面的连续时间内，"运动员−杠铃"系统仅有一个支撑面。而在此之前，运动员和杠铃有着不同的支撑面。

当杠铃离开地板后，它向着足中方向水平移动了1厘米。此时踝角（δ）增大到90度。膝角（θ）增大到110度。髋角（φ）增大到80度。背角（γ）为35度。肩部在垂直面上位于杠铃（图2.45第2帧所示）后方2厘米处。A. Belyaev以静态方式开始拉起杠铃，而并非突然拽起杠铃。杠铃起始速度较低，约为7厘米/秒（图2.48）。

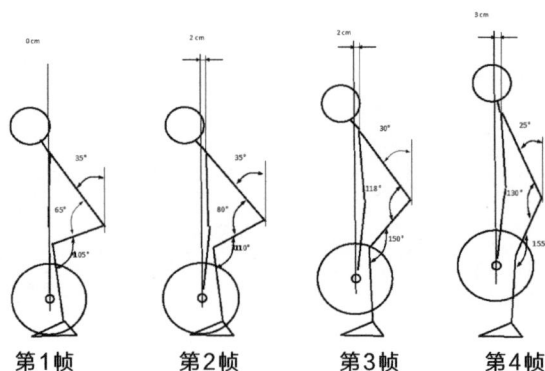

第1帧　　　　第2帧　　　　第3帧　　　　第4帧

图2.45　A. Belyaev硬拉的火柴人模型示意图（V. Fetisov, 2009）

第3帧：杠铃位于胫骨中间

此时，杠铃的质心在硬拉台上方约12厘米处。该位置对应于胫骨的中部。这个位置有以下运动学特征：杠铃继续靠近运动员直到其与身体垂直线相距3厘米的位置。由于腿部继续伸展，杠铃被持续拉起。除了膝盖以外，髋部也开始伸展。运动员此时大大提高了杠铃的上升速度，为44厘米/秒。踝角（δ）为90度。膝角（θ）增大到150度。髋角（φ）为118度。Belyaev开始动用背部力量拉动杠铃，因此背角（γ）降低到30度。运动员的肩膀在垂直面上位于杠铃后方2厘米处（如图2.45第3帧所示）。

第4帧：杠铃位于膝盖下方4~6厘米处

此时，杠铃位于膝盖下方4~6厘米处，在距离硬拉台上方19~20厘米处。杠铃速度达到最大值47厘米/秒。踝角（δ）仍为90度。膝角（θ）为155度。髋角（ϕ）增大到130度。背角（γ）减小到25度。较高的髋角和较低的背角意味着运动员正在积极地运用背部（图2.45第4帧）。运动员的肩膀在垂直面上位于杠铃后方3厘米处。

第5帧：杠铃位于膝盖高度

杠铃上升到一半路程处，此时位于膝盖位置，且在距离硬拉台上方约26厘米处。杠铃速度降至39厘米/秒。图2.44中踝角（δ）为92度。膝角（θ）增大到162度。髋角（ϕ）增加到145度。由于背部伸展，背角（γ）已减小到15度。运动员的肩膀在垂直面上位于杠铃后方10厘米处（图2.46第5帧）。

第6帧：杠铃位于膝盖上方3~5厘米处

杠铃在膝盖上方3~5厘米，且距离硬拉台上方29~30厘米处。杠铃上升速度降至19厘米/秒（图2.48）。拉动开始变得困难，这意味着杠铃已到达粘滞点。踝角（δ）仍为92度。膝角（θ）增大到168度。髋角（ϕ）增加到155度。背角（γ）减小到10度。在整个拉起杠铃过程中，杠铃已尽可能靠近运动员双腿。肩部在垂直面上位于杠铃后方11厘米处（图2.46第6帧）。这是因为在此处背部比腿部肌肉做功更多。

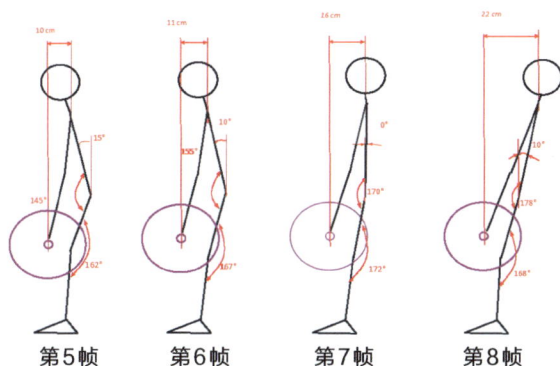

图2.46 A. Belyaev硬拉的火柴人模型示意图（V. Fetisov, 2009）

第7帧：杠铃位于最高点（锁定）位置下方2~3厘米处

在第7帧时，杠铃速度较小，约为2厘米/秒（图2.48）。杠铃位于最高点即硬拉台上方33厘米处。踝角（δ）为92度。膝角（θ）增大到172度。髋角（ϕ）增大到170度。运动员完全伸展双腿与背部。背角（γ）为0度（图2.46第7帧）。

第8帧：最终位置

运动员向后伸展肩部完成锁定。此时运动员下巴抬起。杠铃位于硬拉台上方33厘米处。踝角（δ）为90度。膝角（θ）为168度。髋角（ϕ）增大到178度。背角（γ）为−10度。运动员的肩膀在垂直面上位于杠铃后方22厘米处（图2.46第8帧）。硬拉所用时间为1.25秒。最大杠铃速度为47厘米/秒。最大加速度为180厘米每二次方秒。

图2.47和图2.48分别展示的是Andrey Belyaev硬拉期间杠铃质心在矢状面的运动轨迹和运动速度。

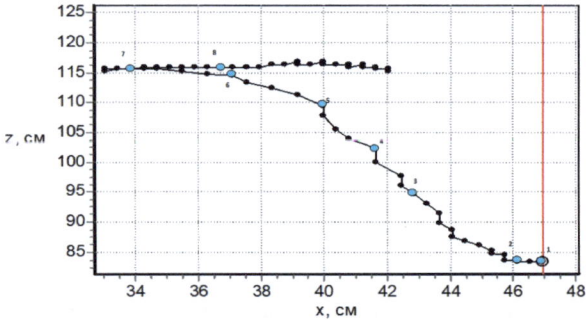

1. 起始位置；2. 杠铃离地的时刻；3. 杠铃位于胫骨中间；4. 杠铃位于膝盖下方4~6厘米处；
5. 杠铃位于膝盖高度；6. 杠铃位于膝盖上方3~5厘米处；7. 杠铃位于最高点；8. 最终位置
图2.47　A. Belyaev硬拉期间杠铃质心在矢状面的运动轨迹（V. Fetisov, 2009）

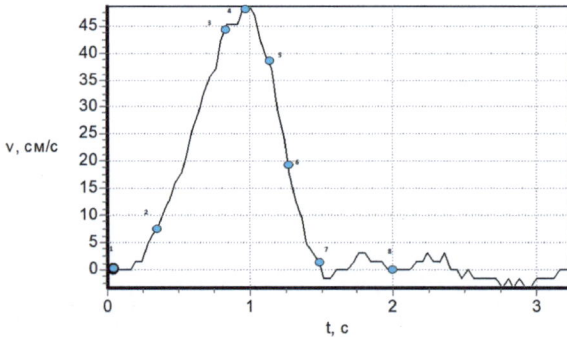

1. 起始位置；2. 杠铃离地的时刻；3. 杠铃位于胫骨中间；4. 杠铃位于膝盖下方4~6厘米处；
5. 杠铃位于膝盖高度；6. 杠铃位于膝盖上方3~5厘米处；7. 杠铃位于最高点；8. 最终位置
图2.48　杠铃质心在矢状面的运动速度（V. Fetisov, 2009）

通过对Andrey Belyaev硬拉的生物力学分析，我们看到他展现了优秀的相扑硬拉技术。他采取了最合理的起始姿势：双脚站距较宽，两脚后跟之间的距离为122厘米。双脚向外45度角打开。膝盖与双脚朝向相同方向。杠铃杆位于跖趾关节上方。臀部远高于水平面。小腿接触杠铃。采取正反握。握距略窄于肩宽。肩部下沉并与杠铃处于同一垂直面。背部平直，且背角为35度。下巴略微抬起，眼睛向前向上看。运动员与杠铃的共同质心位于足中上方（第1帧）。拉动杠铃的力量源于腿部和背部肌肉的同时发力（图2.45第2~3帧）。

与其他运动员不同，Andrey Belyaev在硬拉中的最关键的时刻是其背部和腿部同时发力的时候。膝角与髋角都在增大而背角在减小。人体中最大肌肉（即腿部与背部的肌肉）的协调使用让Belyaev产生足够大的杠铃上升加速度（从7~44厘米每二次方秒）。最大的杠铃上升速度（47厘米/秒）让运动员成功地突破了粘滞点。尽管在点5、6和7处，速度降低，但是这个速度已足够完成硬拉动作。Belyaev的硬拉时间约是1秒，他是2008年俄罗斯全国赛中拉起杠铃最重和最快的选手。

2.5.5.2 M. Baruzdin的硬拉技术

Maxim Baruzdin是俄罗斯体育大师。这名运动员使用的是传统硬拉。

第1帧

第2帧

第3帧

第4帧

第5帧

第6帧

第7帧

第8帧

硬拉视频各帧截选自M. Baruzdin（俄罗斯体育大师）（V. Fetisov, 2009）

（杠铃重量为350千克，体重为124.7千克，身高为175厘米）

第1帧：起始位置

运动员采用传统硬拉姿势。两脚后跟之间的距离为35厘米。双脚分别向外转动5度。膝盖与双脚的方向相同。眼睛向前向上看。杠铃位于跖趾关节上方。踝角（δ）为80度。膝角（θ）为100度。髋角（ϕ）为65度。小腿碰触杠铃。采取正反握。握距略宽于肩宽。肩部下沉，肩部在垂直面上位于杠铃后方3厘米处。呈圆背，背角（γ）为45度。"运动员－杠铃"系统共同质心位于足中上方（图2.49第1帧）。

第2帧：杠铃离地的时刻

在开始拉起杠铃时，运动员主动使用腿部肌肉发力，因此杠铃离开地面时向足中水平移动了1厘米（图2.45）。踝角（δ）增大到85度。膝角（θ）增大到110度。髋角（ϕ）为65度。背角（γ）增加到60度。由于腿部伸展与背角增加，肩部现在在垂直面上位于杠铃前方4厘米处（图2.49第2帧）。杠铃起始速度较小。

第3帧：杠铃位于胫骨中间

此时，杠铃位于胫骨中间，且位于硬拉台上方约6~7厘米处。这个位置具有以下运动学特征：杠铃继续靠近运动员直到其所在垂直面距离肩膀垂直线6厘米（图2.51）。由于腿部继续伸展，杠铃被持续拉起。除了膝盖以外，髋部也在伸展。杠铃速度最高值为36厘米/秒。踝角（δ）减小了1度。膝角（θ）迅速增大到140度。髋角（ϕ）也增大到80度。背角（γ）为60度。由于腿部的主动伸展，下列角度增大：膝角（θ）、髋角（ϕ）和背角（γ）。图2.49第3帧显示，在腿部肌肉主动发力期间，背部肌肉被动地仅起到悬挂杠铃的作用。此时肩部位于杠铃前方10厘米处（图2.49第3帧）。主要重量负荷在双腿。

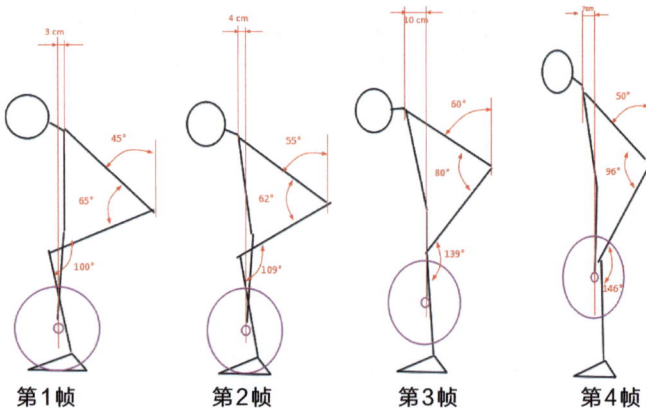

图2.49　M. Baruzdin硬拉的火柴人模型示意图（V. Fetisov, 2009）

第4帧：杠铃位于膝盖下方4~6厘米处

此时，杠铃位于膝盖以下4~6厘米处，且位于硬拉台上方15厘米处。杠铃的速度降至33厘米/秒。踝角（δ）增大到90度。膝角（θ）增大到150度。髋角（ϕ）增大到100度。背角（γ）减小到50度。虽然运动员仍然积极使用双腿，但他已开始更多地使用背部。肩膀现在在杠铃前方7厘米处（图2.49第4帧）。

第5帧：杠铃处于膝盖高度

杠铃此时到了上升阶段的一半，处于膝盖高度，且位于硬拉台上方30厘米处。杠铃遇到粘滞点，其速度迅速降低至11厘米/秒，运动员开始觉得拉起杠铃变得困难。此时踝角（δ）为90度。膝角（θ）增大到160度。髋角（ϕ）增大到120度。由于背部伸展，背角（γ）减小到40度。运动员的肩膀在垂直面位于杠铃前方4厘米处（图2.50第5帧）。

第6帧：杠铃位于膝盖上方3~5厘米处

杠铃此时位于膝盖上方3~5厘米处，且处于硬拉台上方36厘米处。杠铃速度降低至9厘米/秒（图2.53）。踝角（δ）仍保持90度。由于膝盖处腿部进行了伸展，膝角（θ）增大到170度。髋角（ϕ）增大到140度。由于背部主动发力，背角（γ）减小到25度。肩膀在杠铃上升期间第一次位于杠铃的正上方（图2.50第6帧）。

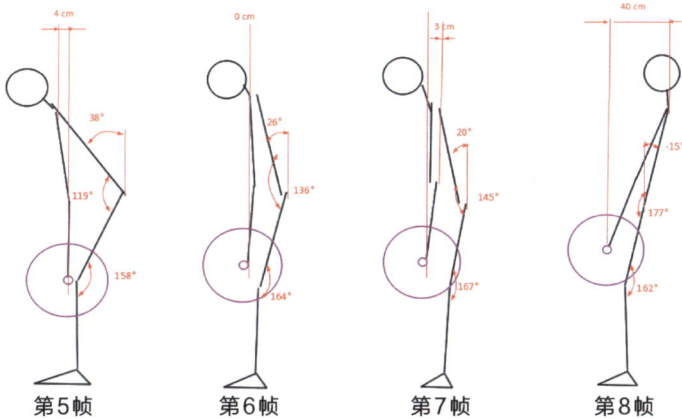

图2.50　M. Baruzdin硬拉的火柴人模型示意图（V. Fetisov, 2009）

第7帧：杠铃位于最高点处

运动员已经突破粘滞点，在点7（图2.53）杠铃速度上升到19厘米/秒。杠铃位于硬拉台上方45厘米处（图2.51）。踝角（δ）为90度。膝角（θ）更接近其最大值170度。髋角（ϕ）增大到170度。背部仍旧保持倾斜，背角（γ）为20度。运动员的肩膀在垂直面上位于杠铃后方3厘米处（图2.50第7帧）。

第8帧：最终位置

运动员通过背部向后伸展完成锁定。其下巴抬起。杠铃位于硬拉台上方50厘米处。踝角（δ）为90度。膝角（θ）为160度。髋角（ϕ）增大到180度。背角（γ）为15度。硬拉时间是3.75秒（图2.52）。杠铃上升最大速度为36厘米/秒。最大加速度为110厘米每二次方秒。

杠铃距离垂直线的最大侧移距离为7厘米（图2.51）。这也意味着M. Baruzdin的硬拉轨迹是S形的。

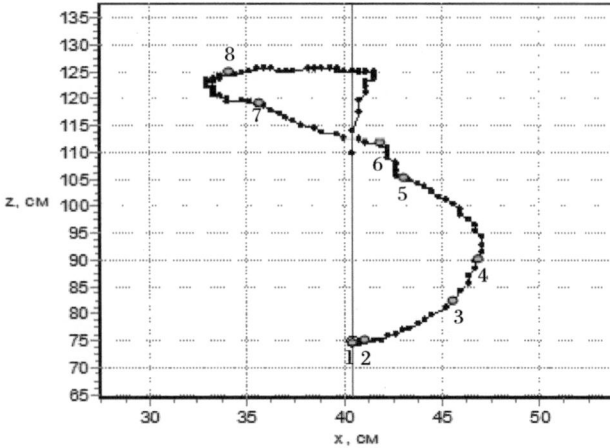

1. 起始位置
2. 杠铃离地的时刻
3. 杠铃位于胫骨中间
4. 杠铃位于膝盖下方4~6厘米处
5. 杠铃位于膝盖高度
6. 杠铃位于膝盖上方3~5厘米处
7. 最大高度
8. 最终位置

图2.51 M. Baruzdin硬拉期间杠铃质心在矢状面的运动轨迹（V. Fetisov, 2009）

对Maxim Baruzdin硬拉的生物力学分析显示他使用传统硬拉（基于他双脚的站位）。双脚脚后跟中心相距35厘米。脚尖分别向外转动5度。膝盖朝向与双脚相同。眼睛向上向前看。杠铃位于跖趾关节上方。杠铃接触小腿。采取正反握。握距略宽于肩宽。肩部下沉且在垂直面位于杠铃前方3厘米处。呈圆背。"运动员－杠铃"系统共同质心位于足中。通过主动蹬腿拉起杠铃。腿部肌肉进行大部分做功，背部被动起到作用，辅助他握住杠铃。当杠铃位于胫骨中间时，他的肩膀在杠铃后方10厘米处。负荷主要施加于双腿肌肉。Maxim Baruzdin的粘滞点发生在膝盖高度，它的出现早于Belyaev的粘滞点（图2.52~2.53）。

杠铃的移动路径的高度为50厘米。

硬拉时间是3.75秒。

杠铃最大上升速度为36厘米/秒。

杠铃最大加速度为110厘米每二次方秒。

M. Baruzdin的杠铃移动轨迹呈明显的S形。

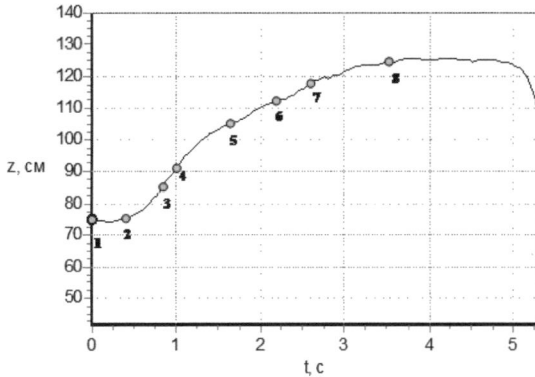

1. 起始位置；2. 杠铃离地的时刻；
3. 杠铃位于胫骨中间；4. 杠铃位于膝盖下方4~6厘米；
5. 杠铃位于膝盖高度；6. 杠铃位于膝盖上方3~5厘米；
7. 最大高度；8. 最终位置

图2.52 杠铃质心相对于矢状面的偏离程度（V. Fetisov, 2009）

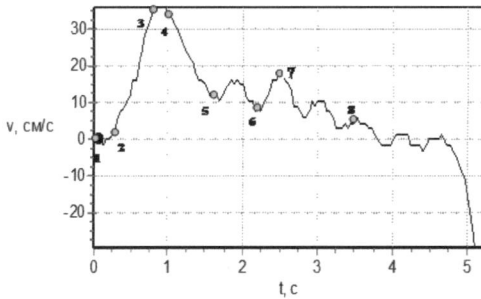

1. 起始位置；2. 杠铃离地的时刻；
3. 杠铃位于胫骨中间；4. 杠铃位于膝盖下方4~6厘米；
5. 杠铃位于膝盖高度；6. 杠铃位于膝盖上方3~5厘米；
7. 最大高度；8. 最终位置

图2.53 杠铃质心在矢状面的运动速度（V. Fetisov, 2009）

2.5.5.3 V. Sheglova的硬拉技术

Valeriya Sheglova是俄罗斯国际体育大师、3届青少年世界冠军、3届欧洲青年冠军以及世界冠军。

第1帧：起始位置

运动员采用相扑硬拉姿势。两脚后跟之间的距离为122厘米。双脚分别向外转动45度。膝盖与双脚方向相同。杠铃位于跖趾关节上方。踝角（δ）为80度。膝角（θ）为120度。髋角（ϕ）为75度。小腿接触杠铃。采取正反握。握距宽度为肩宽。肩部下沉并与杠铃处于同一垂直平面。背部笔直，背角（γ）为40度。运动员眼睛向上向前看。"运动员－杠铃"系统共同质心位于足中上方。

第1帧　　　　　　　　　　　　　　　　　第2帧

第3帧　　　　　　　　　　　　　　　　　第4帧

第5帧　　　　　　　　　　　　　　　　　第6帧

第7帧　　　　　　　　　　　　　　　　　第8帧

硬拉视频各帧截选自 V. Sheglova（俄罗斯国际体育大师）

（杠铃重量为230千克，体重为89.6千克，身高为165厘米）

第2帧：杠铃离地的时刻

硬拉是一个运动员与杠铃之间复杂的交互系统，它从杠铃离地时开始形成。

在开始拉动杠铃时，杠铃向前水平移动0.5厘米（图2.54）。踝角（δ）为75度。膝角（θ）减小到95度。髋角（ϕ）为70度。背角（γ）仍为40度。由于膝角变小，臀部此时更靠近杠铃。

第3帧：杠铃位于胫骨中间

此时，杠铃位于胫骨中间，且在距离平台上方约10厘米处。该位置具有以下运动学特征：杠铃继续靠近身体垂直线。由于运动员主动进行腿伸展，杠铃被拉起。除了膝盖，髋部也在伸展。杠铃速度此时接近35厘米/秒的最大值。踝角（δ）增大到80度。膝角（θ）为115度。髋角（ϕ）为85度。背角（γ）仍为40度。腿部肌肉完成大部分做功。

第4帧：杠铃位于膝盖以下3~5厘米处

此时，杠铃在膝盖下方3~5厘米处并且距离硬拉台上方17~18厘米。杠铃速度继续增加，为37厘米/秒。踝角（δ）增加5~85度。膝角（θ）增大到130度。髋角（ϕ）增大到95度。背角（γ）仍然是40度。

第5帧：杠铃处于膝盖高度

杠铃上升到一半距离处，处于膝盖高度，此时距离硬拉台20~21厘米。杠铃速度保持大致不变。维持相同速度使得运动员成功地突破了粘滞点。踝角（δ）仍为85度。膝角（θ）增大到135度。髋角（ϕ）增大到105度。这些数字说明双腿仍承担着主要的做功，但是此时运动员也开始使用其背部，这就是为什么背角（γ）降低到35度。杠铃此时距离垂直线1厘米。

第6帧：杠铃位于膝盖上方3~5厘米处

杠铃位于膝盖上方3~5厘米处，且距离硬拉台27~28厘米。杠铃速度上升到最高值40厘米/秒（图2.55）。踝角（δ）增大到90度。膝角（θ）为160度。髋角（ϕ）增大到145度。这些角度的增加是因为运动员在主动地伸展腿部。背角（γ）减小到15度。杠铃位于靠近垂直线约0.5厘米的地方。在整个拉起过程中，杠铃都尽可能靠近运动员身体。

第7帧：杠铃位于最高点

在第6帧和第7帧之间，杠铃速度开始从最高值降低到拉起阶段的平均值（图2.55）。这意味着杠铃处于粘滞点，但由于整个拉动过程中杠铃维持着较高的运动速度，它可以成功通过粘滞点。杠铃此时位于硬拉台上方40厘米处的最高点。踝角（δ）为90度。膝角（θ）为170度。髋角（ϕ）增大到165度。运动员完全伸展双腿与背部。背角（γ）为5度。杠铃在垂直线前方0.5厘米处，与硬拉开始时距离相同（图2.54）。

第8帧：最终位置

运动员通过使用斜方肌和菱形肌向后伸展背部与肩部完成锁定。下巴接触胸部。杠铃位于硬拉台上方40厘米处。踝角（δ）为90度。膝角（θ）为165度。髋角（ϕ）增大到195

度。背角（γ）为-20度。躯干向后倾斜使得髋部略微向前移动，因此杠铃距垂直线1.5厘米。硬拉时间是1.25秒。

拉起过程中杠铃距垂直线的最大距离为1厘米。这表示V. Sheglova的杠铃路径大致是竖直的。

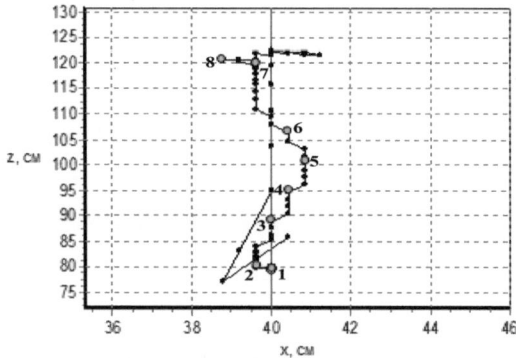

1. 起始位置；2. 杠铃离地的时刻；

3. 杠铃位于胫骨中间；4. 杠铃位于膝盖下方3~5厘米处；

5. 杠铃位于膝盖高度；6. 杠铃位于膝盖上方3~5厘米处；

7. 杠铃位于最高点；8. 最终位置

图2.54　V. Sheglova硬拉期间杠铃质心的运动轨迹

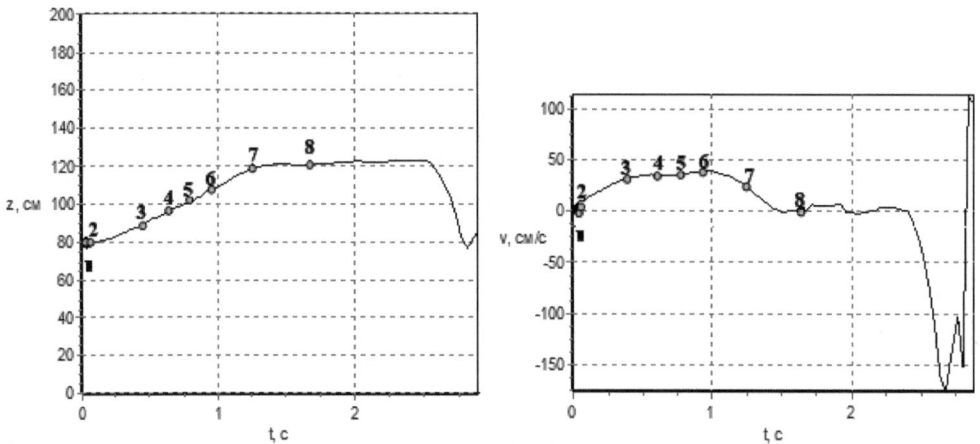

1. 起始位置；2. 杠铃离地的时刻；

3. 距离硬拉台上方3~12厘米；4. 膝盖下方3~5厘米；

5. 膝盖高度；6. 膝盖上方3~5厘米；

7. 杠铃位于最高点；8. 最终位置

图2.55　杠铃质心的水平偏离程度与杠铃质心的运动速度

Valeriya Sheglova展示了她出色的相扑硬拉技术。她采取了最合理的起始姿势：双脚为相扑硬拉姿势。双脚分别向外转动45度。膝盖朝向与双脚相同。杠铃位于跖趾关节上方。臀部高于平行面。杠铃接触小腿。采用正反握。握距与肩宽大致相同。肩部下沉并与杠铃处于同一垂直平面。背部平直。背角为40度。视线微微向上。质心位于足中上方。硬拉以主动蹬腿开始同时保持不变的背角。Valeriya技术最重要的地方在于她会在适当时候动调动背部。这让她不仅可以保持，而且可以继续增加杠铃的速度——这就是她突破粘滞点的方法。硬拉时间是1.25秒。在2008年俄罗斯全国赛的63名参赛者中，只有Anna Komlaeva（体重52千克，身高151厘米）和Yuliya Medvedeva（体重67.5千克，身高157千克）能在这么短的时间内完成硬拉。更重要的是V.Sheglova体重更重（90千克体重级）且身高更高（165厘米）。这也是为什么在女运动员中Valeriya Sheglova的硬拉重量最大。虽然她拉起杠铃的过程是S形的，但是杠铃偏离垂直线最多仅1厘米，所以我们也认为其硬拉轨迹是垂直的。

2.5.5.4　Stephen Prichard（澳大利亚）硬拉中的错误

第1帧：起始位置

臀部高度较低，视线向下。这是一个对硬拉不利的起始姿势。从这个姿势开始拉动杠铃会非常困难。

第2帧：杠铃离地的时刻

为了移动杠铃，Stephen抬起臀部开始拉起杠铃。但是在开始阶段（第1帧），身体位置应该与第2帧中的高度相同。

第3帧：杠铃位于硬拉台上方3~5厘米处

腿部继续伸展。背部肌肉保持相对静止，仅起到辅助握杠的作用。由于重量较大，运动员开始出现圆背。

第4帧：当腿部继续伸展时，背部仍处于静止姿势

臀部越来越高，圆背程度加重。

第5~6帧：腿部几乎完全伸展，但背部仍未积极地参与

Stephen此时类似一个长臂的起重机。

第7帧：杠铃处于膝盖高度

腿部肌肉基本完成了做功。背部肌肉开始参与硬拉，但此时背部肌肉承受着巨大的负荷。

第1帧

第2帧

第3帧

第4帧

第5帧

第6帧

第7帧

第8帧

第8帧：硬拉的最后部分

　　Stephen的膝关节略微解除锁定。臀部略向后移动。他也没有完全伸展身体，所以裁判不可能在这样的情况下给出"下放"的命令。第1~8帧的图像表明背部和腿部肌肉作用分离而非共同起作用。他必须在比赛后立即改善这种效率低下的技术，从而学习正确的技术。纠正动作需要2~3个月时间。在比赛之前，运动员可以按照他习惯的方式进行硬拉。

第3章 竞技动作技术的教学方法

无论对初级运动员还是未来的体育大师，训练的重点都是学习新的技术和熟练掌握已有的技术。因此在这个阶段，要引入"教学训练"这个概念。这就是为什么学习和训练是整个训练进程中的两个不同的组成部分。已经达到高水平的或参加俄罗斯国家级比赛和世界级比赛的运动员完成的训练是处在专业级训练水平的。

力量举运动员技术储备的最大弱点就是获取和掌握体育技术。这是运动员在技术储备阶段中缺乏基础和高级的方法造成的。这个问题说明了运动员在理解体育技术时存在着很多盲点。换句话说，高级力量举运动员或许很强壮并且对于制订训练计划有很好的知识储备，但他们对于计划制订的原理和力量举技术的理解十分有限。

3.1 常规训练准则

训练的主要目的是精进技术并且将其转化成一种能不由自主地同时正确施展的能力。一项运动技术具有可认知性、稳定性、灵活性和可变性。一项技术的稳定性是通过上千次的重复，基于条件反射的巩固而形成的。可变性则是在"动作进行中"基于动作的目的对常见的运动形式做调整。

竞技动作技术教学与解决学习任何运动活动的特点有关，而训练本身由体育活动的主要准则组成，并且是基于运动技术组成的常见的生物学规律。力量举训练相比起其他体育技术有少部分特点，但是适用于所有体育项目的常规准则同样适用于力量举项目。

体育技术的提升会伴随着运动员的整个训练生涯，这也是运动员成长的必要部分。

教学准则是教学和训练过程中的教育基础，它代表教学过程中的方法规律。因此，这些准则必须为达成教学和训练目的而存在。这些准则有：意识与运动相结合、教学内容视觉化、目标可达成并因人而异、规律性和一致性、逐步提高训练目标以达到最佳的运动表现。

意识与运动相结合。教学的效果很大程度上取决于参与者是否积极主动地对待一项运动。理解并创建达成目标的方法能够加速学习，并对训练动作的完成效率有提升作用。为了达到这一准则，让运动员对学习对象感兴趣、清晰地解说学习材料、理解训练的目标和目的、激发运动员自学和自律的过程是极为重要的。清晰地沟通（尤其是语言上的表达）对于理解新学习的技术是很重要的。合理的交流是体育项目中合理教学的核心。

教学内容视觉化。视觉化和学习过程是直接相关联的，它有利于运动员对某些概念的理解，并且使得学习的过程变得更加容易；它不仅提倡广泛使用视觉教学，也提倡听觉分析。视觉感知在学习过程中所扮演的角色很重要。它能在学生的脑海中建立体育技术的客观展现。由老师或者优秀训练者展示动作（握杠、手腕在杠铃上的姿势、腿部姿势等）是教学内容视觉化最重要的一种方法。首先，它以整体的形式进行视觉呈现，然后步步剖析，最终回到整体来整合各独立的步骤。动作技术的元素最好以贴画、图片、图画和模型的形式展现，以便学生理解。学生对正在学习的技术的本质看得越深入，他的理解就会越透彻。通过视频分析技术逐帧分析连续的视频片段，运动员能更好地理解训练中正确的动作模式。

在力量举竞技动作的教学中，视觉教学是一个极其重要的部分，因为训练者的活动基本都是在实操。视觉化教学的特殊目的之一就是全面发展自身的感官，而不是单纯让学生通过视觉辨别什么是好的技术和错误的技术。在示范教学动作时配上简短的解析、连续的视频帧片段、图解、图画、照片、贴画或欧洲和世界级力量举锦标赛的视频是能够确保视觉化原则被遵从的基本方法。

目标可达成并因人而异。该准则强调在由训练、新技术的提升和积累训练量组成的整个学习周期中，学习内容的正确分配。

考虑到要遵从该准则，在安排训练和教学时应与训练者的才能、年龄、性别特征、之前的训练和技能水平相一致。由于在力量举运动中，需要快速地做出关键的身体动作，所以这一准则对于力量举来说极其重要。将待学习的内容合理分配，使其对于训练者来说易操作（即一次无须安排太多学习内容）并且不会造成任何健康隐患是必要的。训练动作能否达成是直接由协调难度、训练强度和体能消耗等因素决定的。能力和难度之间的协调性好才能让训练的可行性达到最大。

准则提到的因人而异的意思是组织好整个体育教学的流程并利用特殊的方式和不同的训练形式来为训练者制订个性化的训练方法。这能为运动员待开发的技能的提升创造合适的条件。每个训练者存在的个体特征并不会与所有运动员都有的常规特征相冲突。所以，个性化的训练方法是能够在教学进程中兼容常规要求并且能被提供给团体训练的。换句话说，在动作说明的常规准则（例如在深蹲时挺直背、下蹲到正确的幅度）能适用于所有运动员的同时，所有个体都需要一些个性化的技术输入来使自身达到最佳的运动表现（例如双脚的站距、深蹲时双手间的握距）。

规律性和一致性。这项准则的核心就是训练和训练以外的事物之间的规律性、一致性和关联性。很显然，有规律的训练安排能给训练者带来更好的训练效果，这是不定期或断断续续的训练安排所带来的效果无法相比的。一次休息不充分足够造成已经建立好的运动条件反射的退化、已有的身体功能性水平的下滑，甚至还会出现数据指标的倒退（例如由于缺乏恢复，力量和协调性有损失）。也可能会由于休息时间太长，导致各方面能力的退步。已有的数据显示，某些退步的迹象是可在一次休息期的第5~7天被检测到的（Zimkin N. & Co., Ferdman D., Feinschmidt O., et al.）。许多专家认为，训练要素呈现得不系统或很混乱会阻碍和减慢体育学习过程。因此非常有必要将训练安排变得结构化，第一阶段应该先学习竞技动作技术的基础，只有在这方面做好之后才能传授其他的训练元素，且先讲重点再讲细节。如此系统的安排能使运动员在备赛期有适当的储备并且能提升运动员的技术。重申一遍，技术的关注点在于重要和主要的组成元素，其次是细节。在了解整体之前学习细节（例如，在髋关节铰链还没有学会的情况下去研究硬拉时的握法）对于技术的形成来说是非常低效的。

　　逐步提高训练目标以达到最佳的运动表现（循序渐进准则）。 在运动员的训练体系中，这是一项主要准则。这项准则基于量变引起质变的思想。遵从这项准则进行学习，逐渐引入训练要素而不是一开始就盲目冲击，可以让训练者在极限体能活动中做到最大限度的无痛无伤，最终能使训练给出正面的反馈——力量、速度和耐力会显著提升。俄罗斯最好的教练和运动员得出的经验就是在现代体育中，没有进行大量可以达到极限体能负荷的训练是不可能取得好成绩的。如果训练量达到临界点，即身体开始疲劳的临界点，那么训练负荷越大，身体会适应从而变得更强壮。强度更大的训练能促进身体恢复和"超量恢复"（超量恢复不仅使身体恢复，还会使身体变得更强壮）的过程的进行。这一点已经能从实验中得到验证，尤其是与肌肉恢复相关的实验（Yampolskaya L., Yakovlev N., et al.）。

　　如此，和具体技术的学习一样，在理论知识的掌握中，对这些准则的学习占了重要的地位。同时，其教学具备统一化，任意准则都不可能在忽视其他准则的情况下得到正确执行。只有在整合所有准则的基础上，才能使各准则得到最高效的实施。

3.1.1　教学方法

　　在实操教学中，使用包含体育技术及各种力量举专项方法在内的教学方法的主要目的是，对如何进行一项训练创造合理的、清楚的、印象深刻的动作模式的呈现。以下的呈现方法均在力量举项目中有使用，如果这些方法不能整体使用，那么没有方法能保证技术的学习是快速和高效的。它们必须一起使用从而取得最好的教学效果。

　　使用语言和文字。 体育技术的训练中，补充说明、解释、指导、指令、完成各种类型的任务、口头评估与询问、讨论，包括对话和报告在内的动作都要以说话的形式来协助训练。多开口说话对展现一项训练不同阶段之间的正确联系及对比训练者对动作目的的理解和其实际执行的效果时是必要的。以对话交谈的形式对已完成的动作任务进行分析和详细检验能让教练对学习结果做出评估，并设定下一次的学习对象。措辞应该准确清晰。如果教练或者老师没有对训练技术或训练中易犯的错误做出口头上的提醒，要完成合格的训练是不可能的。在训练中提醒并给出建议不仅能使动作的方向正确，还能使动作幅度、肌肉伸展或收缩的力量表现变得更加完善。同解释一起，教练还可以给出带有比喻性的讲解（例如，在硬拉中讲解道"想象你的双手是钩子"），因此在这些情况下要利用学员已经掌握的技巧。

　　直观教具的呈现。 视觉感知和视觉运动感知能在训练者的脑海中留下对体育技术最客观的印象。这类方法包含的具体形式有展示连续的视频帧、高阶运动员示范训练动作以及给运动员展示能体现运动特点、运动施展条件和运动活动的各独立阶段的图画、图表和照片等。

训练教学方法。 此方法能直接影响训练者控制运动的大脑部位。这么一来，一项训练的逐步运动呈现会先形成，随后形成的是运动的技巧，之后形成的是完整的技术细节。除了上述提到的两种方法之外，此方法也是在教学过程中必须使用的。这些方法的正确组合能使教练在传授一项训练动作时效率更高。

训练教学方法通常以整体式教学或分段式教学的形式呈现。

整体式教学。 此方法涉及将一项训练作为整体进行学习并单独挑出某些重点部分做强调。这种方法适用于简单动作或与已经掌握的动作类似的动作的教学，同样也适用于运动员的身体协调性教学。

分段式教学。 此方法为先学习分段的运动动作，再将分段的动作组合成一个整体。例如，将一个动作分成几部分或几阶段，然后，运动员分别单独掌握各个阶段，在那之后再掌握完整的动作流程。这种方法不仅在学习动作的阶段适用，在训练阶段中去纠正或提升动作的细节时也同样适用。

分段式教学有以下两种类型。

a）自下而上，用更大的分段来整合当前动作中正在学习的一个或多个阶段（整合分段动作）。

b）自上而下，完成更细小的运动目的。这种类型用于阐明一个动作对应的动作细节和阶段，也用于纠正动作细节中的错误。

这两种类型如何选择取决于训练者的技能及储备水平、教练的资质和创造力。

组合式教学。 这类方法可使教练在调整训练和休息期的安排时更加灵活，也能在管理运动员所需要的身体素质和技能的发展上更加高效。它用于维持运动员充分的体能表现和积极正面的心态，也为技术的提升创造了必要的心理条件。这类方法是结合了整体式教学和分段式教学的最高效的方法。

训练安排。 每周每月的训练要基于最优化的安排，要有精确的计划内容和训练量，包括训练的意义和方向。这类方法能让教练根据运动员身体的功能水平制订最高的要求，并且对运动员的最好发展做出推动。它在发展运动员的目标感、决心、意志力、自控能力和克服困难的能力上扮演着重要的角色。

技术辅助。 这类方法能呈现系统的、有组织的训练动作并提供其施展所需的条件和状态。以3种类型的信息为主：视觉、听觉和触觉。这样的话，录制设备是非常有价值的，例如视频摄像机被用于示范运动员展示过的动作技术。这类方法的一个主要的优势就是对动态运动的重现，包括慢放、对独立阶段的高亮分析（就是我们常说的"画面定格"）。

组合方法。 其特点是能一并完成不同类型训练的训练任务（例如，身体技能和运动技能的共同提升）。组合方法的各种变式如下。

- 身体＋技术训练。
- 身体＋战术训练。
- 身体＋技术＋战术训练。
- 技术＋战术训练等。

组合方法的变式很多，具体要取决于训练的目标。基于所选择的组合方法，它能影响各种类型的训练中的身体素质表现。这类方法的主要特点体现在训练方案的复杂性上（不同训练类型的相互组合）。例如，让运动员训练几组硬拉，每组5次，每一下动作都从地面重新启动并且关注每一下动作的技术完成情况。这种训练不仅使运动员施展正确硬拉技术的能力得到了训练，也提升了肌肉围度和承受更大训练量的能力。这样一来，训练的重量必须要有足够的挑战性，但又不可太重从而导致技术的崩溃，那样就违背了技术训练的初衷。

游戏方法。 其特点就是在训练学习中插入游戏时段，使用简化的动作规则或不使用任何规则。这类方法不仅适用于体育教学流程中的初始训练动作，也能使运动员的个性化技术及各种困难条件下运动员的运动能力得到综合提升。它能提升各种各样的素质和能力，比如敏捷、变向速度、独立性、主动性，也能增进运动员对课程的感情。游戏的主要特点就是它能在运动和激励之间相互切换。游戏对青少年运动员特别有效，青少年运动员很容易在有趣味性和竞技性的条件下被激励去进行正确的技术动作的训练。

模拟比赛。 它是指模拟比赛时的环境并在其中进行训练。它被用来训练运动员身体素质和提升道德水准，也为运动员接下来要进行的正式比赛做策略上的训练。其特点就是完全或部分模拟正式的比赛。

以下为模拟比赛的不同变式。

- 训练游戏和竞技比赛（与一个更强或更弱的对手竞技；与不寻常的对手一起训练，例如一个左撇子；在不寻常的情况下，例如在更狭小的区域内；等等）。
- 在不利条件下比赛。
- 简单测试。

模拟比赛的方法能提升训练储备的方方面面。

测试知识、技能和能力。 这种方法会在预备评估、竞赛、测试、考试和常规观察中被使用。

3.1.2 运动技巧的形成

运动的技巧在每个人的生命中都有着重要的地位。Ushinskiy（1867），俄罗斯教育学的创始人在谈到这个话题的时候提出，如果一个人没有提升技巧的能力，那么在其发展的道路上会寸步难行。技巧和能力的不同主要取决于对它们的掌握程度，即人们下意识的控制能力。这句话的意思是某些技巧是很容易掌握的，不需要过分集中精神去关注，而有些技巧是比较复杂的，需要运动员的深思熟虑，并且在其学习和训练的过程中，大脑会以高沽动水平运作。

体育教育中运动技巧对运动能力的要求并不相同。某些情况下，一些运动的技巧掌握，需要以运动员已具备的能力作为基础。其他情况下，一些运动的技巧发展可以不需要任何其他能力的迁移。在这种情况下，它们是互补的。初始运动技巧的出现，意味着运动员的动作成型了。"运动能力"和"运动技巧"这两个概念主要是从技术层面来表示运动员施展动作的能力。已经掌握的技巧将作为掌握新的能力的基础。如果运动有各类扎实的技巧基本功作为基础，那么它会是很成功的。技巧掌握得越好，运动就越具备全面性和高效性。在体育竞赛中，施展精准的技巧的能力很大程度上决定了一个运动员的高度。所以，运动员的运动能力和运动技巧主要取决于其对动作的掌握程度。

如果使用技巧对动作进行控制是下意识的，那么运动员对这个动作的掌握就很精通了，也就是说，无须运动员刻意地关注。

在体育动作的教学中，最终的目的就是使技巧成型，变成习惯，能下意识地施展出各种动作，无须运动员投入过多的关注，但也要能意识到技巧的存在。通过常识可知，一旦运动技巧成型，那就完全有可能构建出一个高效的学习过程。根据Matveyev（1976）的说法，"运动技巧是一个人运动能力最常见的表现之一，运动员施展非下意识（或下意识程度还不够）动作的能力可代表其运动技巧"。运动技巧的适用范围因各种训练动作的不同而不同。如果运动员忘记了任意一点细节，那么动作的精准性就会受到影响，在几周都不对动作进行巩固的情况下，已经掌握的技巧可能会一同退化。这就是为什么已有技巧的动作质量取决于训练者的综合能力和使得运动技巧成型的训练环境。在运动技巧成型的初期，有必要限制新的变量出现，也就是说要创造不变的模板化的环境（反复练习）。不断重复和练习会催生出动作技巧的稳定性——对施展动作精准性的评估。技巧掌握流程的存在对新的动作技巧的形成是必要的，同时要逐步提升具备施展相应运动技巧的能力的身体部位的下意识活动水平。当新技巧不断地被练习，它们的施展将变得越发下意识。当技巧可以被下意识施展时，花费在这类技巧上的练习时间可以减少，从而腾出时间给其他新技巧直到新的技巧也变得非常熟练，如此往复。

在某种意义上，运动能力和已有的运动技巧是可以相互转换的。所以将这两个概念彻底分开是错误的。然而，我们必须清楚它们在生活中和体育中的特点：不可约性和不一样的重要性。掌握运动技巧，是对运动活动进行掌握的最高层次，在体育教学和体育训练中有着最高的重要性。光靠天赋是不行的，对于训练者来说，要不断地练习。

3.1.3　运动活动教学的结构

运动活动教学的主要任务，取决于运动活动的类型和特点，同时也要考虑它们的物理特征的特殊性和层次高低。运动能力和运动技巧的掌握会在整个过程中得到呈现，并且会作为运动活动掌握情况的结果。当一项已经能下意识展现并且经过大量的重复练习而形成的运动能力转变为运动技巧时，中枢神经系统中将有3个阶段的处理流程（由神经兴奋和神经抑制组成）。

第一阶段，分段的动作元素被整合起来。在第一次尝试施展新的动作时，大脑皮质中负责运动表现的神经元被激活，邻近的神经元在该过程中不参与。

第二阶段的表现为彻底激活、协调性的提升并且消除了不必要的动作。在这种情况下，运动技巧的真正"获取"开始。

第三阶段的特点是稳定，动作的下意识性和协调性的水平很高。这时，一项运动技巧被掌握的所有迹象都被呈现出来了。

先前掌握好的或同时形成的运动技巧之间的相互作用和迁移在运动活动的教学中是必不可少的。在体育教学中，有两种类型的技巧迁移，即正向迁移和负向迁移。

正向迁移意味着一个已经掌握好的技巧会协助、加速新的技巧的形成。这种转变需要的主要条件是在动作的主要阶段具备结构相似性。

负向迁移意味着一个已经掌握好的技巧反而使新技巧的形成复杂化。若只在预备阶段具备结构相似性，但在动作的主要阶段不具备结构相似性，这种情况就会发生。

技巧迁移的情况有很多种，具体如下。

单方向迁移。这指的是一个技巧的形成也能促进另一个技巧的形成，但是反过来并不存在迁移性。学会冲浪能给你带来更好的平衡能力以学习柔道，但是学会柔道中的摔跤技术并不会对学会冲浪有任何帮助。

双向迁移。这意味着技巧间存在双向迁移性。学会深蹲中的髋关节铰链会让你在硬拉时做得更好，反过来，学会硬拉中的髋关节铰链一样有利于你的深蹲表现。

直接迁移。这种迁移的特点就是一个独特技巧的形成能直接影响另一个技巧在任意动作中的形成。比如，学会深蹲中的收紧肩胛可以让你在卧推中更容易掌握一样的收紧肩胛的技术。

间接迁移。这种迁移指的是已经掌握好的一个技巧能为正在学习的新技巧创造优越的条件。如果你已经在深蹲学习中学会了瓦式呼吸，那么学习并掌握硬拉就变得更简单了。

学习运动技巧并且熟练掌握它们是运动员训练的一个重要的组成部分，且该部分有着固定的顺序和几个阶段。处在不同的阶段下就有不同阶段的显著特征，这些特征会在学习对象的特性、辅助元素和方法中反映出来。

部分迁移。这种迁移会在所学的动作之间有着极大的相似性的时候出现。在这种情况下，技巧的迁移会被限制在一个极其狭窄的范围内。训练任务的顺序和持续性，以及辅助训练的设计都要以与主项动作的主要阶段有结构上的相似性为准则。

学习的过程可以被分成相对独立的、相互影响的和相互依存的3种过程。Platonov（2004）将运动员的技术储备期分成了以下3个阶段。

阶段1. 初学练习。在此阶段中，运动员会建立起对某项运动的初步认识、创造出学习此运动的条件，会学习动作的主要运动结构、运动员的动作结构和运动节奏，并且会消除和预防常犯的错误。

阶段2. 综合学习和训练。在此阶段中，运动员对运动活动模式形成理解、独立的运动结构间的协调节奏结构以及力学和动力学的特征会提升。先前提到过的细节元素会根据运动员的个体差异而做出调整。这绝大部分都得通过反复的练习才能实现。

阶段3. 巩固和进阶。在此阶段，运动技巧能得到巩固，这基于运动员的个体差异，包括运动特征的最高表现在内的各种实际情况引入了各式各样的辅助训练。这个阶段是许多参加训练营的人重点关注的阶段。当一位著名的力量举运动员在你所在的地区内举办训练营时，大部分情况下他会教你如何优化你已有的技术，而不是单纯地对你进行"零基础深蹲教学"。

Shtark（1971）和Schnabel（1982）将技术训练分成以下5个阶段。

1. 建立运动活动的初始概念并建立好学习条件

语言和视觉辅助被用于创建学习的条件，也是掌握技巧的主要方式。运动员的注意力要集中在他们的主要运动活动及方法的表现上。这使得运动员在技术细节都整合在一起之后去执行技术动作时，对技术的整体表现会是什么样子有一个概念。

2. 在动作学习的初始阶段建立初始的动作技术

在这个阶段，运动员形成了施展动作的基本结构的能力，此时需要学习技术的基础部分并且需要建立动作的整体节奏。动作学习的主要方法就是将整个动作分成不同的部分，并且将这些局部动作的学习分别独立开，最后再做整合。在此阶段有必要杜绝不利动作的出现并防止肌肉的过度紧张。

3. 运动活动成型过程的完美进行

在这个阶段，教学过程的目的是要学习运动活动的细节。此阶段要关注的是使用运动感知的方法。要使动作形成合理的运动学和力学结构。

4. 技术的稳定阶段与巩固运动活动的阶段相对应

当合理的动作系统得到了巩固之后，也会决定技术的特点——施展动作时的下意识性和稳定性。这里的教学目的是要让运动的施展变得稳定同时加强各个局部动作。在此阶段，技术的提升与运动质量及运动员的战术和心理准备的提升过程直接相关。要注意，"稳定"阶段之前需要的是"完美执行"。你不应该让低质量的技术变得根深蒂固，因为在那之后去纠正是非常难的。

5. 掌握技术的多样性并投入训练

通过此阶段在各种条件和身体运用阶段的利用下，技术的多样性就形成了。

由于在绝大多数情况下，首次尝试一个复杂的动作是不现实的，那么动作就应该被分段。然而，只有当各相对独立的阶段中的技术要点可以做合格的分析的情况下，才能使用分段法。动作分段法能帮助运动员在训练的早期阶段克服心理障碍，减少其体能的消耗，也能帮助教练去避免运动员出现根深蒂固的严重的运动错误。根据Belinovich（1991）的说法，这些错误包括以下几点。

a）身体在运动活动中的错误和常见的错误（错误的姿势）。

b）局部和复杂的错误（一个单独的错误的出现会牵扯到其他的动作，例如当背部姿势很糟糕的时候也会使得膝盖和脚踝的位置一样糟糕）。

c）有意识的或无意识的错误。

d）不影响运动结构的明显的（严重的）和次要的（细小的）的错误。

e）典型的（几乎所有人都可能会犯的）和非典型的（个性化的）错误。

作为已知的结果，可能出现的错误越早得到说明，就越早能够确认这些错误的成因。常见的错误成因如下。

a）误解了训练任务。

b）缺乏体能基础。

c）对自己的力量缺乏自信心，犹豫不决。

d）先前已有的动作模式对现在造成了负面影响（有不好的动作习惯，例如习惯了弯腰捡东西会直接影响到硬拉）。

e）教学环境不合适，缺乏工具和设备。

f）训练违背了要求，特别是课程的安排过早地使运动员疲劳。

为了纠正错误，应该遵守以下规则。

a）错误必须要有合理的分析解释。

b）错误的纠正要基于它们的重要程度有先后顺序。比起细小的错误，重大的错误要优先处理。

c）如何纠正错误的指标要与训练者的能力相对应。这就包括使用训练者知晓并理解的提示语。不管提示语有多好，如果训练者不知道该提示语，那就是无用的。

d）当早期已经讨论过的错误出现时，能纠正这些错误的辅助训练将派上用场，例如使用轻重量高杠体前屈训练来帮助学会训练中合适的背部反弓角度。

e）让训练者展示错误是不对的。要让训练者对自己的错误有一个清晰的认识，最好的方式是让错误在训练者按照合理的动作描述去进行训练的情况下自然而然地暴露出来。换句话说，在示范动作的时候不要刻意去创造错误，而是等待错误在教学过程中出现（当你的学员自己练习的时候犯下错误）。出现错误再解决错误，你的任务就是教会正确的技术，而不是教会错误。

只有在掌握了动作的各个分段并且预防了错误之后，才有可能进入动作的整体教学中。

3.1.4　动作中的典型错误

一个动作或动作局部的实际结构与标准动作相比出现了比较明显的偏差与变形就是我们所说的"训练中的错误"。由于给动作的施展带来了困难，同时也干扰了运动员展现自己运动和体能的能力，动作的偏差对训练的效率有负面影响。动作的变形是可以被教练、裁判和运动员自身在动作的时间及空间的特征变化中察觉到的。运动员身体、身体部位和杠铃在时间和空间上的动作结构会有运动学特征：幅度、速度、加速度和节奏等。换句话说，动作的运动学特征是可以被观察到的，这是运动员自身的力量和重力、惯性、阻力、张力和摩擦力之间相互作用的结果。力量举竞技动作的表现就是这些运动学特征的鲜明的动态运动的事实体现。正是因为这些细节都在动态运动中，教练和运动员才必须对上述提到的动作结构有深入的理解。如你所知，合理地举起重量的技术需要在施展动作时力求精准。

一个准则、一个动作是不可能马上就完美无缺地被施展出来的。这个事实让动作的发展过程变得复杂。有一些错误可以从运动技巧成型的规则中得到解释，但有一些错误与缺乏对动作的理解有关，再剩下的就是违背了相应的条件。动作施展得是否成功很大程度上取决于对动作错误出现的原因能有多细致的排查，以及能否切合这些原因实施纠正方案。最典型的错误如下。

- 运动活动中出现了不必要的多余动作。
- 运动不符合规范且限制了肌肉发力。
- 额外肌群的不必要参与。
- 运动的方向和幅度不够稳定。
- 运动活动的整体节奏出现变形。
- 运动的速度表现不够充分。

为了提升运动活动的学习效率并预防错误出现，正确规范的动作表现是非常重要的。需要管理的主要元素就是每组的次数和组间间隔。由于受很多因素的影响（动作的复杂程度、发展的阶段、训练中的个人能力等），这两个元素的特征会有很大程度上的不同。无论如何，你都要记住并遵循以下规则。

- 一个新的动作采取怎样的训练频率取决于训练者的能力。
- 每一次尝试，动作都应该有所提升。
- 错误在一个动作中重复出现意味着训练者应该休息并反思动作。
- 组间间隔要同时顾及体能和精神恢复以确保有足够的准备去应对之后的尝试。
- 当训练者疲劳的时候继续训练是不妥的，甚至是有害的。
- 技巧训练中，训练与训练之间的休息时间应该尽可能短，那样不至于丧失已掌握的技巧。

3.1.5　动作的错误因素

在执行一项运动任务时，会遇到的最常见的典型错误是自然的错误，然而，错误的教学方法是导致这类错误出现的另一个原因。教学的成功与否主要取决于错误的成因是否得到很好的排查以及采取什么样的方法去预防和解决。

动作出现波动和变形的主要原因通常如下。

a）对正在学习的动作的运动组成的理解不正确或不充分。

b）对运动目的的理解不正确或不充分。

c）训练者缺少运动经验。

d）训练者缺乏体能基础。

e）训练者缺乏自信、有恐惧感、疲劳等负面因素的影响。

f）动作学习过程的组织不正确。

在人的一生中，会形成各种各样的运动模式，会受各种各样的因素影响，这些运动模式的形成过程会呈现不同的特点。只有在合理的教学训练架构中才能优化这些过程。运动活动形成过程的内在逻辑以及基于此逻辑的提升过程，是一种首先由知识理论和对动作的理解逐渐转换为动作执行能力，然后转变成固有的技巧，最终成为熟练掌握的技巧的过程。

为了正确地对专业动作进行初始学习，打好正确并完整的基础从而保证所有动作都完美执行是很有必要的。

3.2　竞技动作技术的教学基础

竞技动作技术教学中所包含的基本动作都是那些在特定条件下进行并以合理高效的运动活动（技巧）为特征的动作。在力量运动中，运动技巧指的就是下意识地施展动作的方式。一位运动员的运动技巧以及运动表现和技术就取决于施展动作时的下意识程度。运动技巧的重要特点就是能使动作可靠、稳定地持续重复下去。运动员在试举不同的重量时要保持同样的自信心，在体育训练中，只有在这种情况下才能提升运动员的体能水平并且让技术的运用变得下意识。在很大程度上来说，将技术的运用变得下意识必须要在采用极限重量进行训练之前完成。

施展力量举竞技动作需要合适的技巧。在教学过程中，教练不应该照本宣科，要知道生理规律会影响动作技术的形成和发展，还要考虑到训练中的个体差异。这包括：一些经典动作的发展次序及其组成元素、深蹲和硬拉的不同风格、训练重量的选择以及教学方法在不同阶段的实施。

运动活动的教学可以分成以下3个阶段。

a）用固定的重量练习杠铃动作以掌握竞技技术。

b）用可变的重量练习杠铃动作以掌握竞技技术。

c）在任何情况下，包括在比赛中都能有合理的竞技表现。

基于正在学习的运动活动的各阶段中的具体学习对象的不同，学习过程的特点是：前面2个阶段能持续1~3个月，而第3个阶段会持续很多年，只要运动员不断提升自己的技术，将其往理想化模型的方向发展。

在对年轻运动员进行教学的过程中，体育技术的形成有以下5个阶段。

a）建立运动活动的整体概念和训练准则。

b）掌握基本的技术和运动节奏，这个阶段的特点是要不断强调一些最重要的协调元素。

c）完美施展运动活动的技巧的成型。

d）运动活动的巩固，下意识施展和动作稳定意味着运动技巧的彻底掌握。

e）学会技巧的各种变化并贯彻实施。

在安排训练时，必须要考虑到一个运动活动或技术细节的教学过程应该和赛场上的实际条件相符合（Golovin，1991）。为了在备赛的早期促使竞技动作成型，在考虑到年轻运动员的个体差异的情况下，应该将训练内容分成一些简单的部分，再逐渐将其组合在一起形成整体。Ivoylov和Laputin（1986）建议针对在具体动作中所涉及的肌群做针对性训练。关于这些训练的绝大部分选择应该基于与特定动作或竞技动作具有结构上的相似性的前提，但每一项训练都必须要有个性化的调整。

组合式教学结合了分段式和整体式教学的优点，可以让一个动作作为一个整体进行教学，同时又能在动作的不同阶段发现错误并予以解决。

在力量举教学中，由于负重会影响动作的技巧，选择多大的重量进行训练非常重要。选择的重量不应该很大。运动员若在学习阶段尝试大重量的试举会展现出技术的瑕疵。另一方面，如果重量不够，动作的运动模式肯定不会变形。所以，最佳的杠铃重量选择要根据动作的复杂性和运动员的技术及体能水平（性别、年龄、身高和重量级）而定。可以确定的是，使用的重量太轻会导致训练效果不足，同时重量太重会引发疲劳，从而破坏动作的技术表现，并且也不会有好的训练效果。

在学习一项新技术的初始阶段的几次训练中，杠铃的重量应该是固定的，在巩固习得的技巧并提升技术后，运动员方可在一次训练中使用不同的重量。为了提升学习的效率，在课程中引入与主项相似的使用更小的负重的训练是很重要的（比如，用一根金属棍子或长杆代替杠铃）。

体育技术需要的学习时间很大程度上取决于运动员的个人能力、知识储备和教练的经验，教练应该能够让运动员快速掌握技巧。

3.2.1　深蹲技术训练

在力量举中，针对新手运动员的深蹲技术的教学过程分成5个阶段。

在第1阶段中，建议将靠近杠铃、握杠和握距（照片3.1）、站位以及杠位（照片3.2）作为教学的开始（图3.1）。

| 靠近杠铃 | → | 握杠和握距 | → | 站位 | → | 杠位 |

图3.1 第1阶段的教学顺序

照片3.1　　　　　　　　　　　　　照片3.2

要注意的是，与通常将杠铃放在斜方肌最上方进行深蹲的运动员不同，力量举运动员会将杠铃放在斜方肌中束和三角肌后束的位置。由于在这种姿势下，杠铃不能缺少手臂的支撑，所以教会初学者使用手掌支撑杠铃是很重要的。

照片3.3~3.5示范了第1阶段教学中的杠位展示。

照片3.3　高杠位　　　　照片3.4　合适的杠位　　　　照片3.5　不正确的杠位

教学的第2阶段从合适的站位开始，接下来有出杠并将杠铃扛稳在肩上和回杠（图3.2）。

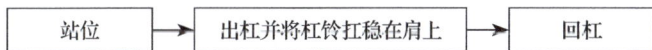

| 站位 | → | 出杠并将杠铃扛稳在肩上 | → | 回杠 |

图3.2 第2阶段的教学顺序

照片3.6~3.8示范了第2阶段教学中涉及的出杠技术。杠铃被放置在"金字塔"力量架上。运动员站好并将杠铃扛在肩膀上（照片3.6），之后吸气并伸直膝关节和髋关节将杠铃扛起。当他的双腿完全伸直之后，他将保持该姿势5秒（照片3.7）。然后，运动员将杠铃放回架子上（照片3.8）。

照片3.6

照片3.7

照片3.8

在第3阶段中，建议教会新手运动员如何出杠、肩扛杠铃后退、稳定准备姿势及回杠（图3.3）。

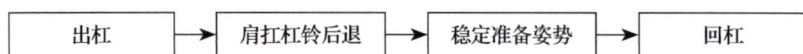

出杠　→　肩扛杠铃后退　→　稳定准备姿势　→　回杠

图3.3　第3阶段的教学顺序

照片3.9~3.13示范了教学的第3阶段会涉及的深蹲中的肩扛杠铃的准备姿势。

照片3.9

照片3.10

照片3.11

照片3.12

照片3.13

在轻重量的杠铃出杠之后（照片3.9~3.10），运动员应该后退一步或者两步确立站距并保持上半身的稍稍前倾（照片3.11）。双脚间的站距应该稍宽于肩膀以稳定站位（照片3.12），保持这个姿势5~7秒，之后将杠铃回杠（照片3.13）。在此阶段中，初学者应该在经验丰富的训练者的指导下进行训练。如果杠铃的重量不是很重，一个保护者就足够了（在此教学阶段，杠铃的重量不应该很重）。教练的任务就是观察运动员对技术的执行以及辨别运动员在此过程中所犯的错误。

在做深蹲的时候，大多数初学者会过度前倾。这会降低足底力量向上的传导，尤其在发力早期伸直双腿和身体的阶段，过度前倾会阻碍深蹲动作基于比赛规则的施展。因此，教会运动员在深蹲时保证膝盖方向与脚尖方向保持一致是非常重要的。额外的辅助训练可以帮助运动员达成这个目标，那就是教学第4阶段的箱式深蹲（图3.4）。

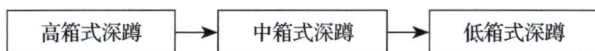

图3.4 深蹲教学中的辅助动作，不同高度的箱式深蹲（阶段4）

照片3.14~3.17为深蹲教学中的辅助动作——不同高度的箱式深蹲。

首先，箱子的高度与膝相同。运动员肩扛杠铃（轻重量）站立，背对箱子。下蹲时，运动员后移臀部直到触碰到箱子并且保持背部肌肉的紧张。触箱之后，运动员发力站起回到起始姿势。当掌握了这个高度的箱式深蹲技巧之后，箱子的高度应该降低到能够使运动员下蹲到正确角度的高度。注意只有在掌握了这个高度的箱式深蹲技巧之后，才能继续减少箱子的高度。之后就要让运动员根据比赛规则去适应深蹲了。教练要确保运动员坐在箱子上时背部肌肉保持紧张。运动员应该用臀部触碰到箱子，然后站起，同时全程保持背部肌肉的紧张。

照片3.14　　　　照片3.15　　　　照片3.16　　　　照片3.17

只有当箱式深蹲技术（箱子的高度低于运动员膝盖的高度）被掌握了之后，我们才能开始第5阶段的深蹲教学——半蹲（图3.5），运动员下蹲至与髋平行或略高于膝的深度。

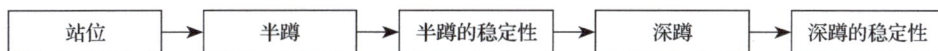

图3.5 杠铃深蹲半蹲教学的流程（阶段5）

照片3.18~3.21示范了在教学的第5阶段中涉及的半蹲动作。

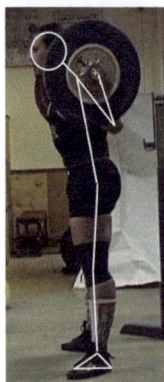   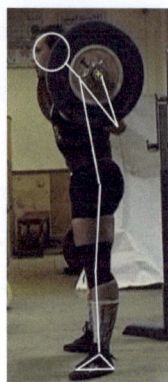

照片3.18　　　　　照片3.19　　　　　照片3.20　　　　　照片3.21

下蹲至大腿平行于地面或略高于地面的位置。

在运动员掌握了半蹲动作之后，就有必要进入完整幅度的深蹲姿势教学了（照片3.22~3.24）。

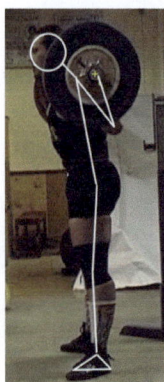  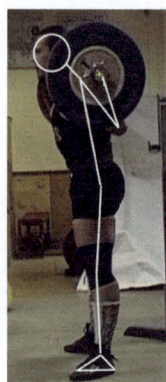

照片3.22　　　　　照片3.23　　　　　照片3.24

完整幅度的深蹲

建议每两周进行一次杠铃前蹲的训练。这个动作对教会运动员挺直背部（不弯腰）有帮助。

在深蹲中，运动员的膝盖超过脚尖是常见的，但膝盖过分超过脚尖可能会增大下蹲至大腿突破平行状态的难度。

为了纠正膝盖过分超过脚尖的问题，我们建议进行一种特殊的辅助训练"面墙深蹲"。这项训练不仅能解决膝盖过分超过脚尖的问题，还能帮助运动员保持背部挺直（照片1.13~1.18）。

在深蹲教学中会涉及的辅助训练包括杠铃前蹲、粘滞点启动蹲和半蹲。除开这些，还有一些一般辅助动作，如腿举、哈克机深蹲、腿间负重深蹲等。

3.2.2 竞技杠铃深蹲技术中的常见错误

竞技杠铃深蹲技术中的常见错误有以下5种。

a）只要运动员上半身竖直（可以略微前倾）并且伸直双腿，主裁判就会给出开始深蹲的指令。指令包含向下挥手臂并伴随"下蹲"口令。在指令给出之前，运动员可以做出任何不违反竞技规则的动作以调整自己的起始姿势。为了安全起见，如果运动员在出杠之后的5秒内无法确立合适的起始姿势的话，主裁判可能会要求运动员将杠铃放回深蹲架，会给出"重来"（replace）口令并将手臂往后挥（意思就是"回去"）。在那之后主裁判会解释为什么没有给出开始深蹲的指令。

b）在收到开始深蹲的指令之后，运动员必须屈膝下蹲并且身体前倾，那样才能使大腿在髋关节的部分低于膝盖的最高点。只允许有一次下落的动作。只要运动员做出屈膝动作，那就代表着一次试举的开始。

c）运动员必须独立蹲起，回到身体直立且膝关节伸直的姿势。在底部的二次发力（两次反弹）及任何杠铃下降的情况都是不允许的。当运动员蹲起并保持静止之后（也就是说动作已经完成），主裁判会给出回杠的指令。

d）回杠的指令由手臂向后挥并伴随"回杠"口令组成。指令给出之后，运动员必须将杠铃放回深蹲架。在指令给出之后，任何足底的移动都不会被判作失败。安全起见，运动员可以要求保护员协助其将杠铃放回。在这种情况下，杠铃必须维持被扛在运动员的肩膀上的状态。

e）整个深蹲期间，可以有2~5名保护员，保护员必须全程在赛台上。裁判可以任意决定深蹲比赛时场上保护员的数量（2、3、4或5）。

深蹲犯规的原因如下。

a）没有在动作的开始和结束阶段听从主裁判"开始"和"回杠"的口令。

b）深蹲底部有二次反弹或者在蹲起阶段杠铃有下落的位移。

c）在动作开始前和动作结束前膝关节没有锁直。

d）脚底有前后左右的移动。允许足底的跖骨和脚后跟之间出现晃动。

e）未能下蹲至大腿上端在髋关节的部分低于膝盖的最高点，照片3.44中有图例。

f）在试举进行中，保护员触碰到杠铃促使试举的成功完成。

g）手肘或者大臂触碰到身体以帮助运动员蹲起杠铃。如果是轻触且不足以提供支撑是允许的。

h）动作完成之后将杠铃丢至地面[①]。

i）不满足深蹲规则中的任意一条。

---

① 类似举重运动员深蹲之后的丢杠。——译者注

1. 出杠之后杠铃不平衡（照片3.31）

照片3.31

这种情况会导致试举以失败告终。

2. 杠位过高（照片3.32）

照片3.32

相比最佳的动作轨迹，杠位过高会使得运动员的身体过度前倾。建议将杠铃扛在肩膀的底部，则杠铃会在三角肌后束下方2厘米的范围内。

3. 握距太宽或太窄（照片3.33~3.34）

照片3.33

照片3.34

照片中的动作由俄罗斯体育大师，多届Bashkiriya冠军及纪录保持者Vadim Prodanov示范。

握距太宽会影响运动员控制杠铃，握距太窄对肘关节施加明显有伤害的压力。一些教练建议运动员采用比肩宽宽5~10厘米的握距，也有建议宽8~15厘米的。与此同时要考虑到握距也由肘关节和肩关节的柔韧性决定。很显然重量级运动员的握距要比轻量级运动员的宽。握杠时双肘要微微抬起，这样能防止在深蹲过程中杠铃往后滑落。但如果抬肘太高，肘部承担的压力会增大。

4. 扛起杠铃时手臂和背部肌肉过于放松

扛起杠铃的时候，如果背部肌肉过于放松会导致运动员开始失去对杠铃的控制。杠铃会开始"抖动"，与此同时要让杠铃"冷静"下来是要费一番功夫的。这样的试举在大部分情况下都是失败的，因为这个过程消耗了运动员过多的能量以至于没有足够的体力来完成剩下的动作。

5. 出杠的时间太长

扛着杠铃向后出杠若伴随着不必要的步伐便意味着有额外的体能和力量的损失，并且存在使背部肌肉失去紧张感的风险，这也可能导致试举失败。建议：出杠的距离应该为杠铃或脚刚好碰不到架子的距离。

6. 站距太宽或太窄

尽管站距是因人而异的，但在比赛中还是会见到腿部强壮但踝关节不够灵活的人使用窄站距深蹲。这种搭配并不会使运动员蹲起更大的重量。如果站距太宽会导致膝盖和腹股沟区域受伤。

7. 在起始姿势阶段上半身前倾过多（照片3.35）

照片3.35

在起始姿势时，导致上半身过度前倾的原因可能有：踝关节灵活性不足、下背部力量不足和技术不合适。

8. 臀部相比肩膀抬起过快（伸膝过快）（照片3.36~3.37）

照片3.36

照片3.37

伸膝过快会导致上半身过度前倾，从而使背部肌肉承担了绝大部分压力。在蹲起阶段，臀部和躯干应该同步上升，那样背部才不至于在上升阶段被"压垮"。

9. 深蹲时低头（照片3.38~3.39）

照片3.38

照片3.39

深蹲时低头会导致弯腰和上半身前倾。上半身前倾角度越大，背部承担的压力就越大，而腿部承担的压力就越小。

10. 深蹲时弯腰（照片3.40）

照片3.40

深蹲时弯腰会让重心转移到脚尖并且增大下背部的压力。

11. 深蹲时膝盖内扣（照片3.41）

照片3.41

深蹲时膝盖内扣由髋内收、外展肌群的力量不平衡导致，这会导致下背部肌肉的放松。在这种情况下，要加强对髋外展肌群的锻炼。

12. 在开始阶段或结束阶段时身体直立但膝关节没有锁直（照片3.42~3.43）

照片3.42　　　　　　　　　　　照片3.43

在起始姿势和完成姿势时没有锁直膝关节会被认定为是犯规。如果教练发现运动员有这样的错误，花2周或者3周的时间对运动员控制膝关节姿势方面的能力做提升，就会在运动员的技术上有明显反馈。

13. 屈膝下蹲幅度不够（照片3.44）

照片3.44　　　　　　　　　　　照片3.45

在主裁判给出开始深蹲的指令之后，运动员就应该屈膝屈髋下蹲到大腿上端在髋关节的部分低于膝盖的最高点（照片3.45）。下蹲幅度不够会导致无法取得合适的屈膝角度，根据技术规则，这是犯规行为，这样的试举是不会被判定为成功试举的。

14. 足底出现前后左右的移动（照片3.46~3.47）

照片3.46   照片3.47

根据国际规则，这是错误动作。但脚后跟与前脚掌之间的晃动[1]是允许的。

15. 保护员触碰到杠铃或运动员（照片3.48~3.49）

照片3.48   照片3.49

在裁判给出"下蹲"口令之后，直到给出"回杠"口令之前，任何能促成深蹲成功的物理上的接触都会被视作犯规。

16. 完成试举之后向地面扔杠（照片3.50~3.51）

 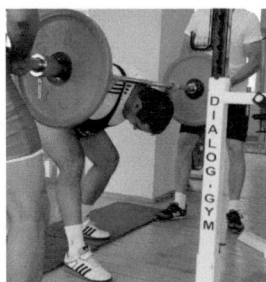

照片3.50   照片3.51

---

① 即没有出现脚底抬起的动作。——译者注

在试举期间或者试举完成之后往地面扔杠的行为是犯规动作。第一次犯规的运动员会被给予犯规警告，并且会在第二次做出扔杠动作之后被取消比赛资格。

17. 在开始阶段或结束阶段不听从主裁判的口令

3.2.3　卧推技术训练

卧推技术教学过程包含以下几个阶段。

第1阶段为卧推准备、握距和杠铃位置、出杠和回杠（图3.6）。

图3.6　关于起始阶段的教学流程

1. 卧推准备

运动员走向卧推凳后，仰卧于凳上，并保持头部、肩膀和臀部与凳子表面接触。头部处于能够使双眼位于杠铃正下方的位置。

2. 握距和杠铃位置

运动员握住杠铃的方式是四根手指在杠铃的一侧，而拇指在另一侧，即全握（国际力量举联合会规则不允许使用半握）。

以下两种握距类型在运动员中最为常见：握距为81厘米，即比赛规则允许的最大握距，此握距可以最大限度拉紧胸肌；握距为中等宽度，即65~70厘米，此握距可以激活肱三头肌和三角肌。选择哪种类型取决于运动员的力量潜能及其手臂的长度。考虑到这一阶段运动员的胸肌可能尚未完全得到发展，建议从侧重肱三头肌的卧推技术开始练习。因此，运动员的握距将为65~70厘米。在这个阶段，不允许起桥。而且，在教学中教授如何正确将双脚放置在地面上也至关重要。

3. 出杠

在此阶段，必须教运动员如何出杠。在运动员握住杠铃后，缓慢伸直双臂，将杠铃从卧推架上取下，并通过完全伸展的手臂将其稳定在胸部的中部正上方。在此教学阶段，必须确保运动员的手臂在肘关节处完全伸直，并且在双臂完全伸直情况下，运动员能够稳定住杠铃并保持5秒以上。

4. 回杠

在双臂伸直稳定住杠铃后，运动员将其放回卧推架。

在教授运动员独自出杠和回杠时，保护员及其初始协助也是很重要的。

在掌握了卧推的起始姿势之后，下一个教学阶段就是将杠铃落到胸部（图3.7）。

通常，在此阶段的初始阶段，为了避免杠铃落点有所差异，有必要将其分为3个教学阶段。

在第1阶段中，运动员将杠铃放在两块共10厘米厚的木板上，该木板放置于其胸部上。无须停顿，运动员将杠铃从木板上推起，并完全伸展手臂稳定住杠铃（照片3.52~3.54）。

图3.7　关于下放杠铃阶段的教学流程

照片3.52　　　　　　　　照片3.53　　　　　　　　照片3.54

运动员掌握了将杠铃下放至木板并推起的技术后，就可以进入第2阶段（图3.8）。在此阶段中，他将换用一块5厘米厚的木板进行卧推（照片3.55~3.57）。

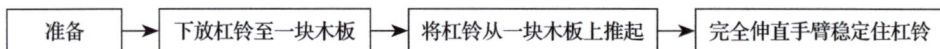

图3.8　关于下放杠铃阶段的教学流程

当杠铃只落到一块木板上时，杠铃的运动范围以及施加在肌肉上的负荷都会增加。因此，应减轻杠铃重量。

照片3.55　　　　　　　　照片3.56　　　　　　　　照片3.57

仅在掌握了前两个阶段的卧推后，才可以继续进行第3阶段也是主要阶段的教学（图3.9）。

图3.9　关于下放杠铃阶段的教学流程

1. 下放杠铃到胸部

吸气的同时下放杠铃并推起（图3.9）。在教授这一特殊技术的第1阶段时，可以观察到许多新手会将杠铃下放到胸部的不同位置。要教会运动员每次都将杠铃下放到同一点，即胸部的下方。

运动员应该缓慢地将杠铃降低到胸部的下方，且需要完全地控制此过程中可能被激活的所有肌群。教练站在运动员的头部旁边，握住杠铃帮助运动员将杠铃降至胸部上的同一落点。

重要的是，要记住如果将肘部靠近躯干，则负荷会更多地施加在三角肌和肱三头肌上；如果肘部展开远离躯干，则胸肌将获得最大的负荷。这就是执行这一例行程序的原因，它能够帮助运动员选择最佳的肘部位置，以使负荷平均分布在不同的肌群之间，例如胸部、三角肌前束和肱三头肌。

在教学过程中，教练应确定运动员将使用哪种卧推类型。如果运动员喜欢将杠铃降落到胸部中间位置，则表明他的胸部肌肉很强壮，那么对他来说进行侧重胸部的卧推更舒适。如果运动员将杠铃落到胸部下方并将肘部靠近躯干，则应教他侧重肱三头肌的卧推方式。在侧重胸部的卧推式中，杠铃的运动轨迹几乎垂直且稍微向卧推架方向倾斜，而在侧重肱三头肌式卧推中，杠铃的运动轨迹从运动员头部向脚部偏移。

2. 杠铃胸上停稳

杠铃下降到胸上后，运动员应在一段明显的时间范围内保持杠铃静止。这里静止指的是完全的停止。

为了使稳定杠铃在胸上时不会很困难，在练习卧推技术时，建议将停顿时间设定得比比赛中的停顿时间长（照片3.58~3.60）。

  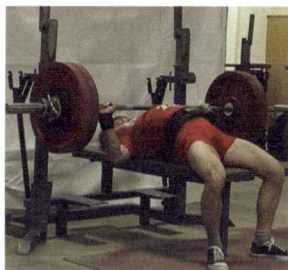

照片3.58 照片3.59 照片3.60

3. 推起

在此阶段的教学中，应注意双臂同时且完全伸直以及最后阶段杠铃有明显的停顿。由于在此阶段运动员的肌肉尚未完全得到发展，因此建议从侧重肱三头肌的卧推技术开始。

在整个教学过程中，教练要为运动员决定使用什么样的卧推技术。如果运动员更倾向于将杠铃下落至胸大肌的中部，这说明运动员的胸大肌很强壮，使用胸大肌主导发力的卧推姿势更舒服。如果运动员将杠铃下落至胸大肌下部并且手肘更靠近躯干，那这就是肱三头肌主导发力的卧推技术。在胸大肌主导发力的技术中，杠铃的移动轨迹接近垂直，会略微向卧推架的方向移动，而在肱三头肌主导的技术中，杠铃往运动员的头部方向移动（照片3.61~3.62）。

照片3.61　　　　　　　　　　　　照片3.62

4. 在卧推的最后阶段稳定住杠铃

运动员在卧推的最后阶段稳定杠铃的同时，应特别注意肘部需要完全伸展以及做出卧推的最后姿势。通常情况下，运动员会匆忙完成一轮训练（尤其是进行5~6次重复时），因此他们不会锁定手臂。如果教练没有直接指出，运动员之后还会重犯这个错误。因此教练应要求运动员在其他动作中（如俯卧撑、坐姿哑铃推举、哑铃卧推和站姿哑铃推举）中完全锁定手臂。

3.2.4　卧推技术中的起桥

在教授运动员掌握了不拱起下背部的推起技术后，就可以教授其起桥的卧推技术了。为了使背部肌肉和脊柱能够更加适应起桥，推荐教练在运动员背部放置一个泡沫轴（照片3.63~3.65）。当背部肌肉和脊柱适应8~10厘米厚的泡沫轴后，就可以将其换成13~15厘米的泡沫轴。

照片3.63　　　　　　　　照片3.64　　　　　　　　照片3.65
背部垫泡沫轴的卧推

起桥越高，杠铃运动轨迹就越短，给肌肉的负荷就会减少，从而能举起更大的重量。目前，高水平运动员使用的许多卧推准备技术都需要起桥。最常见的3种类型在起始姿势时都需要最大限度地进行起桥。

类型1和类型2中展示的卧推起始姿势准备流程都是由Yuliya Chistyakova——国际力量举联合会青年世界卧推锦标赛的两次冠军得主完成的。

类型1。运动员将手放在杠铃杆上并确定握距后，双脚摆放好位置。抬起臀部的同时（照片3.66~3.67）肩膀收紧并推出杠铃。肩膀要尽可能靠近臀部，且不改变双脚的位置（照片3.68）。

双脚应尽可能放置于靠近臀部垂直投影的位置。运动员在此位置上的第一个支撑点是其脖子和斜方肌。他的肩胛骨应固定好，且不要触碰卧推凳，应尽量放低肩膀[①]。运动员的腿部和背部肌肉需要被激活。肩膀和臀部要接触卧推凳。双腿是第二个支撑点。

照片3.66

照片3.67

照片3.68

照片3.69

照片3.70

照片3.71

照片3.66~3.71　类型1的起始姿势准备流程

运动员从保护员手中接过已出杠的杠铃，在其帮助下，运动员抬起臀部的同时将杠铃向前移动（照片3.68）。进一步地，在保护者的协助下，运动员用完全伸直的手臂握住杠铃，将杠铃降到最低点，保持肩胛骨后收且肩膀下沉。然后，他放低臀部接触卧推凳，以完成起始姿势的准备（照片3.69~3.70）。

类型2。将手放在杠铃上并确定握距后（照片3.71），运动员将双脚放在长凳上并将臀部抬离长凳（照片3.72~3.73），尽可能将臀部向肩膀移动。然后，运动员将双脚放于地面并使其与臀部的垂直投影在一条直线上（照片3.74~3.76）。

---

① 作者指的是极致高桥技术，这样才能做到肩胛骨不触碰卧推凳。——译者注

随着臀部抬起，运动员从保护员手中接过杠铃（照片3.77），并在保护者帮助下将杠铃向腿部移动。之后的步骤（照片3.78~3.79）和类型1中的步骤一致。

照片3.72

照片3.73

照片3.74

照片3.75

照片3.76

照片3.77

照片3.78

照片3.79

照片3.72~3.79　类型2的起始姿势准备流程

类型3。该类型的起始姿势需要起桥，其准备过程是由Aleksey Nikulin进行演示的。他是俄罗斯体育大师（俄罗斯力量举联合会）与"Elita"奖（世界力量举锦标赛）的持有者。

将双手放在杠铃上并确定握距后，运动员将身体拉至杠铃（照片3.80~3.81）。双腿分开并用力踩住地面。使用手臂将身体推离杠铃从而在脊柱灵活度允许的情况下使得肩部尽可能地靠近臀部（照片3.82）。

与其他两种卧推类型不同，运动员从保护员手中接过杠铃时，其臀部与卧推凳接触（照片3.83）。接过杠铃后，运动员将双脚向前稍微移动，以便将足底支撑点移至足中。照片3.84~3.85展示运动员做出起始姿势并已将杠铃稳定。

照片3.80

照片3.81

照片3.82

照片3.83

照片3.84

照片3.85

照片3.80~3.85 类型3的起始姿势准备流程

类型4。该类型采取的是一种原始的方法。由澳大利亚运动员Ben Polke进行演示。

运动员坐在卧推凳上，双脚脚趾触地于远离躯干的后方（照片3.86）。接着Ben向右旋转躯干，用右手握住杠铃（照片3.87），然后再向左转，用左手握住杠铃（照片3.88~3.89）。

紧握杠铃后，Ben拱起后背将躯干落在卧推凳上（照片3.90~3.91）。

在完成起始姿势后（照片3.90），保护员帮助运动员出杠（照片3.91~3.93）。

一开始时，需要将杠铃架高纳入考虑范围。它的高度应该可以使运动员在不改变起桥姿势的情况下从保护者手中接过杠铃。不同于在类型1和类型2中，运动员的臀部放在卧推凳上的同时从保护者手中接过杠铃。

如果杠铃在卧推架上的位置过高，则运动员必须伸手去拿，这就意味着后背起桥的高度减小，以及卧推行程的增大。如果杠铃在卧推架上的位置太低，则运动员将无法完全进行起桥，这会让出杠变得很困难。

照片3.86

照片3.87

照片3.88

照片3.89

照片3.90

照片3.91

照片3.92

照片3.93

照片3.86~3.93　类型4的起始姿势准备流程

3.2.5　竞技卧推技术中的常见错误

评估技术的正确性，识别以及纠正错误的能力，是教学得以成功的重要条件。在教授该技术的过程中，许多常见的错误被记录下来。以下是一些细节。

1. 运动员必须仰卧，保持头部、肩膀和臀部与卧推凳表面接触。双脚必须接触平台或木板的表面（它们的表面应尽可能平坦）。运动员的手和手指必须握住架上的杠铃杆，且手指锁住杆。整个卧推过程中运动员都应保持这个姿势。过程中允许双脚移动，但必须在平台或块体上保持平行接触。运动员躺在卧推凳上时，头发不能藏在头后部。较好的发型是马尾辫或圆发髻。

2. 为了让足底能够踩实，运动员可以使用表面平坦的板子或总计不超过30厘米厚的垫块来建造比赛台表面。在所有国际比赛中，都应准备好5厘米、10厘米、20厘米和30厘米厚的垫块。

3. 双手食指之间测得的间距不得超过81厘米（如果使用最宽握距，则两个食指必须在杠铃81厘米标记之内，并且食指必须与81厘米标记接触）。禁止使用反握。

4. 听到主裁判的"开始"口令后，运动员必须将杠降低到胸部或腹部，并保持杠铃静止不动。然后主裁判将发出"推起"的口令。听到口令后，运动员必须将杠铃推起直至锁定双臂。运动员在该位置稳定住杠铃，直到主裁判发出"回杠"口令以及手臂向后的示意动作。如果运动员将杠降落到腰带上并停留5秒，主裁判将给出"重来"的口令。

5. 杠铃在胸上已静止不动后，胸部应有所起伏或将杠铃沉入胸部或腹部，以使试举更加容易。

6. 杠铃未下落至胸部或腹部，或者杠铃触及腰带。

7. 未能在试举结束时将杠铃推起至双臂肘部锁定。

8. 在主裁判发出两次口令之间，保护员、助手与杠铃或运动员接触，以使试举更加容易。

9. 运动员的双脚与卧推凳或其支架有任何接触。

10. 故意使杠铃和卧推架进行接触。

1. 杠铃两边高度不一致（照片3.94）

照片3.94

杠铃两边高度不一致会导致卧推不平衡。

2. 反握（照片3.95）、半握

照片3.95　世界冠军Anthony Clark演示的反握卧推

反握、半握具有受伤风险，因此在许多国际力量举联盟技术规则中被禁止采用。

3. 头太靠近卧推架

如果在起始位置杠铃投影在运动员双眼下方，那么运动员在卧推时，杠铃很可能触碰卧推架，会造成不必要的接触或者完全阻碍杠铃的运动。

4. 卧推时不正确的呼吸

应当在吸气时开始做动作。

5. 在听到"开始"口令后抬头（照片3.96）

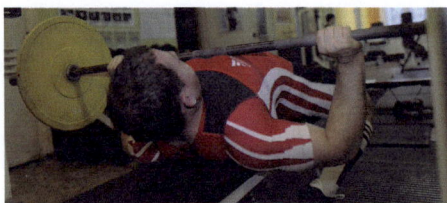

照片3.96

根据国际力量举联合会规则，禁止将头抬离卧推凳表面。但是这在其他国际力量举比赛中是允许的。

6. 在听到"开始"口令后臀部离开凳面（照片3.97）

照片3.97

在所有国际力量举比赛中都禁止将臀部抬离卧推凳表面。

7. 杠铃接触腰带（照片3.98）

照片3.98

8. 脚后跟抬离平台或者垫板表面（照片3.99）

照片3.99

根据国际力量举联合会规则，在开始卧推后，禁止将脚后跟抬离平台或者垫板表面。但在其他的一些国际联盟比赛中则是允许的。

9. 无法保持杠铃在胸上停稳

无法保持杠铃在胸上停稳或者杠铃在胸上有起伏都是比赛规则所禁止的。

10. 在停稳杠铃后将杠铃下陷进胸部（照片3.100）

照片3.100

如果裁判注意到杠铃在运动员的胸部停稳，但是在裁判发出"推起"口令后，运动员仍将杠铃下陷进胸部以使试举更容易，则此次试举被判定为失败。

11. 杠铃未触碰胸部或者腹部（照片3.101）

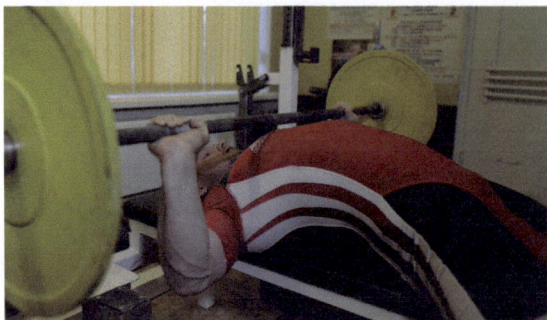

照片3.101

当运动员穿了多层卧推T恤时，他们大都很难将杠铃下放至胸部。

12. 在推起过程中杠铃的任何下降

13. 在试举阶段最后无法伸直双臂锁定肘部（照片3.102）

照片3.102

如果在最后的推起阶段，杠铃已经静止不动但是运动员的双臂没有完全伸展且肘部未锁定，则认为此次试举失败。

14. 保护员或助手在主裁判的命令之间与杠铃或者运动员接触（照片3.103）

照片3.103

如果在主裁判的命令之间，保护员或者助手与杠铃或运动员发生了物理接触，则认为此次试举失败。

15. 推起过程中杠铃两边高度不一致（照片3.104）

照片3.104

16. 运动员的双脚与卧推凳或者支架产生任何接触（照片3.105）

照片3.105

根据比赛规则，运动员的双脚与卧推凳或支架的任何接触均被视为犯规。

17. 卧推中杠铃与卧推架的接触（照片3.106）

照片3.106

如果杠铃与卧推架的接触没有使得试举更容易达成，则根据竞技规则，这不被视为犯规。

18. 未遵守运动规则中列出的任何一项条目

3.2.6　硬拉技术训练

对初学者来说，硬拉技术的教学过程可以分为5个阶段。

第1阶段教授准备和起始姿势。首先，让运动员走向杠铃，讲解如何做准备，以及双脚与杠铃的相对位置。其次，让运动员弯曲膝关节，向前俯身，确定握距，以正反握握住杠铃，并调整至起始姿势（图3.10、照片3.107~3.114）。

做准备 → 确定双脚位置 → 确定握距并握杠 → 调整至起始姿势

图3.10　准备和起始姿势的教学顺序

在教授"相扑硬拉"技术双脚位置的时候，建议将双脚站得尽可能宽，这也是每位运动员的个人特点。在此教学阶段，必须注意膝盖应对齐脚尖方向。

照片3.107 　　　　照片3.108 　　　　照片3.109 　　　　照片3.110

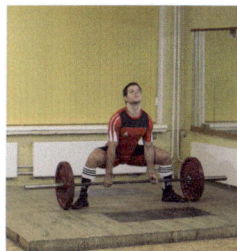

照片3.111 　　　　照片3.112 　　　　照片3.113 　　　　照片3.114

照片3.107~3.114　准备和起始姿势的教学顺序

在掌握这项技术的过程中，应特别注意运动员的背部姿势，在任何情况下都不应弓背，背部必须笔直且手臂放松。为了摆出正确的姿势，教练应站在运动员旁边，用一只手向下按压其下背部，另一只手向上扶着胸部上方，帮助运动员在准备时摆出正确的背部姿势。此时肩关节的位置也特别重要，它们应与杠铃在一个垂直的平面上。

掌握了起始姿势的技术后，就可以进入运动员与杠铃互动的阶段。这个阶段是运动员将杠铃从地面上拉起并进行初步加速的前一阶段。为此我们使用静态启动的方式。在执行此程序期间，需要注意的是，在将杠铃从地面上拉起时运动员的肩关节位置应与杠铃在同一垂直面上。

第2阶段是硬拉本身。在此阶段，建议使用不同的练习来掌握技巧，这些练习包括如下两种。

a）从高到低的高位硬拉。

b）从高到低的起始姿势——悬挂硬拉。

不同高度的高位硬拉似乎是最有效的方法（图3.11）。让我们分析一下这个阶段发生了什么。

在教导从起始姿势到膝盖与躯干的完全伸展时，建议将动作分为两部分。我们应当从第二部分的起始姿势开始，此时杠铃被拉至大腿中部。为了到达这个目的，将杠铃放置在高台上（照片3.113）。在起点如此高的情况下，更容易采取合适的起始姿势并确定动作的最终位置。运动员拉起杠铃直到双腿和躯干伸直，并且在杠铃停止运动后稳定住这一姿势。通常，一次训练课程足以使运动员掌握适当的高位硬拉技术，并且通过进一步的训练，他们可以进阶到较低起始位置的硬拉。

在第2次课程中，将杠铃垫高到位于膝盖下方5~7厘米处，运动员从这一高度进行硬拉（照片3.115~3.117）。在第3次课程中，将杠铃放置在膝盖下方10厘米处（照片3.118）。

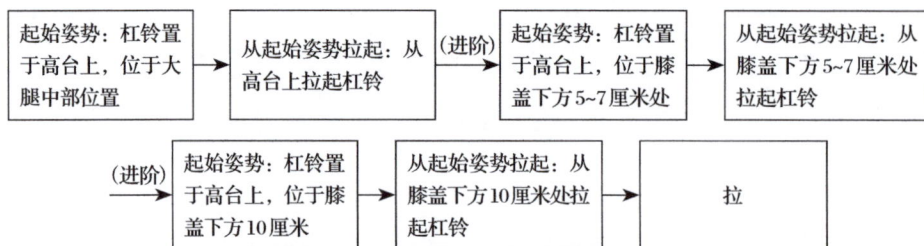

图3.11　教授不同高度的高位硬拉技术流程

照片3.115

照片3.116

照片3.117

照片3.118

使用不同高度的高台进行硬拉时最重要的是，只有在习得前一种技术后，才能从较低高度的位置上进行硬拉。

第3阶段，即从先前学习的起始姿势开始执行完整的硬拉。这一阶段可以在运动员能够正确、自信地做出各种高度的高位硬拉之后开始（图3.12）。

图3.12　教授硬拉技术的流程

调整好起始姿势后，运动员将杠铃拉至膝盖下方7~10厘米处，停顿1~2秒，然后将杠铃下放至地面（照片3.119~3.121）。动作进行3组，每组重复3~4次。

照片3.119　　　　　　　　照片3.120　　　　　　　　照片3.121

照片3.119~3.121　将杠铃拉至膝盖下方7~10厘米处

在掌握了将杠铃拉至膝盖下方7~10厘米处且停顿1~2秒的硬拉后，运动员可以进行将杠铃拉至膝盖上方7~10厘米且停顿1~2秒的硬拉，然后将杠铃放回地面（照片3.122~3.124）。

  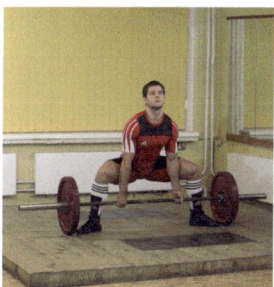

照片3.122　　　　　　　　照片3.123　　　　　　　　照片3.124

照片3.122~3.124　将杠铃拉至膝盖上方7~10厘米处

如果运动员可以正确地做出上述动作，则进入到第4阶段（图3.13）。

图3.13　教授硬拉技术的流程

开始　→　杠铃拉至膝盖下方7~10厘米处　→　在此处稳定住杠铃　→　拉至锁定姿势

从起始姿势（开始），运动员将杠铃拉至膝盖下方7~10厘米处，停顿2~3秒，此后继续执行硬拉直到最后的锁定阶段（照片3.125~3.127）。

  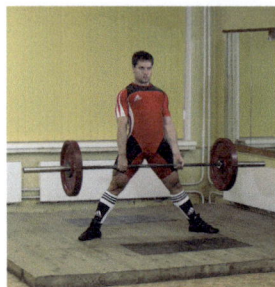

照片3.125　　　　　　　　照片3.126　　　　　　　　照片3.127

照片3.125~3.127　将杠铃拉至膝盖下方7~10厘米处，稳定住杠铃，再拉至锁定姿势

在下一阶段，任务会变得稍加复杂：从起始姿势开始，运动员将杠铃拉至膝盖上方7~10厘米处，停顿2~3秒，此后继续执行硬拉直到最后锁定阶段（图3.14）。

图3.14　教授硬拉技术的流程

从起始姿势（开始），运动员将杠铃拉至膝盖上方7~10厘米处，停顿2~3秒，此后继续执行硬拉直到最后的锁定阶段（照片3.128~3.130）。

照片3.128　　　　　　　　照片3.129　　　　　　　　照片3.130

　　为了掌握所有硬拉阶段的技能，建议采用将练习拆分为几个部分的方法，这将有助于运动员掌握竞技硬拉的技术。

　　调整起始姿势（照片3.131）。

　　竞技硬拉以及在最终锁定阶段杠铃的稳定（照片3.132）。

　　将杠铃下放到起始姿势：双臂悬挂住杠铃，杠铃在膝盖上方5~7厘米处，稳定2~3秒（照片3.133）。

　　从起始姿势拉至锁定姿势并稳定杠铃（照片3.134）。

   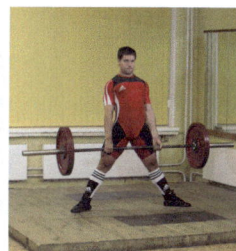

照片3.131　　　　　　照片3.132　　　　　　照片3.133　　　　　　照片3.134

　　调整起始姿势（照片3.135）。

　　竞技硬拉以及在最终锁定阶段杠铃的稳定（照片3.136）。

　　将杠铃下放至起始姿势：悬挂住杠铃，此时杠铃位于膝盖下方5~7厘米处，稳定2~3秒（照片3.137）。

　　从起始姿势拉至锁定姿势并稳定杠铃（照片3.138）。

照片3.135　　　　　　照片3.136　　　　　　照片3.137　　　　　　照片3.138

　　照片3.139~3.140从起始姿势以相反顺序教授悬挂硬拉技术的流程。

照片3.139 照片3.140

超程硬拉，相扑式

运动员掌握了完整的硬拉技术后，可以进阶到超程硬拉技术，即人站在木板上。该技术在初始阶段（将杠铃拉至离地）可以锻炼腿部和背部肌肉（照片3.141~3.142）。

最后的教学阶段为超程硬拉，即运动员站在到7~10厘米高的木块上进行硬拉。

起始姿势：运动员站在7~10厘米高的木块上。建议双脚位置与比赛中所采用的双脚位置相同：相扑风格（照片3.139~3.140）或传统风格（照片3.141~3.142）。在执行超程硬拉时，杠铃的运动路径会更长，因此给腿部肌肉和躯干伸肌带来的负荷会更大。

照片3.141 照片3.142

超程硬拉，传统式

此项特殊的训练有助于在将杠铃拉离地面时增加运动员的力量。因为超程硬拉的起始位置与正常硬拉的起始位置不同，不建议在训练新手运动员时使用此训练，否则可能会导致运动员掌握不正确的技术。

当学习硬拉技术时，腰带负重蹲似乎是一个很好的辅助运动。当然也可以练习一些其他动作，例如早上好（站姿或坐姿）。硬拉的最后阶段最好从起始姿势开始讲授：杠铃垫高于木块上且在膝盖上方，同时伸直腿部和背部，将杠铃拉至最终的锁定姿势。

3.2.7　竞技硬拉技术中的常见错误

竞技硬拉技术中的常见错误如下。

a）杠铃到达最终位置之前有任何向下的移动。

b）运动员在最后阶段无法站直且肩膀后收。

c）完成硬拉时运动员无法在直立姿势中锁定膝关节。

d）拉起杠铃时，用大腿支撑杠铃。如果杠铃触碰大腿但没有直接使用大腿支撑任何杠铃重量，这不将成为取消资格的原因。裁判有权决定接触方式是否违规。

e）鞋底可以横向移动，或者重心在脚掌和脚后跟之间摇摆，但是侧向、向前或向后移动双脚是禁止的。

f）在听到主裁判发出口令之前，就下放杠铃。

g）杠铃在双手未保持一直控制的情况下下落到地面，即在杠铃触地之前放开双手。

h）未遵守运动规则中列出的任何一项条目。

1. 不对称的握杠（照片3.143）

照片3.143

这种握法会导致杠铃两端高度不一致。

2. 双脚站距过窄（照片3.144）

照片3.144

如果双脚站距越小，杠铃运动轨迹越长。反之，双脚站距越宽，杠铃运动轨迹越短。

3. 将身体重心转移到脚趾或脚后跟

如果杠铃离脚趾更近，则在起始阶段，立足点与重心之间的力臂长度将增加，因此增加了背部肌肉的负荷，并且使得将杠铃拉离地面变得更加困难。如果重心太靠近双脚会导致运动员将杠铃拉得太过靠近身体，使得杠铃与身体紧密接触，这将导致杠铃与腿部之间或运动员手臂和其腿部的摩擦，而这种摩擦恰恰是我们最不希望出现的。

4. 在起始姿势中双脚外展过多（照片3.145）

照片3.145

双脚外展过多会导致杠铃在硬拉最终阶段的稳定性大大降低，因此需要更精准地执行这一动作（即需要外展但不能过度外展）。

5. 在起始姿势中膝盖外展不足（照片3.146）

照片3.146

如果膝盖外展不够，臀部就会被推离杠铃，因此增加了腰椎的负荷以及将杠铃拉离地面的困难程度。在硬拉过程中，膝盖应始终与脚尖方向保持一致。

6. 在起始姿势中肩膀与杠铃不在一条直线上（照片3.147~3.148）

照片3.147

照片3.148

如果肩膀在杠铃前方太多，可能导致杠铃杆的位置离腿太远，并增加腰部的负担。如果肩膀在杠铃后方太多，运动员在拉起杠铃时可能会使杠蹭到小腿，浪费了向上的力并且需要克服杠铃和小腿之间的摩擦，从而阻碍了杠铃向上移动。

7. 猛拽杠铃

运动员失去了对杠铃的控制，从而无法正确地进行硬拉。猛拽杠铃会使得运动员的身体偏离最佳位置，从而造成在接下来的硬拉阶段中出现本可以避免的困难。

8. 在起始阶段预先伸直双腿（照片3.149）

这会使杠铃重心向前移动，从而导致背部肌肉负荷的急剧增加。同时这个错误也会导致躯干弯曲，增加了腰椎的负荷，从而增加了在最后锁定阶段伸直躯干的困难程度。

照片3.149

9. 低头（照片3.150）

低头会放松背部肌肉，造成圆背。

照片3.150

10. 硬拉中任何阶段的弓背（照片3.151）

弓背会造成杠铃重量更多地施加到背部肌肉及腰椎上。弓背程度越大，腿部肌肉负荷越低，背部肌肉负荷越高，从而造成背部肌肉损伤。

照片3.151

11. 在比赛中无法锁定膝关节（照片3.152）

照片3.152

12. 无法在锁定阶段站直并后收肩膀（照片3.153）

照片3.153

13. 在完成锁定姿势前杠铃的任何下降

因为肩膀后收造成的杠铃下降并不算犯规。

14. 在拉起过程中使用大腿支撑杠铃（照片3.154）

照片3.154

如果大腿只是触碰杠铃但是并未支撑，则不算犯规。

15. 在听到主裁判发出口令前下放杠铃

16. 杠铃在双手未保持控制的情况下落到地面（照片3.155）

照片3.155

根据比赛规则，运动员需要用双手一直控制杠铃直到杠铃触地。

17. 向前、向后或者横向的脚步移动

脚后跟的侧移，以及在脚掌和脚后跟之间的晃动是允许的。

18. 未遵守运动规则中列出的任何一项条目

上述错误的动作会阻碍运动员展示出与其潜力相匹配的比赛成绩。教练和运动员需要记住，纠正错误的最佳方法是找出并消除引起错误的原因。如果存在多个错误，重要的是纠正主要错误。主要错误是指对整个运动造成最大干扰的错误。在选择练习来纠正特定错误时，应遵循以下方法准则。

- 将杠铃重量降低到50%~60%，并在掌握了新技术后再增加重量。
- 明确所学的运动表现模式以及其中的"肌肉感觉"。
- 将动作分为几个部分进行练习。
- 可以首先使用让运动员调整到所需姿势的辅助训练，这将有助于技术的改进。
- 使用60%~70%的负重进行错误纠正并习得新技术，然后逐步增加重量。

第4章　力量举运动的营养学 [1]

正确摄入营养对于几乎所有的运动来说都是最重要的恢复方法之一，力量举运动也不例外。基于在力量举运动中会对重量级进行划分的事实，营养的摄入除了提供能量和帮助恢复之外，还应该能让运动员的体重尽可能接近其所在的量级，使其在比赛前称重合格并且能在比赛日的正式试举之前恢复身体的水和电解质平衡。

首先，简单讲述一下力量举的生理生化特征，因为这和其对营养的需求有关。

4.1　肌肉力量发展的生理基础

在能决定最大肌肉力量的许多与肌肉相关的因素中，活跃肌肉的直径（肌肉厚度）是最重要的。在同等条件下，收缩的肌肉的厚度越大，产生的肌肉力量就越大。第二重要的因素是肌肉的组成，也就是在竞技动作中负责运动表现的具体肌肉中的快、慢肌纤维的比例。

快肌纤维，这种肌肉中的高阈值的运动单元主要负责肌肉力量的发展，它们较慢肌纤维含有更多的肌纤维，肌纤维也更厚并且更能使动作中的活跃肌肉的肌肉厚度增加，所以它们能增强肌肉力量的发展。作为体能训练的结果之一，肌肥大的出现是必然的，即已有肌肉的厚度增加。随着肌纤维的显著增厚，可能会出现肌纤维的分裂，也就是会形成拥有共同肌腱的"子纤维"。在经过力量训练之后，肌纤维的分裂数量会递增。

肌肥大的机制有两种类型：肌浆肥大和肌源性肥大。肌浆肥大的意思是肌纤维随着肌浆体积的增大而增厚，肌浆体积也就是非收缩性的肌肉部分。这种类型的肌肥大会在肌肉的非收缩性蛋白（特别是线粒体）和代谢储备的数量增大的情况下发生，如不含氮的糖原、磷酸肌酸、肌红蛋白和其他细胞的非收缩性物质。慢（I）和快（II-A）氧化肌纤维是最容易产生肌浆肥大的。这种类型的肌肥大对力量的提升非常小，但是对肌肉持续做功的能力有巨大的提升，也就是会提升肌肉耐力。

肌源性肥大与肌纤维的数量和体积的增大是相关的，也就是肌纤维中具有收缩能力的部分。肌源性肥大也会增大肌纤维的密度。这种肌纤维的肥大会使得最大肌肉力量得到显著的提升。不仅如此，肌肉的绝对力量也会显著提升，同时会使得肌浆性肌肥大的程度保持不变或微微递减。

伴随着大量肌肉力量发展的训练（参与运动的肌肉要施展出超过其极限力量70%的肌肉

---

[1] 因所参考的资料均取自 2007 年之前，所以本章中涉及的部分营养学观点可能已被更新。本章仅供读者参考。——译者注

力量），特别是对力量举来说，主要靠的是第二种类型的肌肥大。这种肌肥大的基础就是强化肌肉蛋白的合成并减少分解。而肌酸，这种在肌肉收缩时会增多的物质会刺激肌球蛋白和肌动蛋白的合成，如此一来便会促进肌纤维的肥大。

已经被证实的是力量训练并不会改变两种类型的肌纤维——快肌纤维和慢肌纤维的比例。然而，力量训练可以改变快肌中两种类型的肌纤维的比例，能提升快速糖酵解肌纤维（FG）所占的比例，同时减少快速氧化糖酵解肌纤维（FOD）所占的比例。作为力量训练的一个结果，快肌纤维的肌肥大水平的提升会比慢氧化肌纤维（SO）的更大。

力量举训练会使用相对低次数的同时涉及快、慢肌纤维的完整的或类似的肌肉收缩训练。这一切都伴随着肌动蛋白和肌球蛋白的复合体的蛋白活性的生理降解过程，此过程在恢复阶段中不仅会让肌肉恢复到原本的状态，还会触发超量恢复。一个运动员要想其运动表现稳定提升从而成就完美的职业生涯，依靠的就是超量恢复机制。在超量恢复的过程中，营养的摄入是保证超量恢复效果的最重要的因素之一，它扮演着关键的角色。

4.1.1 肌肉力量发展的生物力学基础

决定一个运动员速度和力量的结构性因素（肌纤维中肌小节长度、肌肉中快肌和慢肌纤维的比例）往往是与生俱来的，所以提升力量的主要方法是围绕那些能够提升肌球蛋白中ATP活动以及能够增加可收缩性肌肉蛋白的合成的方法而展开的。在力量举中，有两种最基本的方法：极限训练法和重复次数训练法。

为了发展在力量举运动中提升力量的能力，选择的训练动作要在生物力学结构上与竞技动作有足够的相似性，或者就是竞技动作本身。分别以最大力量、最大速度和最大功率能完成的最大运动量是由肌肉中的磷酸肌酸含量的临界值决定的，但在各种临界值下要维持ATP的最大再合成速度就是不可能的了。通常，一组肌肉训练达到5~6次时，磷酸肌酸几乎已经耗尽。在训练量很大、会摧毁（生理破损）肌肉蛋白及其分解产物（低分子量肽、氨基酸等）的训练中，磷酸肌酸和其他富含能量的混合物会急剧消耗。在速度和力量训练之后，当正常的氧气供应和营养物质到相应组织的输送增强时，包括自由肌酸在内的蛋白质分解的副产物会再激发蛋白质的合成。在极致的训练量下，身体积累的乳酸和与之而来的肌肉内渗透压的变化都会促使肌肉间质液中的营养成分变得更丰富。在系统地坚持这类肌肉训练期间，肌肉中的可收缩蛋白的成分显著提升，总体的肌肉围度也会增大。这么一来，营养摄入的重要性再次体现，它是增加肌肉中可收缩的蛋白成分和保证力量运动表现稳定提升的一个重要条件。

4.1.2 力量举运动的解剖学特点

力量举运动训练的关注点是有针对性的，即以实现三大项的最大力量而创造训练基础为目标。根据解剖学标准中提到的关于人体运动时的肌群力量比率，三大项训练对人体最大且最有用的肌群会起到影响。这些肌群中的第一部分是主动发力肌群，第二部分是辅助或协同发力肌群，最后的第三部分就是在训练或者竞技比赛中稳定全身或者稳定身体局部的肌群。换句话说，如果一大片区域的肌肉在训练中被激活，身体局部的代谢水平会剧增，进而需要强而有效的恢复措施来修复身体。

在力量训练中的主要负荷由快肌纤维和中间型肌纤维承担，因此蛋白质代谢占据了非常重要的地位。在力量训练中，恢复会为肌动蛋白和肌球蛋白肌丝创造适应性增长的条件，其中的主要成分就是蛋白质。这就是肌源性肥大的本质。

力量举竞技动作中的极限力量表现与肌肉的弹性的关系非常大。肌肉弹性又与肌细胞的饱满程度有关，换句话说就是储水程度。这种储水的现象可被视作另一种类型的肌肥大，即肌浆肥大。储水程度取决于肌细胞中肌酸、谷氨酰胺和糖原的储备情况。这样一来，对力量举而言，给予身体肌细胞充足的碳水化合物和其他能量补充是最重要的任务之一。

需要注意的是，在强度很大且艰难的训练中，关节的软骨表面会承受非常大的压力，肌腱和韧带也会受到很强的拉扯。这就要提到结缔组织蛋白了，即胶原蛋白，胶原蛋白是人体中的主要蛋白质，占人体所有蛋白质的40%。

最后，在应对极限重量时，细胞供能系统中的磷和肌酐的工作机制占据了重要的地位。因此除了磷酸盐之外，身体也需要一些重要的矿物质，这些矿物质能反向促进身体对其他矿物质需求的增加。维生素和类维生素物质也不能被忽视，因为力量举训练者对这些营养物质的需求是同等体重下不运动的同龄人的2~2.5倍。

要知道人体是一个非常复杂的多功能机体，在遭遇任何问题时都是以一个整体去响应的。也就是说，如果一个很重要的营养物质或者活性物质缺失，人体中不会有任何一个局部受到影响，整个人体系统会互相妥协以求机体能协调运作。正是因为这个原因，不合适且不平衡的饮食摄入会导致训练过度或者出现许多力量举运动员都遇到的瓶颈期。

在力量训练后，营养摄入即便对身体恢复来说不是最重要的一个环节也是很重要的一个环节。饮食选择是否正确在50%的程度上决定着训练是否有效（有效是指肌肉密度和力量表现的提升），有些专家甚至认为是70%~80%。想要构建出正确的饮食结构，仅仅了解吃什么、怎么做是不够的，更重要的是要理解合理的膳食平衡的要点，并且在训练期间严格遵循。

4.2　营养充足与膳食平衡的重要性

实现充足的营养摄入需要参考食物摄入与包括训练强度在内的日常工作生活中的总能量消耗之间的关联。"膳食平衡"这个概念会涉及每日饮食中各营养元素之间的平衡，也就是总热量摄入中，蛋白质、脂肪和碳水化合物所占的比例。

充足而平衡的膳食对于恢复和预防过度训练来说很重要，包括满足身体当下与随后的营养需求，合理的营养摄入要为超量恢复过程提供有充足能量的可以重组身体的营养物质以及其他重要的生物成分。可以观察到的是，如果一个运动员饮食不规范，即便是按最明智的训练方法进行训练，营养摄入不平衡还是会导致其运动表现与健康状况无法得到提升，并且还会触发身体的自我保护机制，即导致身体机能的退步。

　　在本书接下来的内容中你会了解到构建合理饮食的方法，这里我们提供了一个简单的方法，能够帮助运动员粗略评估自己的饮食是否做到了营养充足且膳食平衡。将符合运动员的实际营养摄入情况的点标记下来，然后计算总分并且根据下文中的评估结果查看自己的营养状况（表4.1~4.3）。

表4.1　碳水化合物摄入评估（Ostapenko L.A., 2004）

	从不	偶尔	经常	总是
1.我每天至少吃一次水果	0	1	2	3
2.我更愿意摄入新鲜的果蔬汁而不是汽水	0	1	2	3
3.我更愿意摄入全麦的面点而不是细粮制品	0	1	2	3
4.我每天都吃卷心菜、胡萝卜、萝卜、南瓜和其他蔬菜	0	1	2	3
5.我吃全麦制品	0	1	2	3
6.我会控制糖类或甜食的摄入	0	1	2	3
7.我会摄入碳水化合物补剂（增肌粉之类的补剂）	0	1	2	3
总分：				

　　"一个运动员一天之内从含有天然碳水化合物的食物中获取的热量应该至少占到全天热量总摄入的55%~60%。"（Duclos M., 2008）

表4.2 蛋白质摄入评估（Ostapenko L.A., 2004）

	从不	偶尔	经常	总是
8.我会有规律地摄入低脂牛奶、奶酪和酸奶	0	1	2	3
9.每一餐都会有肉类、鱼类或者蛋类	0	1	2	3
10.除了摄入动物蛋白之外，我还会吃豆制品	0	1	2	3
11.我会摄入蛋白质或氨基酸来使自身的蛋白质代谢最大化	0	1	2	3
总分：				

"蛋白质提供的热量至少要占一天摄入总热量的25%~30%"。

表4.3 脂肪摄入评估（Ostapenko L.A., 2004）

	从不	偶尔	经常	总是
12.我只摄入脱脂或低脂的乳制品	0	1	2	3
13.我会避免摄入动物油、人造黄油、奶油、酸奶油和其他奶油制品	0	1	2	3
14.我不吃高热量的调味料、香料、蛋黄酱和其他在沙拉中常用的奶油酱料	0	1	2	3
15.我不吃肉罐头、熏制品（培根肉、火腿）和富含油脂的鱼罐头	0	1	2	3
16.在做饭时我会刻意控制脂肪或油脂的用量	0	1	2	3
17.在外用餐时我会刻意关注菜品中的油脂含量	0	1	2	3
18.购物时我会选择低脂食品	0	1	2	3
总分：				

"脂肪提供的热量至少要占一天摄入总热量的10%~15%"。

在每一项评估完成后计算总分，以下是营养摄入评估结果。

0~20分。运动员要取得高水平成绩可能会有困难。力量和肌肉的增长速度慢，训练会很快陷入瓶颈，身体也会很容易进入疲劳状态，恢复也很缓慢。运动员很有可能已经进入了过度训练的阶段而且可能是长期的。运动员组织饮食的方法应该彻底改变。

21~30分。在力量举训练的早期有机会取得成功，但是在之后要提升训练效率和增大训练强度的时候会遇到身体恢复缓慢的情况，力量表现的提升也会变慢，会周期性地出现极度疲劳，无论怎么调整也难以恢复。备赛的难度也会非常大，运动员的力量和体重都会下降，在这种情况下运动员需要调整蛋白质和碳水化合物的摄入。

31~40分。运动员一定非常注重自己的饮食，并且在追求力量举训练目标的道路上很少遇到困难。然而，当前的饮食状况对于备赛而言可能还不是最高效的，尤其是运动员需要保持自己当前的重量级的时候。所以有必要依据运动员是需要增重还是减重的需求来调整饮食。

40分以上。运动员正确地规划了饮食。若得分越接近理想的54分，运动员不仅在力量举训练中取得成功的概率更大，还能避开许多有健康风险的因素和包括肥胖、免疫力低下、动脉粥样硬化和糖尿病在内的疾病。在评估完之后，若当前的饮食无法降低运动员的体脂，那么在不改变当前的膳食平衡的情况下应该整体减少食物的摄入。这样一来，就可以在不影响当前膳食平衡的情况下减少总热量的摄入。

除了计算总分之外，也可以独立分析碳水化合物、蛋白质和脂肪的得分。

如果表格1的总分不到7分，就应该引起注意了：运动员可能会面临虚弱、嗜睡、厌练、增肌瓶颈或难以完成大重量训练的情况，甚至在备赛期可能会无法从极限重量的测试中恢复。上述的所有状况可能都会伴随意外的体重变化和力量的下降。

如果表格2的总分达不到4分，运动员可能会在备赛期或者决定增大重量级的时候面临增肌困难的问题。即便运动员的体重上升，其力量水平很有可能会维持不变，在训练之后也可能会面临无法彻底恢复的状况。这都是增肌所必备的蛋白质摄入不充分以及体内天然肌酸的含量匮乏导致的。解决的方法是提升动物蛋白的摄入至当前的1.5倍，这其中包含蛋白质或氨基酸等食品补剂的摄入。

如果表格3的总分低于16分，存在的主要问题可能是身体含有过多的脂肪并且很难减下去，尤其是表格1的得分也同样很低的时候。同时也有极大的风险面临代谢失调、糖尿病、消化不良和心血管系统退化的问题。运动员会无精打采、嗜睡以及厌练。这种情况下需要减少饱和脂肪的摄入。

如果表格3的得分高，但表格1和表格2的得分低，运动员可能会面临便秘、肠胃胀气、肠道痉挛和其他消化系统的异常情况。这里就需要注意提升新鲜蔬菜和水果的摄入。

运动员可以基于这份简单测试的结果对日常饮食做调整。

4.3　充足的饮食及其组成元素的计算方法

4.3.1　短期需求和长期需求

无论你是一名业余运动员还是经验丰富的力量训练者，在营养方面都必须遵循一条不容置疑的规则，那就是营养的摄入必须充足且均衡。

说具体一点，充足且均衡的饮食指的是能够满足人体对能量、修复身体、短期和长期营养的需求的饮食方式，同时还能根据身体当前所需提供所有必备的营养物质和生物活性物质。

短期营养需求指的是人类生活中每分每秒都需要的特定营养成分。例如，人体血液中必须存在适当含量的葡萄糖，因为它是人体内许多生化反应和运动行为的能量来源；同时也要有一定含量的氨基酸，氨基酸是体内新组织的合成和旧组织的修复所必备的物质。在任意时刻，人体都会尽可能维持体内维生素和矿物质的平衡，这对使机体处在最佳的运作状态来说十分重要。除此之外更重要的是，某些成分在人体中是无法合成的，所以这些成分必须从我们摄入的食物中获取。这些物质包括维生素、矿物质、膳食纤维、水、特定的蛋白质（或者说能够用于合成蛋白质的重要的氨基酸）和重要的脂肪。

长期营养需求指的是短期营养需求满足不了的对同一营养物质的需求。这种需求会在身体需要恢复重建的时候出现，例如在运动训练和强脑力劳动中。长期营养需求只会在身体对某些反应的适应性在不断发展的时候才会被感知到，并且总是比短期营养需求的优先级更高。因此，身体所需要的物质需求总是会使得长期营养需求的水平提升。这个结论对于安排最合适的力量举训练的饮食来说是至关重要的，尤其是运动员想在力量举领域取得成功的话。

混乱或者随意的饮食习惯是不可接受的。为了合理安排饮食，一定要考虑到所有必备的元素，可以利用初级的数学方法计算饮食需要并制订饮食计划，随后根据身体可观察到的反应做简单的数学计算来修正饮食计划。任何饮食计划是否合理，尤其是能量摄入是否合理，必须要基于具体的数据来判断。当然，这些数据只会是大致的数据，这些数据也并不能表现出运动员的任何个体特异性，不会反映出运动员的训练目标和当前其所处的训练进程中的具体阶段。然而，这些大致的数据能追踪运动员身体的变化，和运动员身体的功能系统在当前的训练强度和饮食计划的影响下做出的反应，并对训练强度和饮食计划进行调整，也就是说，基于特定的营养需求，任何人的饮食计划都是可以做调整的。

4.3.2 热量需求的计算和调整

充足营养摄入的计算要基于个人的热量需求而定。通常我们用卡路里（1卡路里约为4.2焦耳）作为热量单位，或者简称卡（cal）。人体每日所需的热量摄入来自基础代谢和额外的热量消耗（生活和工作中的活动消耗，还有训练），这其中也有很大程度上的精神消耗（在有压力、兴奋和其他情绪状态下的热量消耗），这一切的总和即为一个人在24小时内需要的总热量摄入。

基础代谢反映的是一个人为了维持必需的生命活动，例如呼吸、血液循环和体内一些重要的酶催化反应所需要的热量。这些热量足够满足最基本的活动需求，例如在屋子内走来走去或是其他热量消耗很小的活动，但是满足不了激烈的体育训练，特别是力量举训练。

基础代谢的计算有几种不同的形式，我们提倡使用不复杂并且简单快捷的方式。我们需要知道一个人的体重（单位是千克），如果是男性，则用体重乘以27.77，女性则是乘以24.44。这样一来你就能大致得到基础代谢的数值了。这些系数是由长期实践得来的，并且可用于帮助拟订运动员的饮食计划，用起来方便快捷。

基于日常活动的调整：如果一个运动员有从事长时间久坐的工作（例如上学或者计算机相关的工作），那要在基础代谢的基础上增加额外10%的消耗；如果从事的是体力劳动工作，或者其工作需要持续行走或者驾驶车辆，则增加额外20%的消耗。

基于精神消耗的调整：如果一个运动员的个性乐观或者忧郁安静，都不应该做任何的调整；如果运动员是很明显的暴脾气性格，那就在基础代谢的基础上增加额外10%的消耗。换句话说，运动员平常的情绪比较平静甚至低落，则不需要计算额外的消耗；运动员平时很亢奋、精力非常充沛，那就需要摄入更多的热量。

基于各种因素调整热量计算中最困难的部分就是计算训练消耗。这方面的消耗占日常消耗的比例会随运动员的身体类型、身体组成和对训练计划的个体适应性的不同而有非常大的不同。但是，在最开始计算热量摄入的时候，可以参考以下的简单规则。

- 一周训练3次，在基础代谢的基础上增加10%的消耗。
- 一周训练4次，在基础代谢的基础上增加15%的消耗。
- 一周训练5次或以上，在基础代谢的基础上增加20%~25%的消耗。

如此一来，每日所需的热量摄入就是基础代谢、日常活动的消耗、精神消耗和训练消耗的总和。此外的其他调整都应该基于身体对饮食计划的适应性而定。

4.3.3 关于热量摄入调整的结论性工具

如果运动员有记录训练的习惯，记录了每日体重的波动，那么利用上述提到的调整方法去调整热量摄入并不复杂。这些记录会告诉运动员当前每日的热量摄入是需要增加、减少还是保持不变。

在调整运动员的营养情况时最重要的工具就是皮脂钳（用皮脂钳测皮脂），它可以用来确定运动员身体的组成，也就是水、肌肉和脂肪的组成。这里有一个规则：如果当前饮食满足不了每日的热量需求，通常身体会分解瘦体重，也就是通过肌肉蛋白来补充热量摄入的不足，并且还会存储脂肪。这是人体非常强大的生存功能机制，被烙印在人体的机能中，是无法被打破的。由于脂肪存储的热量更多（每克脂肪能存储9千卡的热量，而蛋白质和碳水化合物只有4千卡），身体会存储脂肪作为在极端饮食环境下的生存能量来源。所有需要周期性减重的运动员都要注意这一点。除了无差别级的运动员之外，其他所有有重量级的运动员都最好保持体重尽可能接近所在重量级的上限，同时要让身体的肌肉含量尽可能最大化，脂肪含量尽可能少，皮脂钳可以帮助我们修正饮食计划以维持最好的身体组成。建议每个月都用皮脂钳测试一次皮脂。

4.3.4 日常饮食的平衡

和每日热量总摄入一样重要的就是摄入营养的平衡，也就是组成每日热量摄入的各主要营养成分（即蛋白质、碳水化合物和脂肪）的占比应该是怎样的。即使是运动员也会因为外界的谣言和自身知识的不足而对这方面有错误的认识。不幸的是，在力量举运动员中就有这样的说法，即以提升力量并维持体重的训练方式并不需要这样平衡的饮食。这种思维方式是错误的。在力量和爆发力相关的项目中，一个基本的计算方法就是每日蛋白质提供的热量要占全天热量摄入的25%~30%，脂肪要占10%~15%，而碳水化合物要占55%~65%。在一整年的训练周期中，这个比例可能会有一次或者几次轻微的起伏，但整体的平衡大致上是不变的。

4.3.5 蛋白质平衡

当评估遇到体能表现提升瓶颈的人的营养平衡情况时，结果可能会让人大吃一惊。尽管每日摄入的热量已经足够高，有时候甚至超出了身体真实所需，训练者还是没有获得力量的提升，也没有获得肌肉的增长或者体脂的降低。有好几种因素可能会导致这种情况，首先要考虑的就是蛋白质摄入的不足。

蛋白质不仅仅是肌肉组成所必需的，也是身体中的连接组织（肌腱、韧带和筋膜）和软骨的组成成分。组成肽类激素的很大一部分就是蛋白质，例如生长激素和促性腺激素。如果没有足够的蛋白质，这些组织和结构的增长以及人体的正常运转都是不可能的。蛋白质能起到运输物质的作用，例如血红蛋白分子能够输送氧气进入细胞并且能从细胞中转移出二氧化碳。蛋白质含量充足意味着皮肤、毛发、牙齿、指甲、韧带、肌腱和软骨都是健康的。当然，蛋白质的作用还不止于此，但就以上这些就足够让我们意识到其对人体的重要性。

对于那些想达成训练目标但感觉非常困难的运动员来说，蛋白质摄入有10%~15%的不足，有时候会更多。这一切都是因为蛋白质是重要的营养物质，并且是无法从碳水化合物和脂肪合成得来的。饮食中的蛋白质摄入不足会使身体分解已有的不活跃的蛋白质组织或者当前对身体来说不够重要的组织来进行补偿。

事实上，我们可以这么说，如果一个运动员通过深蹲训练来加强他的大腿肌肉、小腿肌肉和臀部肌肉，那么在深蹲时躯干和手臂肌肉只会承担很小的压力，所以如果饮食中的蛋白质摄入不足，便会导致身体分解手臂和躯干的肌肉以获得额外的氨基酸（合成蛋白质的成分）。第二天，当运动员通过卧推训练来加强手臂和上半身肌肉的时候，身体又会去分解下半身的肌肉。在这些情况下，若要用利用蛋白质的适应性合成去追求高质量的身体恢复，在很大程度上是不可控的。

所以现在可以明确，蛋白质摄入不足，肌肉和力量要获得增长几乎是不可能的。同样明显的现象是如果体内蛋白质含量低于某临界值，性激素的合成速度，尤其是睾酮，会急速下降。由于肌肉组织的增长和保存主要取决于睾酮，如果蛋白质明显摄入不足，运动员的身体机能会倒退。

平衡的蛋白质摄入只需要补充足够的肉类、鱼类、低脂乳制品和蛋类即可。同时，在有必要的时候，十分推荐使用蛋白质补剂（蛋白粉）。

4.3.6　碳水化合物平衡

蛋白质摄入不足并不是遇到瓶颈期和过度训练的唯一因素，有时候可能是碳水化合物摄入不足导致的。碳水化合物是肌肉做功的主要能量来源，人体中重要的机体功能的运作所需的绝大部分能量均来自碳水化合物。所有包含碳水化合物的食物都会被分解成葡萄糖，然后被传输到肌细胞中作为糖原（在力量训练中肌肉需要的能源）存储。部分葡萄糖会存储在肝脏中作为肝糖原，当血液中的葡萄糖含量急剧降低时，身体就会利用肝糖原来维持血糖水平。最后，还会有一部分葡萄糖会一直保存在血液中，随血液在体内循环，当肌肉中的肌糖原消耗殆尽之时，这部分葡萄糖会补充肌肉所需。

碳水化合物摄入不足会导致身体分解自身蛋白质来供能。首先，蛋白质会被分解成氨基酸，然后身体会将这些特定的氨基酸分解成葡萄糖。但这治标不治本，因为身体分解了重要的蛋白质来产生葡萄糖，也就是说当身体牺牲蛋白质来补救碳水化合物摄入不足之时，身体会面临严重的蛋白质含量不足！恶性循环就这样产生了。

不止如此，在面临碳水化合物摄入不足之时，身体会主动降低代谢率及睾酮的合成率。我们都知道在这种情况下会出现什么样的后果，刚开始的时候运动员会感到身体虚弱且疲倦，同时在低碳状态下，运动员是做不到和正常情况下一样敏捷有力的。对于竞技运动员来说，处在低碳状态是绝对不可接受的。

在对运动员进行10%~20%的碳水化合物摄入不足的饮食不均衡测试之后得出的结论是，只需要额外多摄入一些谷物、全麦面包、新鲜的果蔬，就可以成功地解决碳水化合物摄入不足的问题。如果还是不够，你可以使用碳水－蛋白质混合补剂，也就是我们常说的"增肌粉"。

4.3.7　脂肪平衡

和蛋白质和碳水化合物不同，过量摄入脂肪会有健康风险。过量摄入脂肪一般是摄入了过量的饱和固体脂肪（高脂香肠、火腿、培根、糖类脂肪）。近期，营养学家们也得出一个非常重要的结论，那就是尽管现代人过分摄入了很多脂肪，但我们的饮食中不饱和脂肪酸的含量并不够。不饱和脂肪酸是细胞膜的重要组成部分，并且其摄入量也和身体里所有细胞的健康程度息息相关。我们只在未精制的天然植物油中发现了不饱和脂肪酸，比如葡萄籽油、橄榄油、亚麻籽油、玉米油和葵花籽油。所以，在不过量摄入脂肪的情况下，可以在每日的饮食中加入2~3汤匙的天然植物油，与沙拉和主食一起食用。另一方面，限制动物饱和脂肪酸（固体脂肪）的摄入是很重要的，这类脂肪会作为皮下脂肪存储在人体中。因此，在脂肪的摄入方面总结起来很简单：肉类的烹饪尽量选择水煮或者炙烤，不要油炸；多吃鱼类；烹饪鸡肉之前去皮；周期性摄入白肉（比如鸡胸肉），避免过度摄入红肉（比如牛肉）。

反过来，如果脂肪的摄入不足也一样会出问题。已经得到证实的是，突然限制脂肪的摄入会导致身体中胆固醇的合成降低。尽管现在的人们都惧怕胆固醇过高，但如果体内胆固醇过低，身体是无法合成一些特定的激素的，尤其是睾酮这样一种可帮助增长肌肉和稳定运动表现的重要身体激素。另外，摄入脂肪过少有时候会导致胆汁在胆囊和肝脏中堆积（就是胆汁淤积），这会让人感到不适并且有时会引起疼痛，严重的话可能需要做手术来移除胆汁凝块。因此，维持脂肪摄入的平衡是必需的，在脂肪摄入不足的情况下，如果运动员合理地减少动物脂肪的摄入并且增加植物脂肪的摄入，这个问题就会迎刃而解。

4.3.8　维生素和矿物质平衡

不像人体对主要营养素（蛋白质、脂肪和碳水化合物）的需求是几十克，有时甚至几百克一天，微量元素的摄入一般只需要几克、几毫克甚至几微克。它数量虽少，但对运动员运动的协调表现来说是非常重要的。我们认为和生活中习惯久坐的普通人相比，运动员需要2~2.5倍的微量元素摄入。但这也会导致一个严重的问题。根据世界卫生组织的说法，现代化生产的农副产品、经存储和工业加工的农业产品以及生态环境质量的下降都使得产出的蔬菜、水果和谷物产品中的维生素和矿物质含量下降，大概只能提供我们每日所需总量的60%的需要。这是一个世界性问题，与国家的经济情况关系并不大。要想解决这个问题，通过在日常饮食中过量摄入蔬菜和水果是行不通的，如此大量的食物摄入可能是人体消化系统无法承受的。在现有的情况下，唯一可行的最佳方案就是使用维生素和矿物质补剂。

4.4　均衡膳食的食物

上文中已经提到了蛋白质、碳水化合物和脂肪的摄入要遵循严格的比例。不仅每日的食物总摄入要符合这个比例，每一餐也都应该遵循这个要求。要清楚的是，要完全做到这么严格是几乎不可能的一件事，但如果运动员摄入高纯度的食物补剂，这件事就会简单很多，也就是说尽可能不要摄入那些可能会扰乱一餐甚至全天的饮食结构的营养成分不确定的食物。

在健康饮食的理论和实践中，尤其在涉及体育运动的时候，被广泛接受的做法是要保证一份食物中要尽可能包括更多的不同的食物种类。在当代的营养理论中，有一种所谓的"分离"饮食法（周期性地在一段时间内几乎只吃高蛋白食物、低脂食物或者高碳水食物）是对健康的生活方式极为不利的，尤其对于高强度训练的运动员来说。

综上所述，我们在下文中仅仅会谈论食物和营养比例的混合模板，所有的重要营养元素，如蛋白质、碳水化合物和脂肪等都会在每一餐中以大致数值的形式呈现。

4.4.1　食物的分类及其特点

下面，我们将展示一份简单又实用的食物分类方案。

I类蛋白质产品（瘦肉、动物脏器、鱼类和蛋类）。一个力量举运动员应该多摄入鸡胸肉、火鸡肉、瘦牛肉、动物的心肝肾。低脂的红肉也是非常重要的，因为其富含含铁的血红素。建议多吃动物的肉，因为其富含蛋白质和肌酸。鱼类其实不只是指鱼，还包括各种各样的海鲜（螃蟹、鱿鱼、虾类、贝类和章鱼）。海鲜主要含有"轻"脂肪，有很多的不饱和脂肪酸，因为海鲜中含有的脂肪与肥肉不同，人体摄入后不会堆积成皮下脂肪。比起河里和湖里的鱼类，应该优先吃海鱼，因为海鱼富含矿物质和不饱和脂肪酸。另外，捕食性鱼类中的蛋白质含量相较于其他鱼类稍稍更高一些。鸡蛋要吃全蛋，因为蛋黄中的蛋白质含量比蛋白更高。不仅如此，蛋黄中的胆固醇是睾酮合成的先决条件之一，这对性激素的高质量合成是非常重要的。只吃蛋白不吃蛋黄只适合当运动员为了降低重量级而减轻体重的时候使用，因为运动员此时需要限制饮食中脂肪的摄入量。

II类蛋白质产品（脱脂和低脂的乳制品）。这种类型的产品中最重要的就是脂肪含量达到最低，否则你摄入的就不是蛋白质食品了，而是脂肪食品。低脂的乳制品是运动员的营养摄入中不可或缺的组成成分之一，因为这类产品能不断地为运动员提供有机结合钙——能让运动员在训练和比赛中承受非常大的压力和转向负荷。液态乳酸制品（酸奶类）能提供高质量的益生菌，它能在消化道中促进消化吸收，尤其在夜间。

III类碳水化合物产品（谷物和谷物制品）。事实上在这里我们谈论的是面包、谷物和馅饼一类的食品。如此一来，事情就很简单了——一个运动员应该尽可能选择被少加工过的谷物制品。我们必须选择全麦面包而不是白面包或是品质更好的细粮面包制品；意大利面应该要选用黑面粉或硬谷物制成的；我们建议在饮食计划中加入粗粮（燕麦、小麦、小米、大麦和糙米）。

Ⅳ类脂肪制品（坚果、种子、牛油果和未精炼的植物油）。坚果富含对人体有益的氨基酸和"轻"脂肪，它们很轻，并且含有很高的不饱和脂肪酸，这对运动员的身体十分有益。然而，大量摄入坚果会有脂肪摄入过量的风险，这样一来，我们建议优先选择3种脂肪含量相对更低同时蛋白质的质量不亚于大豆蛋白的坚果类食物。这3种分别是榛子、杏仁和花生。当然，我们建议在饮食中加入天然的坚果类产品，因为天然的产品含有的脂肪酸组成不会被破坏（被热加工之后成分会发生变化，营养价值会降低）。在种子类食物中，南瓜子含有独特的脂肪酸，能提升人体肝脏细胞的机能。而关于植物油的选择，应该遵循如下规则：选用未精炼的、无味的，并且最好是冷压油。无论在什么情况下，你都应该阅读产品的营养标示确认其是否含有不饱和脂肪酸并且知道其含量。

Ⅴ类碳水化合物产品（蔬菜和豆类）。蔬菜的价值在于能提供低升糖的碳水化合物，同时能给人体补充膳食纤维、维生素和矿物质。蔬菜中的蛋白质含量很少，但是豆类（豌豆和扁豆）是很好的植物蛋白来源，与Ⅰ类和Ⅱ类蛋白质食物相结合之后，能使人体摄入的食物有近乎完美的氨基酸组成。纤维在减少膳食脂肪吸收的方面有很大的作用（它吸收脂肪并且将其带离消化道），纤维也能帮助消化道运输食物（促进肠道蠕动）。根茎类蔬菜（萝卜、甜菜、姜）以及十字花科类的蔬菜（芜菁、萝卜）尤其富含纤维。块茎类蔬菜（土豆、红薯）是很好的碳水化合物来源。饮食中含有大量的蔬菜永远都是好的，因为这样能预防缺乏维生素的情况，缺乏维生素也是当前社会人们面临的问题之一。建议在饮食中加入能刺激食欲的叶子蔬菜（欧芹、香菜、莳萝、芹菜、生菜、罗勒、西洋菜和龙蒿），这些蔬菜都富含重要的油脂成分，能提升食欲且促进消化，还能提升代谢。海带是特别棒的食物，富含矿物质，尤其是碘，碘与甲状腺激素合成及调节身体代谢反应的速率是息息相关的。

Ⅵ类碳水化合物产品（水果）。这一类主要是碳水化合物，其中最重要的是它们含有果糖和葡萄糖。这一类食物中的某些产品还富含其他的生物活性物质，例如果胶、维生素原和矿物质，而这些营养在严肃对待力量训练的运动员的饮食中是再怎么强调也不过分的。力量举运动员的饮食中应该包含香蕉、菠萝、苹果、梨、李子、樱桃、草莓、蓝莓和所有相橘类水果。

Ⅶ类水。尽管水在饮食中看似是完全不重要的部分，但水对于任何运动员来说都是至关重要的。首先，我们都知道人体至少60%都是水分（血液、淋巴、细胞内物质、细胞外液）。身体能良好储水（给身体提供足够的水）是很重要的，身体缺水会导致身体为维持液体的平衡，在肌肉力量训练时会存储体内活跃的生化反应形成的水。不仅如此，废物和杂质会从流经肾小管的水中被过滤出来，否则它们会留在膀胱和肾脏中，造成极大的结石风险。此外，水中富含最重要的矿物质资源。可惜的是，单纯靠喝水补充的矿物质并不够，所以建议补充矿泉水。如何选择要基于实际情况而定，一般来说你应该选择碱性矿泉水，因为在剧烈的力量训练中，它能帮助人体体质变为碱性体质且排出不必要的酸性成分。在剧烈的训练中，会导致糖原氧化并堆积乳酸，这会让人体的酸碱平衡失衡而偏向酸性，身体的酸性会使得身体的恢复过程减慢，从而降低训练的效率。建议除了每日的正常喝水之外再额外摄入至少一杯含有矿物质的水。你需要摄入的水的总量可以大致通过这个方法确定：你的饮食中每摄入100克蛋白质就对应摄入至少1升的淡水（除开汤、茶和其他饮料）。

在行业中领先的营养学家已经声明，为保持每一餐饮食的营养平衡，每一餐都应该含有来自以上7个类别中的至少一份食物。也就是说，以早餐为例，早餐应该含有肉、谷物、干酪、蔬菜沙拉、一个苹果或一根香蕉还有一杯矿泉水或绿茶。午餐和晚餐也应该做到一样的营养均衡。这样一来，你的蛋白质、脂肪、碳水化合物、矿物质和维生素的摄入就会达到相对均衡的状态。可惜的是，即便食物的选择已经尽可能理想化了，我们依然无法保证当前的营养摄入能真正符合蛋白质25%~30%、脂肪10%~15%、碳水化合物55%~65%的理想标准。不过我们可以通过摄入食品补剂来调整，首先，需要认识到一个按照常规标准的三大营养素几乎均衡的饮食结构，可能对于力量举运动员的需要来说在蛋白质摄入方面是不够的。

4.4.2　最佳的每日营养规划

这里有一个非常重要的与方法和实践相关的问题，那就是一次进食的分量应该是多少。如果一个运动员决定每日摄入3000千卡的热量，那他的早、中、晚餐应该各自包含同等的1000千卡的热量。然而，当今的生理学和充足且平衡的营养学的研究结论并不支持一次摄入过多的热量。像这样大量的热量摄入，身体只会消化和吸收以满足短期的身体的能量消耗和肌肉合成的过程，剩余的食物会在你的身体中被视作过量的热量摄入，转化为脂肪的形式存储。这就是一餐摄入过多的热量会出现的情况。这种情况下脂肪增长的可能性大大提升。对于力量举运动员来说，这肯定不是最好的选择，尤其对于那些在努力维持体重，固定自己重量级的运动员来说更是如此。营养摄入计划的设计也因此变得复杂，脂肪的合成会使得胰岛素水平发生变化，在摄入含糖量极高的食物或者在单次进食中热量摄入过多时就会有这样的反应。

所以，选择其他的更科学合理的营养计划是很有必要的。在已有的情况下唯一的解决方法就是少食多餐。这更像是生理活动相关的问题了，因为这意味着不再是一日三餐，而是一日五，甚至六餐，餐与餐之间的间隔大致一样。单次进食的热量会变少，大概为500~600千卡。在下一餐之前，身体已经处于空腹状态，这样一来过量积累脂肪的风险就大大降低了，如果运动员对摄入的所有食物都做了精确的计算，那么甚至可以说过度积累脂肪的情况可以被杜绝。当然，这一切都需要实践经验和精确地追踪随训练身体成分的变化情况，即肌肉或者脂肪的变化情况。

在采取少食多餐的时候，让食物种类变得多种多样就变得更简单了，并且能够避免使用热量"倒金字塔"方法时会出现的一些风险。热量"倒金字塔"的意思是一天快结束的时候，建议减少最后那几餐摄入的热量，但同时要保证营养质量。如果要使用这个方法，我们建议使用表4.4来帮助你将食物分配到一天的六餐中。

最理想的"食物金字塔"需要一天之中的每一餐都有非常合理的食物选择（Ostapenko L. A., 2005）。

表4.4　每一餐的食物分配（Ostapenko L.A., 2011）

编号	食物	餐					
		早餐	加餐	午餐	加餐	晚餐	睡前30~40分钟的加餐
	I						
1	牛肉	+		+	+		
2	火鸡	+	+	+	+	+	
3	动物肝脏	+	+	+	+		
4	鸡胸	+	+	+	+	+	+
5	动物肾脏			+	+	+	+
6	动物心脏			+	+	+	
7	鱼类	+		+	+	+	+
8	鱿鱼	+	+	+	+	+	+
9	虾类				+	+	+
10	蛋类	+	+	+	+	+	+
	II						
11	牛奶	+	+	+			
12	酸奶	+	+	+	+	+	+
13	干酪	+	+	+	+	+	+
	III						
14	面包	+	+	+	+		
15	意大利面	+		+	+		
16	谷物类	+	+	+	+		
	IV						
17	植物油	+	+	+	+	+	+
18	牛油果	+	+	+	+	+	+
19	坚果类	+	+	+			
20	种子类				+	+	+

编号	食物	餐					
		早餐	加餐	午餐	加餐	晚餐	睡前30~40分钟的加餐
	V						
21	豆类	+		+		+	
22	根茎类蔬菜	+	+	+	+	+	
23	块茎类蔬菜	+	+	+	+	+	+
24	香料类	+	+	+	+	+	
25	海带	+	+	+	+	+	+
	VI						
26	香蕉	+	+	+	+		
27	苹果、梨、李子、酸樱桃		+		+		+
28	柑橘类水果	+	+	+	+	+	+
29	浆果	+	+	+	+	+	+
	VII						
30	矿泉水				+	+	+

说明:"+"意味着在对应的餐食中摄入此种食物是合适的。

　　显然，这个表只是一个参考模板。如果利用此模板，运动员可以设计出丰富多样的饮食计划，能使每周内的每一餐都做到不重复，包含各种各样的食物。运动员也可以基于此模板并根据自身的饮食喜好做调整。

　　在设计好每日饮食计划之后，运动员应该仔细计算计划中蛋白质的含量有多少，并在蛋白质摄入不足的情况下适当加入蛋白质补剂（或者类似高蛋白含量的食物）；计划中碳水化合物的总量需要适当减少以保持每天的热量摄入合理。

4.5　基于饮食质量的目标控制方法

最有效、最可靠的基于饮食质量的目标控制方法能让我们监测以下变量。

- 体重变量。
- 身体组成变量。
- 身体尺寸变量。
- 身体机能状态变量。
- 力量系数的稳定性。

一个力量举运动员的体重是展现其饮食是否充足的重要指标。如果体重持续上涨，那么可能有过量的热量摄入；如果体重下降，则很可能是摄入的热量不够。然而，体重这一指标并不完美，因为它无法帮助我们确认体重波动的原因。换句话说，只看体重的话我们是无法得出到底是肌肉含量的变化还是脂肪含量的变化导致了体重的上下波动。

尽管如此，还是建议运动员在非备赛期每个月都称一次体重；在备赛期，每周称一次；赛前7~10天内，每天都称一次。

用体脂钳追踪体脂变化应该和体重追踪同步进行（我们认为最简单又精确的方法就是测量10个不同的身体部位的皮下脂肪厚度来确定体脂）。这么一来，平均每个月都要记录一次皮下脂肪的厚度。有很多公式可以用来计算脂肪、水分和肌肉含量，推荐使用能尽可能多地将不同部位的测量值加入计算的公式，因为那样可以提升结果的精确性。这样一来，我们就能够辨别所增长的体脂到底是以脂肪为主还是以肌肉为主，从而可以帮助在三大主要营养元素的日常摄入上做调整。

人体重要部位（胸、腰、骨盆、臀部、腿、肩膀和手臂）的围度测量是前两种方法的补充，和体脂钳一起使用可以让我们确定身体局部部位增长与否，而不仅仅是确定身体整体的脂肪和肌肉的变化。

决定饮食和训练是否合理的身体的功能性指标有强度适应性（你的力量进步速度有多快）、恢复情况、血压、各身体功能数值的变化还有抗压能力。我们已经知道的是过度训练不仅会在训练安排不合理的情况下发生，它也是饮食不合理，如低碳状态，尤其是蛋白质摄入不足时的反应。无论在任何情况下，遇到了瓶颈期或低迷期时，即便这期间体重保持不变，运动员也应该检查近期摄入的食物的组成以判断是否有可能存在蛋白质摄入不足的问题。

还有，如果在当前的训练周期中，饮食摄入跟不上训练强度，也可能会导致平台期和低迷期的出现。这种饮食摄入不充分在运动员体重不变而运动表现在不断下降时是很容易判断出来的。

当然，上述提到的所有方法都不可能独立施行并得出精确而又具备指导性的结论。运动员和教练使用的这些技术方法涵盖的方面越多，得出的结论就会越精确，并且能帮助运动员在饮食调整和日常的食物摄入方面做出最好的选择。换句话说，将追踪体重、皮脂钳测量皮下脂肪厚度、测量人体重要部位围度、追踪运动表现、抗压情况和恢复能力等多种方法结合使用，运动员和教练可以对运动员当前的营养状况有较全面的认识，届时也能基于有效的信息和高效的方法对饮食状况做出必要的调整。

4.5.1　非备赛期的营养

基于非备赛期的训练重心（提升力量、速度、柔韧性、敏捷性和基础的体能储备），力量项目的饮食大多都是高热量摄入的。尤其在训练量和杠铃重量不断提升的阶段，恢复越发重要。在这个阶段，一个运动员的日常热量摄入（这里指的是可以维持体重的热量摄入）可以提升10%~15%。我们注意到的是，对于大部分运动员来说，如果要努力保持备赛期的体重不变的话，要提升力量是很困难的。可以这么去理解这个现象：合理的增重可以让运动员提升自己的绝对力量（这个和体重有关联），然后在比赛前将体重降到重量级允许的最大体重，运动员可以获得相对力量（可以算作每千克体重拥有的力量）的提升。运动员（或者教练）如果决定升重量级的话，也是同样的逻辑。不过，如果是升重量级的话，热量的摄入应该提升15%~20%，并且日常饮食中蛋白质、脂肪和碳水化合物的比例不应该有大幅变动（表4.5）。

如果目标是保持重量级不变，那么非备赛期的体重增长上限如何界定呢？显然我们需要的应该是肌肉含量和水含量的提升而不是脂肪的堆积。根据我们长期利用皮脂钳追踪竞技力量举运动员和健美运动员的结果，我们得出的结论是，在牺牲更多的肌肉增长的潜力下，增重的幅度控制在4%以内的话，体脂增大的风险是最低的。但如果运动员在非备赛期短期快速增重10%，增长的绝大部分都不是肌肉，而是脂肪，并且在整个非备赛期中，要在保持肌肉量不变的情况下去维持重量级是几乎不可能的。换句话说，基于正常体重增长4%（在几个月之内）是比较容易获得更大的肌肉量的，但如果短时间增重更多的话会让身体堆积更多的脂肪。

表4.5　非备赛期体重超出赛季期重量级范围的风险管理（Ostapenko L.A., 2015）

编号	超出的范围	分析和预期
1	1%~1.5%	最佳范围，可以保持重量级和运动表现
2	1.6%~2.5%	运动员代谢快并且经验丰富的话是可以接受的
3	2.6%~4%	略有风险，可能会导致不得已地升重量级或者为了维持重量级而损失肌肉从而使运动表现下降
4	>4.1%	要保持重量级和运动表现的话，风险非常大
5	10%左右	无法接受的体重增加，要在比赛中取得成功不太可能

使用这份风险管理表要与运动员自身的情况相结合，这一自身情况包括运动员自己的训练和比赛经验、维持和升降重量级的经验以及自身的代谢率。

运动员精神情绪的稳定和赛前的抗压能力也是很重要的。运动员在比赛前体重完美地卡在重量级的最大限制上，但是在赛前称重环节体重比重量级的最大体重要求低一点点甚至更多的情况并不少见。要做到完美是需要仔细地跟踪体重的波动的，尤其当运动员赛前情绪亢奋的时候，心理学家认为在这种情况下，中枢神经系统的压力大，会消耗身体循环系统中70%的葡萄糖储备。这样的结果就是当情绪稳定下来的时候，由于会有赛前固有的压力和恢复循环系统中葡萄糖储备的过程，运动员的运动表现可能会下降，这对比赛结果是有负面影响的。

非备赛期中日常三大营养素的摄入比例有可能也需要调整。如果蛋白质、脂肪和碳水化合物提供的能量的合适比例分别为25%~30%、10%~15%、55%~65%的话，可以根据运动员是否计划改变重量级来进行调整。如果运动员决定维持重量级不变，那么此处无须调整，除非是在当前重量级的范围下提升体重。然而，如果运动员要选择新的重量级并且对在新的重量级毫无比赛经验，那么就需要做一些调整。具体调整可参考表4.6。

表4.6　改变重量级时主要营养素的摄入调整（Ostapenko L.A., 2004）

编号	营养素	提升重量级	降低重量级
1	蛋白质	15%~20%	20%~30%
2	脂肪	20%~25%	25%~30%
3	碳水化合物	45%~55%	40%~50%

具体精确的比例到底是多少要基于运动员体重的波动追踪结果而定。运动员增重的营养调整必须是在以增肌为主的前提下，而不是积累脂肪。

除了主要营养素和微量元素之外，在非备赛期也建议运动员使用补剂，这对达成当前的小周期目标有帮助。在力量项目中，蛋白质、复合氨基酸、支链氨基酸、肌酸和谷氨酰胺是比较有效的补剂。在很多方面，这些补剂都能帮助运动员提升力量表现。为了面对在韧带、肌腱和像胶原蛋白之类的软骨结构的强度和弹性的提升下所带来的一些挑战，葡糖胺、维骨力、软骨素和鲨鱼软骨等都是可以使用的。如果当前目标是在维持体重的情况下降低脂肪含量，我们可以用左旋肉碱、吡啶酸铬和含氧柠檬酸。要注意的是运动员使用上述补剂和生物活性物质时要分别使用以测试其对自身的效果，因为在使用复合补剂（多种补剂一起使用）时，是不可能分辨出哪一项补剂有无效果甚至有副作用的。剂量方面也是一样，要因人而异，上述提到的补剂是不存在常规可靠的通用剂量的，都取决于个体。

4.5.2　备赛期的营养

在备赛期做饮食计划的时候要记住，备赛期的目的是保持身体状态（在之前的阶段中积累好的体能基础）以及确保已经具备的运动能力在比赛中得到发挥。备赛期主要的特点就是训练量会变小但是竞技项目的训练强度会增加。强度增大、训练量减少会使得身体消耗的总能量略微减少，但是，与之而来的是肌肉的分解代谢水平会提升，对完整有效的恢复的需求也会增加。强有力的代谢转换需要的是蛋白质中的氨基酸平衡的质量得到提升。如果在先前的训练小周期中，运动员做到了降低体重到可接受的范围内，三大营养素的比例可能会是：蛋白质占30%、脂肪占10%、碳水化合物占60%。随后要将体重彻底控制到目标数值的话，蛋白质的摄入可以提升5%，脂肪的摄入提升10%，但碳水化合物的摄入应该降低到45%左右。建议运动员额外补充一定剂量的左旋肉碱、吡啶酸铬和含氧柠檬酸。

训练强度提升，代谢性酸中毒会不可避免地发生（乳酸堆积也会提升），这对身体的缓冲能力有了额外的要求。在这方面，我们建议运动员摄入碱性矿泉水，将饮食中的部分碳水化合物替换为蔬菜（南瓜、胡萝卜、甜菜、西葫芦、菠菜、芹菜）和水果（香蕉、西瓜、红枣、芒果）等碱性食物。这样一来，身体中的碳酸氢盐缓冲系统会加速酸的中和。

为了提升氨基酸的储备，复合氨基酸的摄入应该增加，并且我们建议不要空腹摄入，要随餐摄入。这种做法除了对身体的缓冲系统有利之外，还能帮助完善食物中的氨基酸谱，提升蛋白质物质的生物利用率。

最后，为了促进血红蛋白缓冲液的生成，建议用包含牛肉、动物肝脏、肾脏在内的红肉彻底取代白肉。植物食物中能提升血液中血红蛋白的食物有豆类、荞麦、欧芹、全麦、甜菜、胡萝卜、西红柿、西葫芦、菠菜和黑醋栗。

要注意的是，备赛期训练强度的提升会对运动员身体的激素系统提出很高的要求，尤其是睾酮水平。根据Duclos（2008），Hayes、Bickerstaff和Baker（2001）的研究结果表示，当训练量和强度逼近训练时身体能适应的极限时，运动员的睾酮水平可能会下跌。这样一来，额外的营养摄入对于运动员来说至关重要。任何情况下，营养摄入都不能单一，在备赛期摄入已经被证实的能提升睾酮水平的食物是很重要的。这些食物应该包括豆类（富含纤维素、锌元素和植物蛋白，植物蛋白和动物蛋白一起构成最佳的氨基酸谱，而锌元素对精子的合成及维持生殖系统的健康很重要）。再者，力量举运动员在备赛期的饮食还需要包含花生、杏仁、腰果、榛子、开心果和核桃（富含蛋白质及不饱和脂肪酸，这些都对睾酮的合成很重要）。其中，坚果类的食物可以部分代替或彻底代替植物油的摄入，因为这类食物也是富含脂肪的。第三个为了提升睾酮合成而做的食物调整是摄入海鲜类食物——鱿鱼、龙虾、淡水虾、蟹、生蚝、蚌（所有的这些食物都富含锌元素，维生素D、B3、B5和B12）。整个备赛期，每日的能量主要由三大营养素，即蛋白质、脂肪和碳水化合物提供，根据备赛方案的特点来让身体过渡到最低的体重（参考表4.6）。碳水化合物的摄入量应该减少，但是蛋白质（高质量蛋白质）和脂肪（坚果类）的摄入量要提升。不仅如此，通过让身体经历特有且动态的蛋白质效应后，一些能够帮助身体安全减脂的代谢的速率会加快。为了实现这一点，运动员应该开始在每一餐的食物中都加入以天然蛋白质为主的食物，最理想的选择就是蛋白粉。根据学者Yaglov的说法，这些食物选择上的调整可以帮助代谢速率提升近60%（Yaglov V.V., 1986）。

关于食品补剂，在备赛期最有用的就是锌镁威力素（ZMA）、谷氨酰胺、胶原蛋白和共轭亚油酸（CLA）。在提升每日饮食中蛋白质所占的比例的同时，蛋白质完整地被消化和吸收也是很重要的，所以翻倍摄入维生素B6（吡哆醇）是个不错的选择，并且如果有必要，可以使用消化酶来加强消化能力。

关于肌酸，这里也提一下。一些力量举运动员发现在备赛期使用肌酸会导致身体储水，这会影响他达到所竞技的重量级中最理想的体重。这样一来，我们建议按照如下的方法对自己的身体做实验（主要是在非备赛期做实验）：7天正常的饮食和摄入其他补剂但是不摄入肌酸。在此期间精确记录自己的体重，如果条件允许，还可以记录身体的储水情况（利用DEXA扫描之类的工具）。然后再去确定使用肌酸是否会导致身体储水。如果会，那么在比赛前7~10天就停止摄入肌酸，并且你也要确定停止使用肌酸之后是否有力量和运动表现的下降。如果确实有，那么肌酸应该作为你的常驻补剂，但要做好额外的准备以保证储水不会让体重超出理想的范围和对相应重量级的比赛称重造成困难。

这里有几种方法可以减少储水。也就是说，有必要适当摄入有利尿效果的食物，如苹果、梨、桃子、柠檬、洋蓟、芦笋、琉璃苣、花椰菜、芹菜、黄瓜、茄子、葡萄、柚子、韭菜、欧芹、西瓜。有时候，避免乳制品的摄入也是很有用的，很多运动员反应乳制品会加大身体的储水能力。

通常来说，在赛前24小时，运动员的饮食情况要保证体重比过秤体重高1%~1.5%。赛前12小时开始停止摄入包括水在内的液体。如果体重仍然不理想，建议运动员使用植物利尿剂。

利尿配方1：干熊果叶、蓝色矢车菊花和甘草根，比例为3∶1∶1。

利尿配方2：干甘草根、杜松子、熊莓叶，比例为1∶2∶2。

利尿配方3：干小麦草根、刺柏马尾叶和水果，比例为1∶2∶2。

利尿配方4：干马尾树叶、桦木、孜然籽、菊苣根和野草莓叶，比例为5∶5∶1∶2∶2。

利尿配方5：干结缕草叶、桦木、薄荷和玫瑰果，比例为2∶2∶1∶1。

将一汤匙以上任意配方的混合物加入200克开水中（一定要用蒸馏水）并继续煮30分钟，煮好之后每2.5小时喝一汤匙。当然，考虑到个体对草药反应的不同，建议每一个配方都尝试一次，选择效果最好的那一个。

4.5.3　比赛日的营养

在赛前的预先称重结束之后，比赛日的营养规划就开始了，也就是比赛前一天。预先称重并且确定了具体的体重之后，运动员就要决定如何组织接下来的饮食了。这一天的最后一餐应该是高蛋白质、低钠的并且不含任何香料或有可能造成消化不良的成分。此外，还应该喝一杯蒸馏水。如果体重仍然比所选择的重量级的要求略高，建议在睡前吃小半个带皮的柠檬。不建议在睡前使用利尿配方，因为那样可能会扰乱赛前一夜的睡眠。利尿配方可以在上午使用，前提是体重还是没有降到符合重量级的要求。到了需要正式过秤的第二天，营养的安排取决于运动员的体重离重量级标准还差多少。基本的规则如下：应摄入高蛋白质、高升糖的低碳水化合物和适量的脂肪（在这种情况下，坚果类食物是最好的脂肪来源）。还处在试验阶段的食物禁止摄入。运动员也应该避免摄入任何有可能促进消化道中气体生成的食物。如果运动员的体重就在过秤的边缘，最好的选择就是在这期间不断地喝乳清蛋白。

如果在预先称重和正式称重之前运动员使用了利尿配方，那么就应该在过秤之后加大含有重要矿物质和电解质的低渗运动饮料的摄入，并且也要摄入对于自身来说更加容易消化的食物：通常来说这些食物可以是含淀粉的碳水化合物（例如烤土豆）、瘦肉（最好是切碎的肉块）、橘子或者葡萄柚和碱性水。在正式过秤之后，建议马上恢复体内的矿物质平衡，不建议一次性摄入大量的矿泉水，可以每15分钟少量摄入。

在比赛日比较有用的补剂有支链氨基酸（每一次试举的前后马上摄入）和谷氨酰胺（赛前30~40分钟摄入）。

4.6　体重调节技术的基础

在尝试减重时，运动员可能会采用完全不合理的极端方法，比如极限脱水、饥饿、使用强力的利尿配方和泻药、大量的有氧训练、穿不透气的橡胶服来排汗以及长时间在桑拿房中蒸桑拿。

这些方法的负面影响会很快展现出来。以下都是滥用这些极端方法所造成的潜在的会影响到力量表现的后果。

- 肌肉的力量水平和心肺功能下降。
- 在压力状态下和休息状态下，心率都会提升。
- 易怒。
- 重要的矿物质和电解质流失。
- 运动协调性下降。

以下都是滥用这些极端方法会对运动员的健康造成的严重后果。

- 心律不齐。

- 激素水平紊乱。

- 免疫力下降。

- 胰腺出现问题。

- 血液流动的功能（血液平滑流动的能力）退化。

- 心脏和心脑血管系统承受过大的负荷。

在力量举中，赛前需要减重的情况比要增重的情况更加常见。如果是遇到要增重的情况，可以这么说，短期的快速增重是不可能得到高水平的肌肉质量的，并且长期来看这种方法也是低效的。运动员体重的增长源自过分摄入食物或者摄入大量液体，这么做当然会使体重增加，但是对于运动员的运动表现来说没有半点好处，因为由此得到的肌肉的绝对力量的提升是非常少的，但是体重短期的快速增长会让肌肉的相对力量显著下降。

最好的策略还是要让运动员预先选择好最合适的重量级。在上述提到的所有准备阶段中，我们都建议将体重维持在接近重量级上限的范围内。哪怕对于无差别级的运动员，也应该尽可能减少脂肪的堆积，因为过多的脂肪堆积对肌肉的绝对力量和相对力量都没有任何好处。本节我们主要通过调整饮食的方法来管理体重。

如果运动员或教练决定升到更大的重量级，这个过渡的过程需要仔细规划，要让体重随"工作"质量的增长而增长（就是长肌肉而不长脂肪）。通过经验我们得知，如果一个活跃的运动员一个月增长了1千克以上的体重，那就意味着脂肪含量上升了，力量的提升对体重的上涨而言太少了。也就是说，增重要根据运动员计划的增重量花很长一段时间去完成。饮食上的最主要的错误就是过分地提升了每日的热量摄入，摄入高升糖的碳水化合物单糖，就会导致这样的错误发生。不过根据我们多年的经验，将每日的热量摄入提升10%~15%，并配合足够强度的训练，可以基本做到以肌肉的增长为主，脂肪增长不会很明显。

如果是靠提升10%~15%的热量摄入并配合训练的方式进行增重，就需要对每一位力量举运动员的个体情况做评估了，最好的评估方法还是建议用皮脂钳每两周测一次体脂。饮食中三大营养素的最佳配比和每日热量的摄入可以基于肌肉量和脂肪含量的变化情况而定。

重申一次，极端减重的方法会导致运动表现的退步。不仅如此，在为了减重到更轻的重量级而采用极端饮食方式的一段时间过后，脂肪增长的趋势会更明显，体重调节会变得更加复杂。

我们认为只有在一些特定的战略意图下，快速增重才是可行的，比如运动员快速增重以使团队的总成绩最大化。当你固定在一个重量级之后，你上面的重量级的竞争力又相对低的时候，团队里的一名更低重量级的运动员可以临时增重到更高的重量级以为团队获得更多的团队积分。当然，还需要注意的是如果临时减重到更低的量级，运动表现可能会下降。

我们要提醒的是，快速减重会导致大概60%的肌肉损失而只有40%左右的脂肪减少。这就意味着正确的减重是必须缓慢进行的。换句话说，如果一个运动员每周只减重0.2千克，那么几乎就不会有明显的肌肉损失。这是最安全的减重速度，能让运动员维持肌肉量，这么一来，力量水平也能基本维持。当体重的减少涉及肌肉和肌糖原，即产生力量的主要能源的减少时，力量的退步是不可避免的。

快速减重时也会不可避免地导致体内水分的流失，这会扰乱身体的体液平衡。随后身体会迫切地想恢复那些流失的成分并且会吸收更多。刻意地使身体流汗以及利尿配方的使用会对身体循环系统和肾脏功能造成过量并且不合理的负担。

如此一来，减重只有在脂肪组织减少的情况下才是合适的。在此前提下，以下3个因素对减重有着至关重要的作用。

- 体能活动（有强度的训练）。
- 热量赤字（适当的"热量缺口"）。
- 食物的组成（饮食要低脂、高蛋白）；强烈建议遵循"少食多餐"原则，即一天进食不是3~4次，而是5~6次。

合理的体重调整会经历以下3个阶段。

1. 预先减重阶段（大概90天）

- 控制碳水化合物的摄入，选择热量低的食物和高蛋白质的食物（干酪、奶酪、牛肉、蔬菜、水果）。
- 控制盐、甜食、茶和咖啡等的摄入。
- 加大有氧训练的运动量（以周为循环加入慢跑、快走、游泳或者骑单车等有氧运动）；由于有氧训练对力量表现有负面的影响，所以建议做短时间低强度的有氧或者爆发力训练（高强度冲刺、跳跃、爬楼梯）。
- 穿厚衣服进行训练以加大排汗，可以蒸桑拿。
- 加大对腹部肌肉的训练量。
- 减少晚餐的能量摄入，谷物类的主食安排在白天的饮食中，晚上以蔬菜为主。

2. 稳定体重（1~2周时间）阶段

需要在上一阶段的规则下再加入以下规则。

- 在饮食中已经摄入了各类酱料和肉汁的情况下不再额外摄入盐，并且将水的摄入量降到最低。
- 使身体增大排汗量（桑拿、热水浴、训练时多穿几层T恤）。
- 利用特定食物的动态效应（每一餐都先吃蛋白质）。

3. 快速减重阶段（3~5天）

除了遵循上述的所有规则之外，还要再加入对自然利尿成分和排汗成分的使用（建议使用先前提到过的利尿配方、柠檬和其他自然的食物）。当然，运动员需要事先测试这些配方对自己的效果来确定最有效的那一个。

　　最后一次体重的调整会在赛前的预先称重结束之后开始。通常如果体重还差0.5~0.8千克的话是可以再调整的。也就是说，如果真的需要的话，预先称重和比赛正式称重之间的12小时内是可以再减掉0.8千克体重的。

　　为了完成这部分减重，建议穿厚衣服进行一次强烈的运动、排尿或者排便，或者干脆往瓶子里吐唾液。如果运动员选择排便的方式，可以使用微灌肠的方法或者喝鲜榨的红甜菜根的蔬菜汁。

　　如果运动员需要利用蒸桑拿的方式来进入更轻的重量级，那么要遵循以下规则：坐躺在桑拿房中直到全身上下都在大面积排汗。在那以后运动员就应该离开桑拿房了，用干毛巾擦干身体或者用被单包裹住身体，直到身体不再流汗。以上蒸桑拿的流程可以再重复2次且不要在此期间洗澡或者在游泳池中游泳，要避免皮肤重新吸收水分的可能。

　　为了加大排汗，我们建议运动员用蜂蜜和细盐混合在一起，在进入桑拿房之前涂抹在身上。如果涂抹75度的酒精在身上，效果会非常强烈。

　　需要注意的是，无论在任何情况下，以上的这些方法都最好在随队医生的监督下使用。

第5章　肌肉力量训练的早期研究

几十年来，理论研究侧重于训练和评估肌肉力量发展的基础，这一直都是国内外科学家的兴趣所在。对运动员肌肉力量训练领域的研究最早出现在19世纪末。正如W. Roux（1895）在他的一篇文章中所说的，力量训练的方法论致力于增加肌肉力量，但是并非是通过增加肌肉收缩做功的距离，而是通过增加比日常更大的负荷使得肌肉获得更大的张力。在同一时期，另一位科学家P. Morpurgo证明"训练过程中肌肉的关键变化在于肌肥大"，这一点在后来得到了证实。W.Thorner（1930）、B. Hoffman（1938）、J. Dubois（1915）、I. Solonevich（1925）指出，3届举重世界冠军（1903—1905）P. Bonn为了打破纪录，训练时所使用的负重仅比当前世界纪录低10千克，而且每周他会尽其最大所能试举一次最大重量。最杰出的举重运动员之一，C. Rigoulot也使用75%~90%1RM进行训练。

1907年，T. Zibert的方法极大地推动了力量发展训练的可能性。首先，他建议每个训练动作做2组；其次，他建议每周进行3次训练。在第一周，每组练习重复5次以锻炼上肢肌肉，以及每组练习重复10次以锻炼下肢肌肉。每周每组练习的重复次数增加1次，使得最终每次练习达到10~20次重复。接下来，增加杠铃重量，并将重复次数降低到初始次数。反复进行该循环。这被证实确实有助于最终成绩的提高。但是，力量的增长却非常缓慢且耗时。这似乎也是那时的方法的一个严重缺陷。

美国科学家和慈善家B. Hoffman通过引入波状变化的强度技术进一步丰富了力量训练系统。Peary Rader则尝试建立一个需要多组练习的系统。遗憾的是，由于使用了这种方法，运动员在同一训练动作中做多组练习花费了大量时间，从而导致其计划中用于其他练习的时间大大减少。

在20世纪初，J. Weider在开发健美训练作为一项独立运动的方法时，得出这样的结论：如果没有大肌肉量，就不可能获得强大的力量。但是大肌肉量（正如他所表述的）"仅能通过使用大重量"才能实现。他是首批得出这样结论的人之一。

在俄罗斯，第一项关于肌肉量训练方法学的研究可以在举重队组织者V. Kraevsky博士《通过负重或者无负重方式发展体力》的著作中找到。但是，在书中作者仅列举了一些哑铃练习，而没有提及训练的方法或数量。

在体育领域还有一些其他俄罗斯专家。A. Taushev（1902）、F. Olshanik（1905）和A. Stoltz（1908）建议道：应以每组小重量练习10次，并且每周将每组重复次数增加1次。

B. Skotak（1906）认为壶铃的重量必须为3~12磅（1磅≈0.45千克，此后不再标注），且应举起10次，除了某些可以只进行4~5次的练习外。

G. Hackenschmidt在《力量之路：如何变得强壮和健康》（1912）一书中提供了以下教学方法："首先，训练动作应重复5次，然后每2周将每组重复次数增加1次，以次类推直到达到每组重复10次为止，然后将负重增加2千克。"

I. Lebedev在《力量与健康：打造强壮健康的男人的指南》（1912）一书中类似地写道："在所有锻炼中，哑铃的重量都应渐进地增加，并且仅在训练的第三年才可将重量增加到8千克。"同年，《海格力斯》（Hercules）杂志首次发布了I. Lebedev的个人具体新训练计划："120×10（磅×次）、130×10、140×10、150×5、160×5、170×3，再倒过来做一次，170×3、160×5、150×10、140×10、130×15、120×20。"这是他给卧推200磅的运动员所推荐的计划。

还有诸如E. Sandov（1900）和B. Leitner（1915）等专家，他们认为在训练开始时，必须用5磅重的哑铃锻炼，随意训练，不要力竭即可。

1925年，渐进加重原则已为体育界所公认。G. Birzin证明渐进增加训练负荷是发展力量的最优法则。接着大多数专家认为，训练应使用负重进行连续多次的重复（十次法则），但要避免使用最大负荷并且应渐进地、平稳地增加负重，不要突然跳跃式地增加负重。在M. Yakovlev的书（1927）与A. Bukharov的手册（1933）中找到这样的建议："做组的目的是增加每组的重复次数。"

当时，举重领域的前苏联专家们喜欢中等负荷的训练。因此，M. Yakovlev（1927）指出，在正常锻炼过程中要以杠铃的中等重量作为主要负重，作者认为该重量为1RM的2/3。

1928年，A. Zass（Samson）提出了一个名为"Samson"的体能发展系统，该系统由动态和静态（isometric，这里指等长收缩）训练组成。他写道："我同意渐进式增加负重的原则，而不是一开始就使用大重量训练。"Zass也提到，静态等长收缩运动只有在与需要使用与负重、哑铃和拉力器的动态运动相结合使用的情况下，才能获得良好的效果。

1939年，A. Bukharov提出了一种方法，建议重复次数不要超过8次。

在1940年，N. Luchkin出版了举重方面的研究手册，他在其中总结了顶尖举重运动员的训练经验。该手册为比赛的方法与即时准备提供了依据。这在当时是训练方法的一大进步。不幸的是，在该手册及其后续版本（1948），以及N. Luchkin的教科书（1956, 1962）中，都没有提及运动员在训练中应该使用的重量。

N. Luchkin（1947）编撰的举重教科书描述了一种技巧，该技巧从以下动作中可见一斑："如果运动员可以连续推起50千克10次，推起55千克仅6~7次，那么可以得出结论，他的训练重量为55千克。最终运动员必须训练到能够连续举起10次更高的重量，才可以循序渐进地增重。"

K. Grantyn（1939）、N. Ozolin（1949）、L. Matveev（1964）、M. Sholih（1966）等人将渐进式增重作为体育训练的基本原理。他们认为，为了确保运动表现的提高，有必要不断使运动员的身体得到发展。因此，在1947年，N.Luchkin在其一部有关举重的教科书中建议采用以下体系："如果运动员可以连续推起50千克10次，推起55千克仅6~7次，则可以得出这样的结论——其训练重量为55千克。最后，运动员必须连续用这个重量做10下，做完55千克后，运动员可以使用60千克的重量，当然，他一开始不可能再用此重量做超过6~7下。他可以逐渐将重复次数增加到10次，再增加重量，依此类推。"多年过去了，N. Luchkin在1956年出版的新书中也获得了经验，他指出："我们必须认识到在发展最大力量中，使用经典训练及其与此形式相关的辅助训练发挥的积极作用，但是要通过接近极限的重量进行训练才能够产生这样的作用。"

1950年，A. Bukharov提出了一种训练方法，类似于I. Lebedev的技术："从最初的40%~50%1RM开始每次增加5千克，直到达到70%~85%1RM，然后减少5千克的重量，用此重量进行3~4组的练习。"

V. Romanov（1952）提出，训练的最佳重量是运动员可以连续举起至少4次的重量。

Morris和Elkin（1954）进行了一项实验，其中两个小组使用相同的重量进行训练。第一组以较低的重量开始训练，重量在每组之间依次增加；第二组以最大的重量开始训练并在组间依次降重。结果发现第二组的肌肉力量得到了更多的增加。关于此现象，可以在B. Chikvaidze的著作中找到相应的解释："在以年为单位的训练周期中，每次训练的负荷不得有太大差异。但是，其训练量、强度、比赛次数、特定手段和方法下的组数可有所不同。"

N. Luchkin（1956）和R. Moroz（1957）赞成优先使用杠铃的最大重量或次最大重量来开发举重运动员的最大力量。但是，俄罗斯举重队男运动员的训练日记显示，由于竞赛期间使用最大和次最大重量训练，不断增加运动员的训练负荷是不可能的，因为这会导致运动员疲劳。

根据A. Yanchevski（1958）的研究，比起以最大重量20%的重量进行训练，70%最大重量的训练对运动员速度和力量的提高更为有效。

V. Monogarov（1958）发现，在训练的初始阶段使用中等负荷可以有效地发展力量。R. Roman（1958）也得出了类似的结论。

G. Chikvaidze（1959）主要研究使用杠铃的比赛中运动的力量。他进行的一项实验结果表明，在训练过程中使用最大和次最大重量对高级运动员的肌肉力量发展起到了积极的作用。

D. Mateev（1959, 1962）指出，以最大负重的100%进行训练可使肌肉力量得到最大的增长。

V. Chudinov（1961）在其论文中令人信服地阐释了大重量在肌肉力量发展中的有效性。某一水平下的训练强度（即所使用的杠铃重量）越大，力量训练就越有效。

A. Chistyakov（1965）对高水平滑雪者进行了研究，发现使用70%~80%1RM训练可获得最大的力量增长与成绩提升。

Berger比较了两种训练计划的效果。一种为一周2次2/3 1RM的训练，另一种则为一周1次最大重量的训练。比较结果表明，以2/3 1RM训练的运动员所使用的总负重平均超过了

15.76磅。根据Berger所说，唯有将每周2次2/3 1RM训练和每周1次最大重量训练相结合，力量才能得到更大的提高。

Berger的研究结果与Muller和Romerta（1963）的数据相矛盾。Muller和Romerta认为，一周6天全都使用最大重量训练能获得更多的力量增长。但是，他们的结论反过来与Hettinger（1966）的研究也有矛盾之处。Hettinger的研究发现，每周5天以2/3 1RM训练加上1天最大重量训练与每天都使用最大重量训练有着类似的力量增长效果。

许多专家诸如R. Berger、T. Hettinger、E. Mueller、D. Matveev、G. Chikvaidze、A. Vorobyov、N. Saksonov和其他专家等，都赞成使用最大负重进行系统的训练。

例如，A. Vorobyov（1989）指出，只有大重量才能有效改善运动员的运动表现。当身体正处于大重量训练后的恢复阶段时，大重量仅在与轻重量和中等重量交替使用时才起作用。平均负重可使运动员将身体的效率和运动表现保持在一定水平。大重量和中等重量训练后的小重量训练有助于身体恢复，同时也大大提升了运动员的运动表现。

其他专家则更喜欢在大重量训练之后使用较小的重量且高次数的训练方式让肌肉得到的刺激更加充分（V. Kapitonov, 1965; S. Vaytsehovsky, 1965; N. Ozolin, 1967; A. Chernyak, 1973; R. Roman, 1975; 等等）。

根据前人的一系列研究结果，可以得出结论：开发肌肉力量最有效的方法是使用2/3 1RM及以上的负重进行训练。

前苏联国家举重队主教练A.S. Prilepin（1974）的研究发现，最佳的训练遵循以下的次数规则。

- 训练重量的70%（3~6次），共18次。
- 训练重量的80%（2~4次），共15次。
- 训练重量的90%（1~2次），共7~10次。
- 如果一项练习中对应次数下的训练重量明显高于或低于目标重量，那么训练效果就会降低。在此情况下，A.S. Prilepin建议使用以下重量及次数。
- 训练重量的70%，不少于12次且不超过24次。
- 训练重量的80%，不少于10次且不超过20次。
- 训练重量的90%，不少于4次且不超过10次。
- 根据其研究，A. Prilepin得出的结论是：在训练周期的第一个5周内使用90% 1RM，并在第二个5周内只使用80% 1RM能得到最大的力量增长。这暗示运动员会适应一成不变的训练方式，因此一直都用一种重量的训练效果较差。

在对杠铃训练的回顾性分析中，Pakov等人（1985）提供的数据显示了较广的重量范围，这些重量对人类的肌肉力量增加都产生了积极的影响（表5.1）。

表5.1 杠铃重量范围对举重运动员力量的定量影响（A. Pokov et al., 1985）

%1RM	提高的方面	运动员等级	数据来源	作者名字，年份
40%~50%	力量	初级		R. Moroz (1957), E. Muller、T. Hettinger (1953)
52% （45%~60%）	力量	初级	实验	N. Zimkin (1956)
≤67%	力量	中级	实验	M. Yakovlev (1959)
67% （67%~75%） 70%~80%	运动表现	中级，高级	训练，实验	A. Medvedev (1968) R. Roman (1970) N. Atanasov (1972) A. Prilepin (1974)
≤80%	运动表现	高级	训练	I. Solonovich (1925) F.Bogdanovsky (1962)
82%	力量	中级	实验	N. Zimkin (1961)
最小重量	运动表现	高级	训练	A. Bukharov (1939) J. Popplevel (1952)
平均重量	运动表现	高级	训练	A. Bukharov (1939) I. Lebedev (1912) Y. Dushanov (1952) J. Popplevel (1952) T. Lomakin (1953) M. Ravtsov (1956)
最大重量	力量	中级	实验	V. Chudinov (1961)
80%~85%	力量，运动表现	中级，高级	训练，实验	N. Shatov（1958） N. David (1950) G. Luchkin (1952) R. Hilleger (1953) D. Hollidav (1954) J. Harris (1955) D. Weider (1960) M. Sorokin (1963)
70%~95%	力量，运动表现	初级，中级，高级	训练，实验	I. Murray (1954) B. Konnikh (1954) R. Karpovich (1957) I. Knepst (1958) A. Vorobyov (1956) K. Onuma (1963) A. Falameev (1970)

续表

%1RM	提高的方面	运动员等级	数据来源	作者名字，年份
85%~95%	技术，运动表现	中级，高级	训练，实验	T. Chikvaidze (1957, 1961) L. Sokolov (1963) R. Vorobyov (1965) R. Roman (1965)
89%~93%	技术	中级	训练	S.Harutyunyan (1965) A. Korobkov (1953)
20%~80%	力量	初级	实验	V. Gerasimov (1953) I. Vasiliev (1954)

实际上，较宽的重量范围最适合力量的发展，这反映了在增加力量刺激的情况下进行此类训练的必要性，并且研究人员不可能总能够有方法对实验组中的力量发展和负荷总量进行评估。

最后，研究人员的结果得出了更为明确的结论：如果杠铃重量约为85%1RM，那么在做组数量大于3组时，每组重复6次最为理想（R. Berger, 1963）。同时，A. Pakov提醒说，将研究人员在实验室中得出的结论转化到现实时应非常谨慎，因为实验是在各种限制条件下进行的。

5.1 现代力量训练的方法和手段

现代力量训练的方法和手段对运动员的身体，尤其是肌肉骨骼和神经系统的影响很大。当他们合理地规划和使用自己的训练计划时，对各种力量素质的发展会产生正面的效果。因此，许多作者（G. Semenov和V. Chudinov, 1963; V. Petrov, V. Chudinov, 1966）认为，为了进一步提高运动表现，就需要在体育训练中添加增肌训练。

训练课程。它是指专门的指导过程，以运动体系为基础，此体系旨在改进训练方向和发展某种能力，从而使运动员获得更好成绩。训练课程是运动员训练不可或缺的一部分。"训练"的含义包括运动完善的发展过程。

受到发展高级运动员肌肉力量的体育运动的基本理论和技术的指导，专家建议使用多种计划方法：重复法、短期最大压力法、极限训练法、冲击法和等长运动法。

重复法。此方法的关键是重复举起一定的重量，随着肌肉力量的增加，使用的重量也会逐渐增加。训练的效果取决于举起的重量以及运动员的体质和肌肉力量（H. Kabat, 1947; F. Hellebrant, S. Houtz, 1956）。

常规的刺激具有一定的"力量极限"[1]，因此重复法被1945年一名名叫T. Delorme的美国陆军医师采用的渐进超负荷法（Progressive Overload）所取代。他开始将这种技术用作患者康复的指标。患者包括从各种疾病中进行恢复的病人，涉及骨头、韧带和关节有损伤的情况。

---

① 即维持一定程度的刺激带来的力量增长是有限的。——译者注

此种方法的关键在于通过重复法来发展运动员的力量。所使用的负重不仅在单次的训练内逐渐增加，而且随着力量的增长，在训练课程之间负重也会逐渐增加。在课程初始阶段，所选用的负重是可以重复10次的重量。

到1960年年底，已经有不少于10种渐进式超负荷的方法。因此，仅遵循T. DeLorme的方法是不正确的。他的方法包括连续3个做组：第一组为最大重量的50%，最大重复次数为10次；第二组为最大重量的75%，最大重复次数为10次；第三组为最大重量，最大重复次数也为10次。根据一项专门研究得出的数据，任何肌肉的5次最大重复和10次最大重复的重量分别约为其1RM的89.8%和78.9%（R. Berger，1961）。因此依据DeLorme的方法逐渐增强阻力对于发展肌肉力量、肌肉耐力和肌肥大均具有较实用的价值（E. Faulkner，1950；A. Lindervold，1952；A. Montgomery，1954）。

G. Birzin（1925）在《发展力量的刺激法则》一书中阐述了如何增加运动员的训练负荷。K. Grantyn（1939），N. Ozolin（1949），L. Matveev（1964），M. Sholih（1966）等人认为负荷的逐渐增加是运动训练的基本原理。训练负荷应该严格地逐渐增加或减少（V. Gorinevsky，1922；G. Birzin，1925；N. Ozolin，1960，1970；L. Matveev，1964；等等）。这些论点可以在许多训练手册和教科书中找到。诚然，严格遵守这一原则，身体就可以逐渐适应不断变化的负荷。但是，如上所述，因为所使用的负重变化太小，接近于静态刺激，身体会较快地适应。因此，由于对该负重的反应几乎不变，适应就是必然的结果。而一旦有了适应，所期望的反应和必要的发展也就不会随之到来。

后人对DeLorme的方法进行了修改（D. Hoag，1946；S. Houtza.O.，1946；A. Zinoviev，1951；A. Watkins，1952；R. McGovern，H. Luscombe，1953；I. McQueen，1954），改进的部分集中在减少重复次数的同时增加负重，以及训练周期内的其他变量。此外，如果按照逆向顺序进行DeLorme的方法，则称为Oxford法或Zinoviev法（A. Zinoviev，1951）。而将负重先增加然后减小的方法称为McCloy方法（C.McCloy，1945）。尽管这些修改并没有为DeLorme的方法添加任何新内容，但是它们确实在力量发展领域提供了多样的选择。

显然，随着发展绝对力量方法的改进，人们开始关注不同重量下的做组次数以及每组重复次数之类的问题。例如，一项实验测试了9种不同的卧推动态训练计划以及1种卧推静止训练计划（使用杠铃置于胸上以及肘部保持90度的方式来发展力量）的效果。用于评估力量增长强度的标准是动态的（即卧推项目本身），研究小组采用了1~3的做组数量，并且在每组中使用不同的重复次数，训练课程为每周3次，共持续12周。采用静止训练计划的小组成员，每周有一次机会在卧推中尝试于一组中进行6或10次重复的训练，以使他们具备卧推的能力（R. Berger，1962）。实验表明，采用3组6次计划训练的小组（其最大使用重量为最多完成6次的重量），其训练方法最为有效。

在20世纪50年代后期和20世纪60年代初，R. Berger进行了一系列实验。实验使用最大和次最大重量，并探讨了最大重量下使用各种重复次数的训练效果。

在他的首本出版物中，他研究了每周3次训练的情况下使用3种不同卧推训练计划的效果。

在最大重复次数为2RM、6RM和10RM的基础上，这些训练计划分别使用最大或次最大重量进行3组训练。训练5周后，R. Berger发现这些计划的效果并没有差异。这意味着使用最大重复次数的训练效果几乎等同于使用最大负重的训练效果。

1965年，R. Berger和B. Hardage设计了一个更有效的计划用于发展初学者的力量。该计划的流程设计并非采用传统最大重量的训练方式，而是简单地使用尽可能大的重量进行多组10RM的训练。比起传统的方法，这种方法只进行10RM的训练，也仅在最后一次重复时才达到真正力竭。

在20世纪60年代后期出现了McCloy计划，该计划由使用10RM的两组训练（而非一组）组成，第三组使用75%的10RM（即可以再次完成此最大重复次数的重量）且需要在一组中尽可能完成最大次数的重复。

G. Palmieri在20世纪80年代后期研究了深蹲训练计划，使用了不同的最大重复次数，包括2~3组、每组1~10次且动作速度不同（快、慢以及混合）的训练。组间的休息时间约为3分钟，3个实验组中的每个实验组都采用适当的肌肉训练方法进行了连续10周的最大和次最大重量的训练。第一个星期开始以10RM进行训练，并且每周强度递增，直到第10个星期使用1RM进行训练。G. Palmieri（1987）发现各个训练计划所带来的力量增长和有效性在统计学上存在着较显著的差异。

与K. Rooney（1994）的研究一致，研究发现以极限训练法训练到力竭有助于刺激最大力量的发展。

S. Borst和J. Marx（2001）的实验表明，使用3组RM进行训练与仅使用一组RM进行训练相比，可显著提高力量。S. Borst和J. Marx对低（1组）和高（3组）组数计划进行了比较研究。他们以女性为研究对象，研究了24周内她们的训练容量。

- 8~12RM
- 12RM（3组×6次）

在训练开始前对她们进行了1RM的测试，12周之后和24周结束之后再次进行测试。两组的做功效率均在12周后有所提高，但是高容量组（3组）的成绩更好，并且低容量组（1组）仅在24周结束时力量才有所增长。

M. Rhea（2002, 2003）进行的理论资源分析也表明，相比于使用最大重复重量的单组训练，多组训练更胜一筹。

许多专家都支持渐进式增加负重，执行多组多次直到力竭的运动方法，这不仅适用于初学者和年轻运动员，也适用于高水平运动员。因此，A. Pakov等人认为经过修改和改进的T. DeLorme方法的各种变式已广泛应用于前苏联举重运动员的训练中。

Y. Verkhoshansky（1988, 1997）提出"重复序列法"，该方法因其组次数目多，有着训练容量大的特点。该方法要求做动作要缓慢，每次重复之间肌肉一直保持紧张。方法中的一个系列包括了几组训练，即每组需要执行多次。作者为重复序列法设计了3个主要变式，它们侧重于对训练造成不同方面的影响，分别是中等提升肌肉量、显著提升肌肉量以及发展肌肉耐力。

1. 第1个系列采用70%~80%的重量，进行一组5~6次的重复。第2个系列做2~3组，组间休息4~6分钟。每做完2~3个系列后休息5~6分钟。

2. 一个系列做3组训练。

- 80%重量，重复10次
- 90%重量，重复5次
- 93%~95%重量，重复2次，组间休息4~5分钟

在一个训练课程中执行以上系列2~3轮，每轮之间休息6~8分钟。

3. 一个系列做4组训练，组间休息5~6分钟。

- 70%重量，重复20次
- 80%重量，重复10次
- 85%重量，重复7次
- 90%重量，重复5次

4. 两个系列间休息8~10分钟。

Y. Verkhoshansky指出此方法不适用于初学者，仅适用于高水平运动员。因为动作进行缓慢可以最大限度地促进力量发展，但对于提高爆发力和速度则并不有效。因此，在年度训练周期开始且容量较小时使用是较为合适的。

根据P. Poletaev（1998, 1999, 2005）所说，考虑到运动员真实能力的差异，只有在所标明的100%重量远小于运动员真正可以使用的最大重量时（即运动员当时的1RM时），此计划才可以使用。

在需要快速获得绝对力量的情况下，执行短期使用最大重量的训练方法较好。此方法与渐进增加阻力方法的不同之处在于，它主要使用了85%~95%的最大重量（即3~5RM），同时也在一次训练课程中结合了较小重量的训练。这样的话，组数必须增加到3组以上（R. Berger, 1962）。所以，建议举重运动员在一次训练课程中进行5~6个动作的训练，每个动作做6~10组，每组重复1~3次（A. Medvedev, A. Vorobiev, 1967）。

短期最大压力法。此方法可确保发展神经肌肉的收缩能力，从而发展绝对力量。与渐进增强阻力的方法相比，此方法在绝对力量的发展中有效，且用时更少。它在不显著增加肌肉量的前提下可以提高力量，这对于很多体育运动来说很重要，因为它们主要要求运动员的相对力量提高。在举重中，单次和双次系列训练的有效性毫无疑问是有差别的，这在实验和理论上都得到了证明并且也在实际中进行了测试（尤其是在备赛期的训练中）。

通过分析世界最强壮运动员训练的监测数据，我们发现每位运动员都有着最大的收缩能力，但是需要注意的是要严格限制运动员使用个性化的运动框架（A. Vorobiev, 1966）。

R. Berger, T. Hettinger, E. Muller, D. Matveev, G. Chikvaidze, A. Vorobiev, N. Saksonov等专家，都赞成进行使用了最大重量的系统性训练。其他专家更喜欢在训练中使用较小的重量，并通过高重复次数来弥补训练量以获得训练中的有效刺激（V. Kapitonov, 1965; S. Wojciechowski, 1965; N. Ozolin, 1967; A. Cherniak, 1973; R. Roman, 1975; 等等）。

极限训练法。此方法的特点为：运动员需要在任何给定的训练课程中都竭尽全力。运动员应将最好的状态与精力花费在试图举起超最大重量中。此训练方法适用于可以使用次最大、最大和超最大重量的动作。

基于对经典杠铃运动以及涉及有资历的运动员实验中的动作力量研究，G. Chikvaidze（1959）谈及次最大和最大重量在训练中发展力量的积极作用。D. Mateev（1959,1962）也指出，肌肉力量的最大提升发生在使用最大重量进行运动时。R. Berger、T. Hettinger、E. Muller、D. Mateo、G. Chikvaidze、A. Vorobyov、N. Saksonov等人都支持使用最大重量的系统性训练。

N. Ozolin（1970）强调："大重量会使得动作技术的控制变得困难，并会增加受伤和过度训练的风险，尤其是对于儿童和初学者来说。"因此，这种方法只能由有资质的运动员来执行，且通常每周进行2~3次。超过最大重量的训练只能偶尔进行（大概每7~14天进行一次）。

结合对上述专家的研究，可以发现，极限训练法实施的最重要的条件是严格遵守渐进规则。因此，N. Shatov和D. Markov建议在一段较长时间内逐渐增加训练负重。这也适用于任何需要以最大强度进行的运动。相似的观点也可以在Y. Kuramshin（2004）的书中发现："克服最大和超最大阻力的每组最大重复次数最多能达到2次。当使用次最大重量（即90%~95%1RM）运动时，每个动作可能的每组重复次数为2~3次，做组次数为2~4组。但是，极限训练法可确保神经肌肉的收缩能力以提供最大的力量输出。"

A. Vorobyov（1988, 1989）在讨论极限训练法的应用时说道："目前，许多作者提出了极限训练法。我们最好不要说极限，而要说周期性地使用90%1RM及以上。对世界上最强壮运动员的训练分析表明，最大收缩训练应包含在每位运动员的准备训练中，但它们也应被严格限制在运动员特定的个性化的运动框架中。"

以下发展肌肉力量的方法称为"力竭法"，主要用于健美运动中以增加肌肉量和肌肉力量。它的特点是以50%~70%1RM持续进行相对缓慢的运动以使肌肉疲劳。动作只有在已经无法继续下去时才停止。在许多情况下，此方法要求每个动作都要执行若干组训练。

冲击法是利用下降的负重或自重的动能来刺激肌群。利用下降重量的能量对肌肉进行训练，从而促进肌肉突然收缩和做功能力的快速提高，为肌肉收缩创造了额外的空间，从而为反向运动提供了足够的力量与速度以及低水平做功状态下的快速过渡。

等长运动法是发展最大力量的一种补充方法。它的特征是在不改变肌肉长度的情况下使肌肉在短期进行最大限度的收缩。

等长运动法已被许多科学家研究过（Hellsten, 1907; Bethe, Fischer, 1928; Ferrari, 1932; Seits, 1933; Fessard，Langier，Monnin, 1935; V. Shokhrin, 1934; M. Marshak, A. Shlykova, 1934；等等），但是没有人探究过此方法与力量发展的关系。

T. Hettinger和E. Muller（1953）在进行了一系列实验后建议使用等长运动法来增加肌肉力量和肌肉量。T. Hettinger（1966）认为最佳负重为40%~50%1RM，在使用20%~30%1RM时，肌肉力量没有改变；每天进行5~7次训练比每天只进行1次训练能获得更大的力量增长。

Ezengas进行的实验则表明，每天进行2次等长收缩训练的效果比每天1次提高了9%，每天3次的效果比每天1次提高了16%。但是，在第10次、第100次和第600次收缩时，不同的等长收缩分别对应了不同的效果（T. Hettinger, 1966）。

在20世纪60年代的前苏联，许多专家（D. Donskoy, V. Dyachkov, D. Markov, M. Mirskiy, I. Ratov, 1962; V. Chudinov, 1964; N. Laputin, 1966; Y. Ivanov, 1966；等等）针对等长训练对发展肌肉力量的影响进行了大量研究。

V. Zatsiorsky（1966）将等长训练视为肌肉力量训练的另一种手段。等长张力的持续时间通常为5~10秒。用力大小应为最大力量的40%~50%，静态力量计划需包含5~10个动作，目的是发展不同肌群的力量。每个动作进行3~5次，间隔休息时间为30~60秒。建议在做等长张力训练时使用整个动作中肌肉发力能达到最大限度的姿势。

对比实验表明只使用静态动作训练的运动员的力量增长要比使用动态动作训练的运动员缓慢（Rush, Mohauz, Peterson，B. Monogarov，等）。因此，等长收缩训练应作为力量发展的附加手段，以每次持续5~6秒最大限度肌肉收缩的形式进行（过长或者过短的持续时间都会减弱训练效果）。长期进行等长收缩训练会导致肌肉内结缔组织大量增长，从而增加肌肉力量（即刚度），但会降低肌肉的弹性。因此，对于需要快速收缩肌肉的运动，长期使用等长收缩训练是不合理的（P. Hutz, 1975）。

综上，力量训练的方法论及其变式各有优缺点。合理的方法应能够根据所从事学科的特点和运动员的运动水平熟练地结合各个领域的知识。在使用这些方法时，我们也不要忘记每个方法都有其偏好的方向，能为运动员的力量及运动装备的质量带来提升。

5.2 国际专家的训练方法

5.2.1 俄罗斯以外国家专家的训练方法

从20世纪80年代末到20世纪90年代中期，俄罗斯力量举运动员及其教练们热情地"夺取"了国外专家在各种健美杂志上发表的关于健美与力量举的方法论。这些专家的权威性很高，以至于俄罗斯教练（主要来自举重领域）完全采用了这些训练方法。

著名专家、美国科学家F. K. Hatfield博士在其《力量发展综合指南》（1983年）中说到，一个运动员力量训练的最大输出（平均）仅在训练负荷超过80%1RM时才能实现。F.K. Hatfield认为，一般三项力量举运动员在这样的负重下至少可以完成10次重复，而大多数举重运动员完成的重复次数则较少。但总的来说，在非备赛期，运动员应进行6~8次超过85%1RM的训练。在训练周期的冲刺期，运动员应使用超过90%1RM的负重进行3次重复训练。

美国力量举专家Tom McCullough在其文章《如何规划你的训练》中提出了一种周期训练法。周期训练是在特异性、强度和训练量等方面进行的一种渐进的循环训练，以期达到力量的最高水平。周期训练从高容量、低强度训练逐渐过渡到低容量、高强度训练，会根据比赛日期来选择周期的长度（通常为几周）。一个典型的力量举周期训练包括3个阶段：肌肥大阶段、力量阶段和爆发力阶段。通常一个阶段持续1~6周。在第一个阶段中，进行重复次数为8~10次、重量为65%~79%1RM的做组训练。在第二阶段中，进行每组5~8次、重量为80%~90%1RM的做组训练。在第三个阶段中，进行1~4次重复、重量为90%~107%1RM的做组训练。在这个阶段里，运动员达到了其力量的最高水平，为接下来的比赛做好了准备。

Rick Weil（1986）是世界上最强大的运动员之一，他认为训练的关键是训练过程中适当循环使用不同的重量，使用周期让你一步一步地接近自己运动表现的最高峰，而不是一步登天。他认为，每组进行4~7次才能真正地增强爆发力和力量。Rick也提醒说，在循环周期中，运动员不应尝试其卧推的1RM。为了获得预期的力量发展，1~2次重复的做组是不合适的。

在关于方法论的问题上，L. Simmons（2003）坚持自己的观点："简单的渐进式训练方法（6、8、10次重复，重量逐渐增加）在开始时会很有成效。但是广泛的研究表明，对于精英运动员来说，使用70%1RM进行4~6次重复才是最佳选择。根据渐进式增加负重的方法（最常使用），在刚开始时，训练使用高强度和低容量。循环后期，随着逐渐接近比赛日期，强度和容量变得与开始时正好相反。还是让我们忘记渐进增加负重的方法，因为这行不通。"

乌克兰男子国家队一名出色的主教练（2004—2006年）A. Kotlubey对训练计划的发展持不同意见。他说道："训练要给予运动员一定程度的疲劳（恢复不足），直到比赛开始前才为运动员降重减量。"A. Kotlubey说："这也是我在为所有运动员准备比赛时一直要求的。"

卧推世界纪录保持者R. Gaugler在以每周为单位的微循环中使用"轻重量日"和"大重量日"。"轻重量日"包括4组，每组5次75.7%~77.1%1RM的训练。在"大重量日"，R. Gaugler使用3组，每组2次的训练。

T. Arcidi建议道："如果要提高成绩，就必须以尽可能大的重量进行训练。如果你可以比原计划哪怕是多做一次重复，那么你所使用的重量就还不够大。"

L. Simmons（美国）的三项成绩的总和连续24年间都是"精英"俱乐部的5个重量级别的领先者。Simmons还发明了反向过伸器械。目前，他是著名的"西部杠铃"俱乐部的馆主和管理员，该俱乐部产生了17个世界冠军和24个国家冠军。L. Simmons也发表了100多篇有关力量训练的文章。

他的方法不同于其他任何专业人士。他声称自己的许多方法都来自俄罗斯专家的训练方法，例如Y. Verkhoshansky、V. Zatsiorsky、A. Prilepin和A. Medvedev。他特别研究出了以下技术："百分比训练法""共轭训练法"和"动态训练法"。

E. Blinov在分析L. Simmons的技术后得出结论："Simmons的训练分为两组，即发展速度（动态训练）与发展力量（极限训练）。使用该方法的前提条件是速度和力量训练必须相隔72小时。深蹲、卧推和硬拉的训练并不相互冲突。Simmons广泛使用的'共轭训练法'的原则为用具有类似力学的动作代替存在冲突的动作，例如爆发力训练日的训练内容每过1~2周就会更换一次，以免使中枢神经系统过度疲劳。"

L. Simmons对专项补强动作给予了特殊的关注，因为补强动作可以使运动员专注于自己动作中的薄弱部分，以实现必要的肌肥大。深蹲和卧推都不能用作增加肌肉量的工具。在比赛之前，专项补强运动的训练量通常不减反增，而同时基础运动的重量会降低。

训练课程的时长和组间休息时间都是有严格限制的（两者之和通常不超过60~70分钟，其中基础动作训练必须在45分钟内完成）。一方面，这可以使运动员在荷尔蒙水平处于高峰时进行训练，另一方面，它可以提高运动员的整体身体素质。

L. Simmons在计划中广泛使用以下各个原则：根据"适应阻力"原则，计划涉及铁链和弹力带的使用，根据"拆分离心和向心阶段"原则，计划使用不同高度的箱子和木板；"极限负荷与动态负荷"原则；根据"杠下动作过程持续时间"原则以及"重复法"原则，计划要求以比赛动作所需时间来完成每组训练。除了每周循环中的4个基本训练课程外，计划通常还包含一些简短的附加练习，它们可以在当天或其他时候进行。这样做既可以进一步发展落后的肌群，也可以加快恢复速度，防止运动后的肌肉酸痛。

不仅在时间上（仅在比赛前）要有限制地使用装备，在训练容量上（深蹲和硬拉中仅使用腰带和套膝，非绑膝，在卧推中仅穿着普通运动员短袖）也要有所限制。L. Simmons的基本思想是，仅在比赛当天使用全套装备和试举最大重量。

他并不建议运动员在平时训练时就像比赛试举前那样在精神上做准备，因为这样会使中枢神经系统过度疲劳。

《精英健身系统》的主编J. Wendler提出了一种名为"5/3/1"重复次数的训练方法，该方法的每组重复次数在一整年的训练中会上下波动。正如他所建议的那样，"5/3/1"计划每周训练3~4天，每次训练课程都围绕一种基础动作来进行设计：深蹲、卧推、硬拉或站姿推举。

每个训练周期持续4周。对于每个基础动作，组次安排如下。

第1周：3组×5次。

第2周：3组×3次。

第3周：1组×5次；1组×3次；1组×1次，共3组。

第4周：减重恢复期。

J. Wendler建议重量安排使用最大重量的百分比来表示。在这种情况下，最大重量并不是单次能举起的最大重量，而是其90%的重量。

D. Pitts坚信他提出的"超级压缩训练"方法是训练计划中最先进的方法之一。在超级压缩训练法中，整个计划中只安排两个或最多3个动作，例如深蹲和卧推、硬拉和站姿推举，或其他与三大项（深蹲、卧推和硬拉）类似的动作。

每个动作每周练习一次，或单独做组，或按照5×5（5组×5次）的经典方式训练。Pitts声称，他在周一训练卧推，在周四训练深蹲。在18个月内，深蹲成绩增加了90多千克，卧推成绩增加了约40千克。他的训练搭档训练卧推和硬拉，在12个月内，卧推增加了27千克，硬拉增加了80千克。

他解释说，他们使用这些动作进行训练，不断增加重量并取得进步。当重量增长停滞时，他们便休息一周，然后在几周后就能使用比之前更重的重量继续训练。D. Pitts说："这种训练非常激烈。你需要选择一个动作然后继续训练！一周又一周，你会增加杠铃的重量，然后回家休息，以便在下一次训练中继续增加重量。"Pitts提供了以下几种训练计划（第一个计划针对初学者和中级运动员）。

训练课程1：卧推5×5。

训练课程2：深蹲5×5。

D. Pitts提醒到，运动员越强壮，他所需的休息就越多，可以每个动作每7天训练一次。在备赛和非备赛期间，许多运动员大致使用以下的计划：

第一次训练课程：深蹲1×5。

第二次训练课程：卧推1×5。

第三次训练课程：硬拉1×5。

运动员只能选择一个计划，然后至少执行一年（最好是两年）的时间。虽然力量发展会不均衡，但是总体力量会得到提升。因此，当你回过头去重新使用常规计划时，你在其他动作中使用的重量很快就会超过以前的个人纪录。

一些强大的德国力量举运动员，包括少年组世界冠军R. Gierz都使用了Korte的"3×3"训练计划。该计划的基本理念已几乎为包括了过去40年中许多世界冠军在内的所有举重运动员所使用。

"3×3"是一个为期8周的训练计划，计划分为两个阶段。第一阶段是高容量阶段，第二阶段是备赛阶段。这部分类似于L. Simmons的计划。该计划中，训练重量为58%~64%1RM，在高容量阶段3×3是需要主要关注的部分。当运动员开始以接近极限的80%~95%1RM开始训练时，训练量会开始降低。

S. Korte指出："与Simmons的训练计划和其他力量举的训练计划相比，3×3计划与众不同的一点在于计划里只安排了在比赛中要比的动作，没有其他补充动作。为什么？答案非常简单。要获得深蹲的力量，你需要训练股四头肌、腘绳肌、臀部屈肌和下背部肌肉。其他计划使用不同的方法来训练这些肌肉。你可以使用许多不同的动作并将它们与深蹲相结合。另一个选择是仅仅只训练深蹲。我们已经知道，这个动作就可以训练到上述所有的肌肉。这种方式最大的优点在于使用深蹲这一个动作就完全可以训练到比赛中所需发展的肌肉。"

5.2.2　俄罗斯专家的训练方法

著名的训练专家和力量运动书籍的作者V. Plekhov（1988）建议每周应该进行3次卧推训练。他提出："第一次训练课程是竞赛形式的训练，第二次专注于主要肌群的发展，第三次是补充的推类动作训练。每个动作做3~8组，每组1~6次。"

S. Cherednichenko（1991）提出，对于竞技动作，训练重量应为60%~80%1RM。运动节奏适中，在杠铃重量不变的情况下，在一个系列中进行6~12次重复。所使用的负重需不断增加，直到达到85%~95%1RM，并将重复次数减少到4~6次。作者还建议在每周一次的训练中使用金字塔增重方式将杠铃的重量增加到运动员的次最大或最大重量。

R. Shagapov和O. Sliva（1998）提出了使用更大重量的计划。例如，他们建议在恢复期运动员也要使用80%1RM进行6组10次的深蹲训练。在下一个训练课程中，他们建议使用80%1RM进行8组6次的硬拉训练。在卧推训练中，他们建议运动员使用75%1RM进行10组8次的训练。

P. Rybalskyi（2000）建议在备赛期运动员每周进行两次训练，在每次训练中，运动员应使用85%1RM进行5~6次训练，使用90%1RM进行5组×5次训练，使用95%1RM进行3组×5次训练。

P. Chernyshev（1999）在他的文章《除了卧推还是卧推》中写道："避免进行任何额外的肱三头肌、肱二头肌及其他肌肉训练带来的影响。唯一要做的就是卧推。我可以解释为什么这么做，在训练开始时应将力量和精力集中于必要的动作，否则就是在浪费精力。切记从一个动作中恢复比从所有动作中恢复要简单得多。"

V. Muraviyev（2001）在他的计划中建议："对于那些在发展力量的运动员，有必要去掉几乎所有其他的胸部、肱三头肌和三角肌动作，只需要做（经典的）卧推、站姿推举和窄距卧推。"

A. Faleev（2006，2008）也持有相同的观点："为使肌肉快速生长并获得积极的效果，只需要训练3个动作——卧推、深蹲和硬拉。其他所有动作只会造成伤害。训练多余的、不必要的动作将浪费你宝贵的能量储备，而这些能量本可以有助于你在基础动作中展现出惊人的表现。三大项已经可以训练到身体的所有肌肉，相比之下其他动作就显得较为无用了。"

I. Belsky（2003）则提出了完全相反的意见："也不能走向极端，即使在备赛期，运动员也不应该不去训练不直接参与卧推的肌群。顺便说一句，这是许多运动员常犯的错误，他们相信一个传统的常识——'如果你想提高卧推那么就卧推'，或者换句话说，他们只专注于卧推的成绩，认为做其他训练是浪费精力，而且他们声称从一项动作中恢复比从许多动作中恢复更为容易。"

A. Gorbov（2004）认为，许多成功的力量举运动员都采用了一个训练模板，即在每周的小周期中，第一次训练课程的训练内容在整个中型周期中保持不变；仅在第二和第三次训练课程中才开始增加强度。

以这种方式，运动员才能逐渐发展出使用必要的训练强度与速度的能力。

在《有效训练系统》一书中，作者提出了"9周的备赛周期"，他建议在第6、7和8周使用不切实际的大重量进行训练。在周三练习硬拉以给腿部和背部肌肉制造大负荷：在第6周使用80%1RM进行6组×6次训练，第7周使用85%1RM进行5组×5次训练，第8周使用90%1RM进行4组×4次训练。周五的深蹲日使用更加不切实际的大重量进行训练：第6周使用90%1RM进行4组×4次训练，第7周用95%1RM进行3组×3次训练，第8周用100%1RM进行2组×2次训练。

已经证明，如果负荷（训练容量或强度）是平稳且渐进地增加的，运动员将不可避免地遭遇压力，因为该压力超过了其适应能力。适应不是随着压力同时出现的，反而会让运动员处于过度训练的状态。相反，如果负荷是逐渐增加，但是是偶尔地而非平稳地增加的，那么按照"退一步－再往前两步"的原则，无法适应负荷的情况通常不会出现，效率和训练的成功率反而会有所增加。

同一时间，I. Belsky（2003）建议多使用高重复次数进行训练。在他的书中，作者提供了关于最大重复次数的表格，在该表格中，每种重复次数对应了不同的重量（表5.2）。

表5.2 重复数量与重量对应表

%1RM	100%	95%	90%	85%	80%	70%	60%	50%
最大重复次数	1	2~3	5~6	7~8	10~12	12~16	15~20	20~25

A. Faleev（2006，2008）则持完全相反的意见，他严肃地指出："（平时）不应试举最大重量！只有在比赛时才需要这么做，这也是我们进行比赛的目的。这样的试举对训练是有害

的，试举最大重量会让你错失一整天使用大重量训练的时间。其次，这会带来创伤。由于这种频繁且鲁莽的动作，运动员不得不花费6个月的时间来恢复肌肉中微小的撕裂。"

K. Rogozhnikov（2008）建议运动员进行3~4组，每组8~10次重复的卧推训练，并保持每组还能多推一次的富余精力，最后一次的卧推训练应在比赛前4~7天进行。在这次训练课程中，Rogozhnikov建议使用2~3组，每组6~8次重复的训练，不要力竭，不要任何卧推的辅助动作训练。对于专项卧推运动员，他建议两次训练之间应有3~4天的完全休息。运动员可以去健身房做一些训练，但重要的是不要对卧推所涉及的肌群（三角肌、肱三头肌和胸肌）施加任何的负荷。在进行任何大重量训练前，不要使自己处于超负荷的状态。

对自19世纪末到21世纪初的国内外资料的理论研究表明，国内力量运动专家提出的大多数方法的主要原理是随着单组重复次数（5~10次或10次以上）的增加而增加杠铃的重量。这导致了训练课程容量过大但是强度过低，因此减缓了运动员成绩的提高。尽管训练的容量和强度逐渐增加了，但不同专家之间仍然存在着分歧。

基于对上述方法中的数据的分析，需要指出，常与高级运动员一起工作的专业人士就如何在备赛期间培训力量举运动员，并没有提出一个普适的方法。为了正确地设计训练计划，有必要了解不同的负荷是如何在各个水平以及方式上影响运动员的，此外还需要考虑运动员在整个训练周期中的表现。

第6章 力量举的训练框架

为了确保运动表现的不断提升，持续强化运动员的身体功能性是至关重要的。功能性的提升需要系统性地提升训练刺激和全方位的训练规划。为了满足不断提升训练刺激的目标，一份力量举训练计划应该包括以下要点。

- 全方面基础体能的提升。
- 对特定的身体素质进行深入发展。
- 深入提升运动的技术和策略。
- 获取与训练、卫生和自控能力相关的理论和方法知识。
- 在具体的训练阶段发展并取得相应的运动形态（这里指的是实际的力量举水平）并展现出训练结果（冲刺极限和运动表现的提高）。
- 训练过程的整合要基于具体的框架，框架内的元素、元素间固有的联系以及元素整体的顺序都要有相对恒定的规则。

根据训练进程中的组成单位由不同时长组成，我们可以把训练分成以下3个框架。

- 小型框架：包括单次训练和小周期（每周）框架。
- 中等框架：具体训练阶段的框架（中型周期训练框架），其中包含相对完整的小周期框架的执行时长（总时长，举例来说可以是大概一个月）。
- 大型框架：长周期训练框架，例如半年计划（比赛到比赛之间）、一年计划和多年计划。

6.1 单次训练和小周期框架

体育训练是运动员储备期的必需组成部分。它被组织成运动表现提升的过程，该过程旨在提升特定的身体素质、运动能力和获取必要的知识和技能等能决定运动员在其项目领域取得最好成绩的要素。

Y. Kuramshin用以下3个要点来描述训练过程（2004）。

1. 体育训练过程要以年为框架进行组织，框架内的元素都要围绕取得最佳运动表现为目的，从而做到相互间要有关联或从属的关系。

2. 之后的单次训练、小周期、中型周期或者是长周期都应该分层记录作为以往的训练结果，并不断巩固和提升它们。

3. 训练与训练之间的休息时长必须合理规划，要能保证运动技巧以及包含基础的身体素质和运动能力在内的整体运动表现的稳定提升。

单次训练有3个典型的组成部分，即引导部分、主要部分和结束部分。

在引导部分，热身能使得运动员对即将进行的训练做好充足的准备。

主要部分要完成两个任务。训练的安排可以多种多样，但要保证从各个方面提升运动员的身体和心理的强健程度，这其中也包含技术优化和训练策略等。

在结束部分，要让运动员的身体尽可能接近开始彻底恢复的阶段，因此训练量要逐渐减少。

训练框架也要按不同的时长分成不同的周期。在1964年，L. Matveyev将一份常规的多年训练规划分成小、中、大训练周期。

一个小周期是由在数日内完成的一系列训练组合而成的，这一系列训练要能贯彻当前储备期的训练目的。通常一个小周期为一周。小周期的集合由关注点不同的周期安排组成（主要是训练量），但这些周期安排的基本要点都是一样的。这些周期安排对运动员有特定的训练效果，所以，知道如何高效安排小周期是很重要的，要能解决运动员在储备期中各阶段所具备的所有问题。构建小周期的方法由多个要素构成。首先，要考虑到单次训练的训练量会带来的疲劳和恢复过程的具体细节。

小周期的框架要包含训练动作、训练任务、训练课的不同部分、单次及多次具体的训练课。一个小周期内的训练次数可以是2~12次。

小周期的类型

小周期可以被分成5类，即调整周期、冲击周期、储备周期、比赛周期和恢复周期。

调整周期是为了让运动员为高强度训练做准备。这种周期通常会放在储备期的第一阶段以及中型周期的第一部分。调整周期的特点是，相比于接下来的冲击周期，其训练量较小。

冲击周期的特点是高强度和大训练量。这一类周期的主要任务是刺激运动员身体的适应过程，发现技术、策略和综合训练上的主要问题。

储备周期是直接让运动员为比赛而做准备。这一类周期中的具体内容可以是各式各样的，取决于系统备赛的方式、运动员的个体特点和备赛最终阶段的细节。储备周期在开始之前是需要高度个性化定制的。拥有更强恢复能力和适应能力的运动员比能力相对普通的运动员能承受更大的训练强度和训练量。

比赛周期要按照比赛计划设计。此类周期的结构和时长由各运动项目的比赛特点、比赛例程及例程之中各环节的起始和中断的次序而定。在比赛周期中，在主要的比赛阶段必须将注意力放在运动员的恢复和最佳的竞技状态的维持上。这一切都需建立在对运动员的训练和休息有针对性的管理、营养的正确摄入、良好心理素质的维持和恢复措施的全面投入上。

恢复周期通常会在冲击周期之后执行，也可以在高强度的比赛之后进行。

6.2 小周期和单次训练的训练负荷安排

训练负荷是能够反应训练对运动员身体造成的影响和训练本身主观和客观上的难度水平的数据。

在体育的理论和方法中（N. Ozolin, 2002; V. Platonov, 1986, 1997），有提到过训练和竞技的负荷可以用"外在负荷"和"内在负荷"两个角度去描述。

外在负荷通常以训练量做指标。这包括：训练进行的小时数、有氧训练（慢跑、游泳、划船等）的运动总距离、训练的次数、比赛的次数。

为了衡量外在负荷，与训练量及其强度相关的指标已被普遍使用。这些指标包含：运动的节奏、执行速度、限时需要完成的训练距离和长度、重量、组数、次数以及总的训练容量。

内在负荷把训练负荷描绘得更加详细，它是基于身体对已完成训练的反应而定的。我们可以根据恢复阶段的特点和时长来利用那些与即时训练效果相关的数据指标（训练中和训练后身体功能系统的变化）：运动反应的时间（反应速度）、力量募集的特点和速度（运动员募集最大力量的速度以及最大力量的具体数值）、肌肉的生物电流活动、心率、呼吸频率、肺通气量、心脏输出量、耗氧量和血液中的乳酸堆积。除开这些数据，训练的效果还可以用恢复效率和糖原补充、氧化酶活性、神经反应的速度和灵活性以及其他类似指标来衡量。

外在和内在负荷是紧密相连的：训练量和训练强度的提升会使体内不同器官和系统的功能状态发生变化，这其中就包括身体疲劳的产生和加大与恢复过程的减慢。

一次训练的训练量

训练量是定义一次训练对运动员身体产生影响的主要因素。训练可以被划分成小训练量、中等训练量、大训练量和极限训练量4类训练。

R. Roman（1974）、A. Medvedev、A. Chernyak（1980）认为当一次训练中总共的训练重复次数此时少于50次，就应该被视作小训练量；与之相对，51~100次为中等训练量；100次以上为大训练量。

M. Aksyonov（2006）在实验中获取的数据与3位举重运动员A. Medvedev、A. Chernyak和R. Roman（1980）的研究结果相似。M. Aksyonov在他的论文中写道："我们认为，在某种意义上，训练负荷的总量就可以用举重运动员完成的两项主项的总量来衡量，并且可以通过举重运动员最常使用的训练类型来得出训练量划分的结论。"

R. Roman（1974）建议小周期中的大训练量训练的重复次数不要超过2次（即单周的起始和结束之间不要超过2次）。

A. Vorobyov（1964）建议每周训练3次并按照如下方式分配训练量：在休息了2天之后，星期一采用大训练量甚至极限训练量训练，星期三的训练量减少20%~40%，星期五把训练量提升到和星期一一样，并且偶尔可以根据具体情况将训练量再适当提升一些。

A. Chernyak（1972）建议每周训练3次，使用24%、28%和48%的比例分配训练量。

一周训练3次的情况下，训练总量肯定没办法分成4~6次。但即使是一周只训练3次，也是完全有可能分配均衡的。如表6.1所示。

表6.1　中型非备赛周期中小周期内的训练负荷分配，一周3练（B. Sheiko, 2005）

训练 ／ 周	第1周	第2周	第3周	第4周
训练1	小训练量	中等训练量	中等训练量	小训练量
训练2	中等训练量	小训练量	小训练量	大训练量
训练3	小训练量	中等训练量	大训练量	中等训练量

每周的训练容量从第1周到第4周逐渐提升（图6.1）。这样的安排可以在初级运动员训练的第2个月进行，在有经验的运动员训练的第1个月进行，与此同时还能使用轻重量训练，重点关注竞技动作的技术细节。

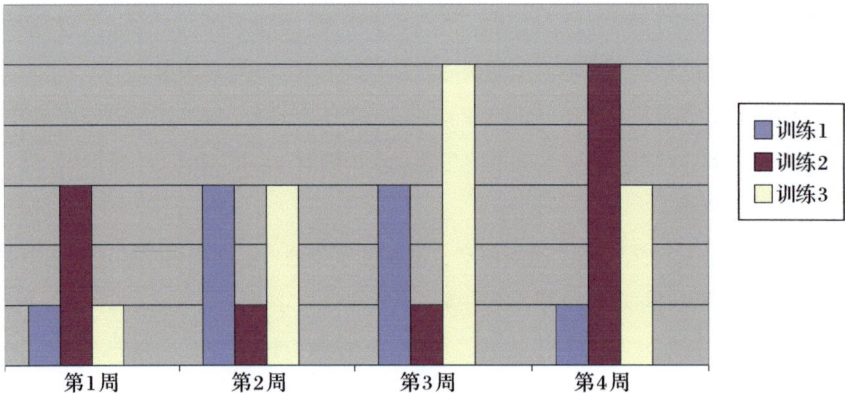

图6.1　中型非备赛周期中小周期内的训负荷分配，一周3练

在表6.2中，训练量比表6.1中要大很多，并且变化得很突兀。在第2周训练量达到最大。在第1周和第3周训练量中等，到了第4周继续增大（图6.2）。

表6.2　中型非备赛周期中小周期内的训练负荷分配，一周3练（B. Sheiko, 2005）

训练\周	第1周	第2周	第3周	第4周
训练1	大训练量	大训练量	小训练量	中等训练量
训练2	小训练量	中等训练量	大训练量	大训练量
训练3	中等训练量	大训练量	中等训练量	中等训练量

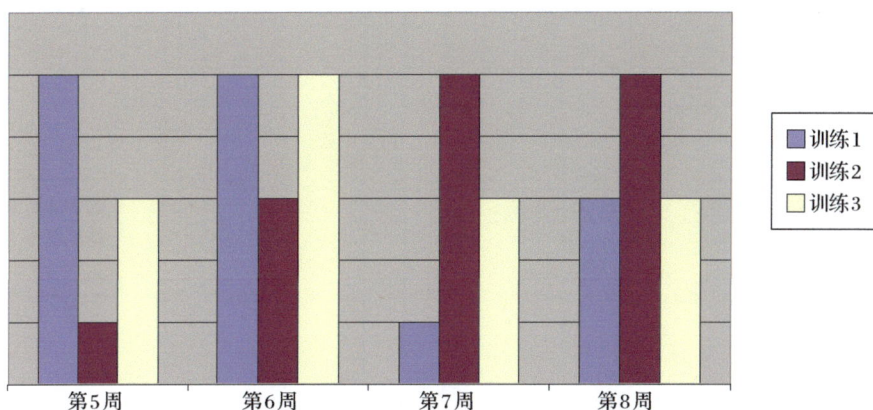

图6.2　中型非备赛周期中小周期内的训练负荷分配，一周3练

任何为运动员群体设计的优良计划，即便是由非常优秀的教练制订的，运动员的教练也需要随着计划的实际实施情况而做出调整。因为运动员群体中各个个体之间的身体、生理结构特点都有所不同，这就意味着他们对训练量的反应会不同，他们的恢复情况和竞技动作中会犯的错误也会不同。如此一来，教练必须提供原定计划以外的调整来消除训练中会出现的技术错误。调整后的计划如表6.3所示。

表6.3　中型备赛周期中小周期内的训练负荷分配，一周3练（B. Sheiko, 2005）

训练 ＼ 周	第1周	第2周	第3周	第4周
训练1	大训练量	大训练量	中等训练量	小训练量
训练2	小训练量	中等训练量	小训练量	小训练量
训练3	中等训练量	小训练量	中等训练量	休息

星期一之前休息两天，然后在星期一执行大训练量日计划。第二周的大训练量日要安排在比赛前的18~20天。第三周有两次中等训练量安排，第四周（比赛周）有两次小训练量安排。在图6.3~6.4中我们可以看到从第二周开始，总体的训练量逐渐减小。

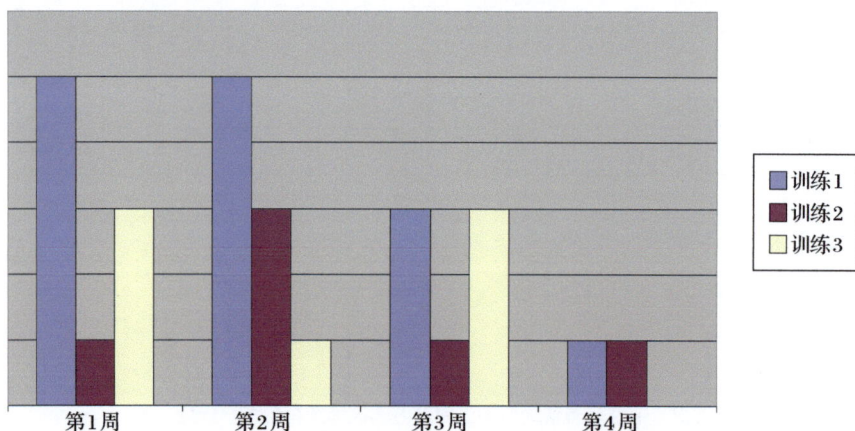

图6.3　中型备赛周期中小周期内的训练负荷分配

*注意：运动员如果星期六比赛，那么最后一次训练应安排在星期三；如果是星期天比赛，那么最后一次训练应安排在星期四。

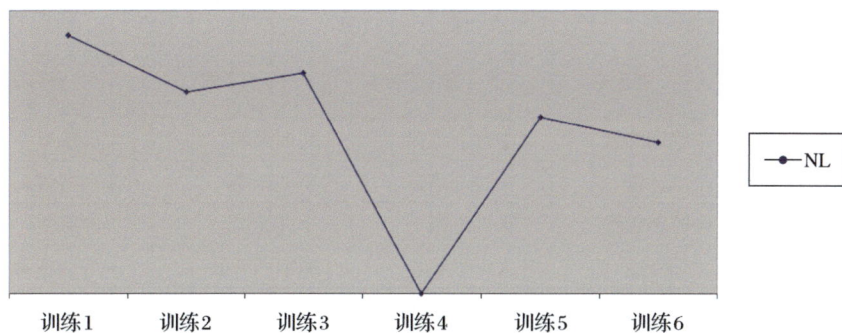

图6.4　训练次数（动作重复次数，简称NL）在备赛小周期（赛前2周）内的分配

A. Chernyak（1972）建议按照15%、22%、28%和35%来分配一周4练的训练量。他指出，具体的训练量要由教练决定，要考虑到运动员的体能储备水平和训练的目的。

每周训练4次，则每月内的训练量分配如下所示（表6.4~6.5，图6.5~6.6）。

表6.4　中型非备赛周期中小周期内的训练负荷分配，一周4练（B. Sheiko, 2005）

训练＼周	第1周	第2周	第3周	第4周
训练1	中等训练量	大训练量	大训练量	中等训练量
训练2	大训练量	中等训练量	小训练量	小训练量
训练3	中等训练量	大训练量	大训练量	大训练量
训练4	小训练量	小训练量	小训练量	小训练量

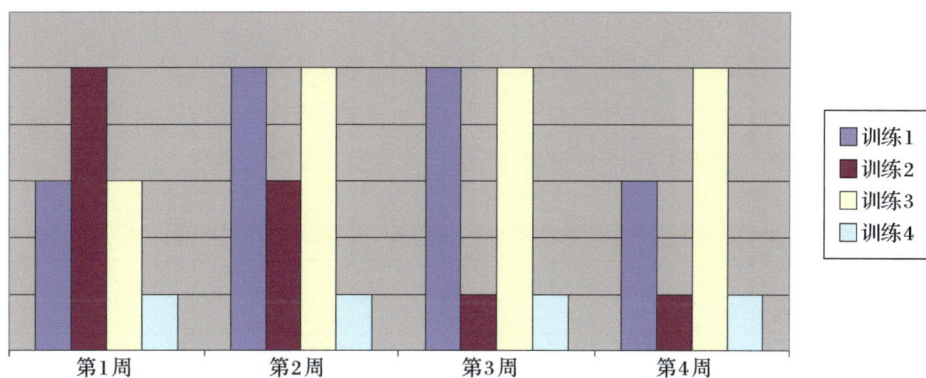

图6.5　中型非备赛周期中小周期内的训练负荷分配，一周4练

表6.5　中型非备赛周期中小周期内的训练负荷分配，一周4练（B. Sheiko, 2005）

训练 ＼ 周	第5周	第6周	第7周	第8周
训练1	中等训练量	中等训练量	大训练量	大训练量
训练2	小训练量	中等训练量	小训练量	大训练量
训练3	中等训练量	小训练量	小训练量	小训练量
训练4	小训练量	大训练量	中等训练量	中等训练量

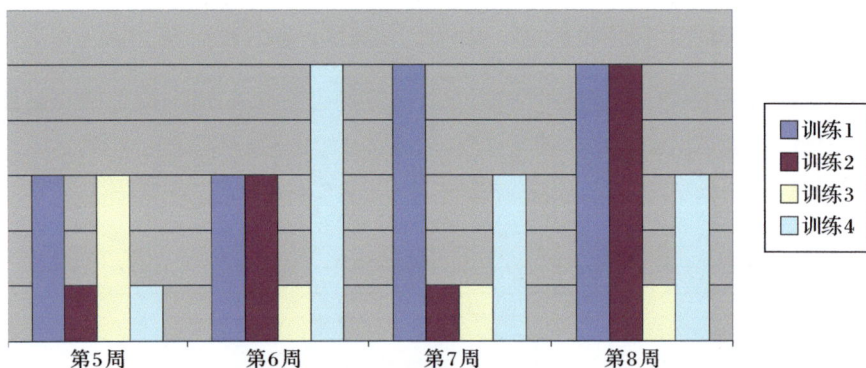

图6.6　中型非备赛周期中小周期内的训练负荷分配，一周4练

将训练次数提升到一周4次是对训练量的一个大改变。但是，有相当一部分顶尖的力量举教练认为一周练4次还是不够。他们会安排一周训练5次或者6次。

在一周5练的情况下，训练量分配的方式比一周4次稍微多一些，比一周3次多非常多。但是我们也要知道，著名的俄罗斯教练Albert Fomin（Ulyanovsk）用一周3练的计划帮助世界级的运动员在俄罗斯国家级、欧洲级和世界级的锦标赛中都取得了很好的成绩。

考虑到为了适应持续训练会对身体产生的影响，训练量的安排不应该固定不变，也就是说在不同的小周期中，训练量的安排也会有一些调整，如表6.6和图6.7所示。

表6.6　中型备赛周期中小周期内的训练负荷分配，一周4练（B. Sheiko, 2005）

训练 ＼ 周	第1周	第2周	第3周	第4周
训练1	中等训练量	大训练量	中等训练量	小训练量
训练2	大训练量	中等训练量	小训练量	小训练量
训练3	中等训练量	中等训练量	中等训练量	休息
训练4	小训练量	小训练量	休息	比赛

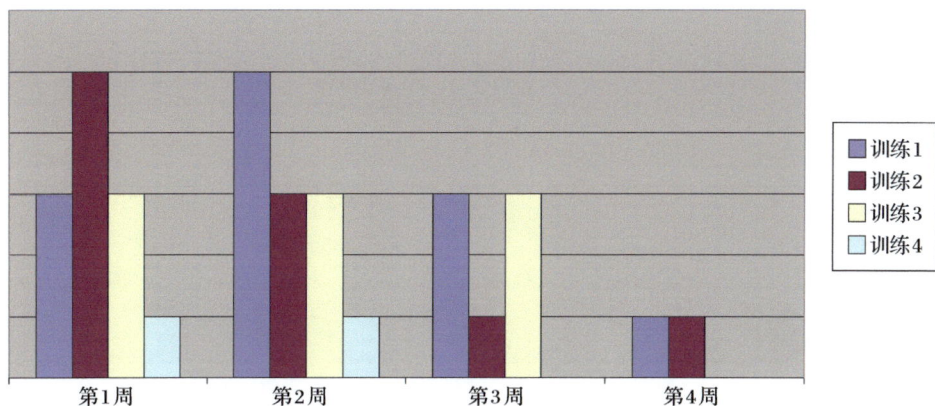

图6.7 中型备赛周期中小周期内的训练负荷分配，一周4练

训练之后，运动员的身体恢复阶段有可能在训练后的几小时就结束了，也有可能要持续几天，这取决于一个小周期内有多少次大训练量的训练。所以接下来的小周期要基于先前小周期的负荷或者是运动员所展现的疲劳程度来展开训练（Hegedus, 1992）。

在几个小周期后（这几个小周期产生的疲劳累积起来）安排一个负荷相对较小的小周期是有好处的，这样可以帮助运动员恢复身体机能并且能确保其身体更加有效地适应训练的过程如表6.7~6.9，图6.8~6.12。如果忽略了这个过程会导致运动员的身体和精神的过度疲劳（Ramm, Bude, 1986；Platonov, 1997）。

表6.7 中型非备赛周期中小周期内的训练负荷分配，一周5练（B. Sheiko, 2005）

训练＼周	第1周	第2周	第3周	第4周
训练1	大训练量	中等训练量	大训练量	中等训练量
训练2	小训练量	小训练量	小训练量	小训练量
训练3	中等训练量	大训练量	大训练量	中等训练量
训练4	大训练量	中等训练量	中等训练量	大训练量
训练5	小训练量	小训练量	大训练量	小训练量

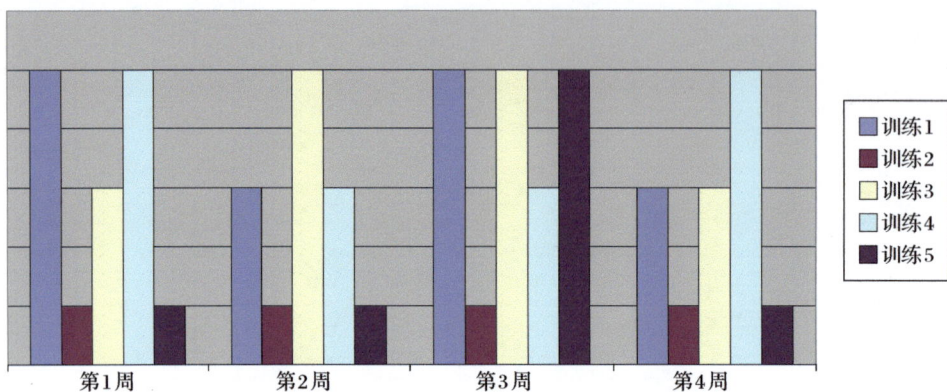

图6.8　中型非备赛周期中小周期内的训练负荷分配，一周5练

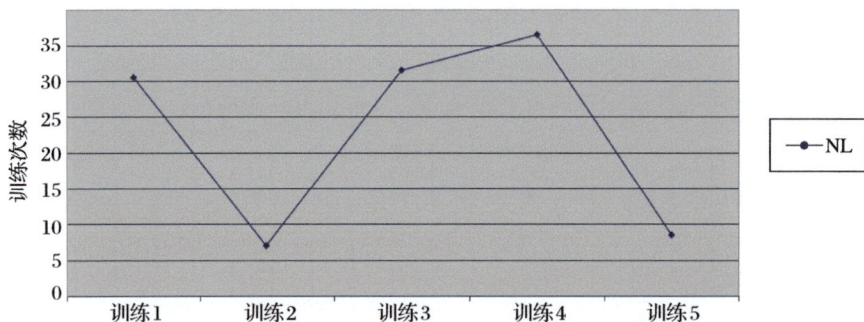

图6.9　训练次数（动作重复次数，简称NL）在小周期内的分配

表6.8　中型非备赛周期中小周期内的训练负荷分配，一周5练（B. Sheiko, 2005）

训练　　周	第1周	第2周	第3周	第4周
训练1	大训练量	小训练量	大训练量	中等训练量
训练2	小训练量	大训练量	中等训练量	大训练量
训练3	大训练量	小训练量	大训练量	中等训练量
训练4	中等训练量	大训练量	小训练量	小训练量
训练5	小训练量	小训练量	中等训练量	中等训练量

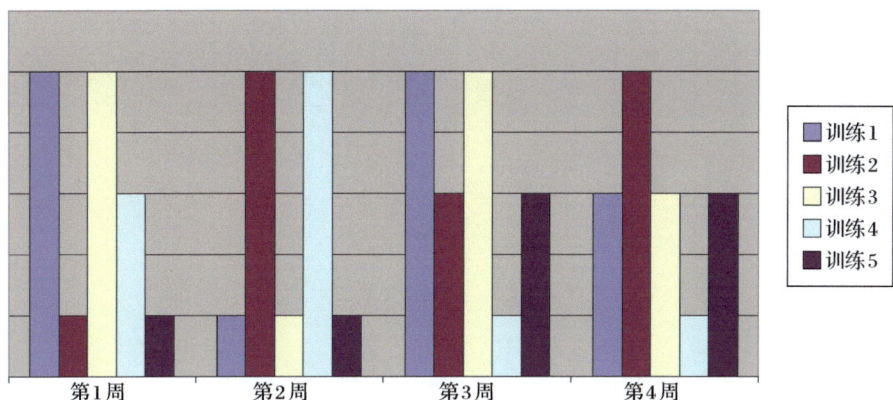

图6.10　中型非备赛周期中小周期内的训练负荷分配，一周5练

表6.9　中型备赛周期中小周期内的训练负荷分配，一周5练（B. Sheiko, 2005）

训练　　　　　周	第1周	第2周	第3周	第4周
训练1	大训练量	中等训练量	中等训练量	小训练量
训练2	小训练量	小训练量	休息	休息
训练3	中等训练量	大训练量	小训练量	小训练量
训练4	中等训练量	中等训练量	中等训练量	休息
训练5	小训练量	小训练量	休息	比赛

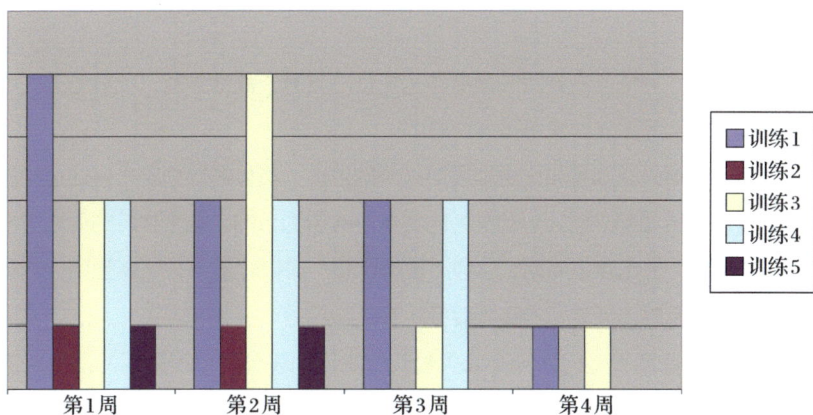

图6.11　赛前4周的训练负荷分配，一周5练

257

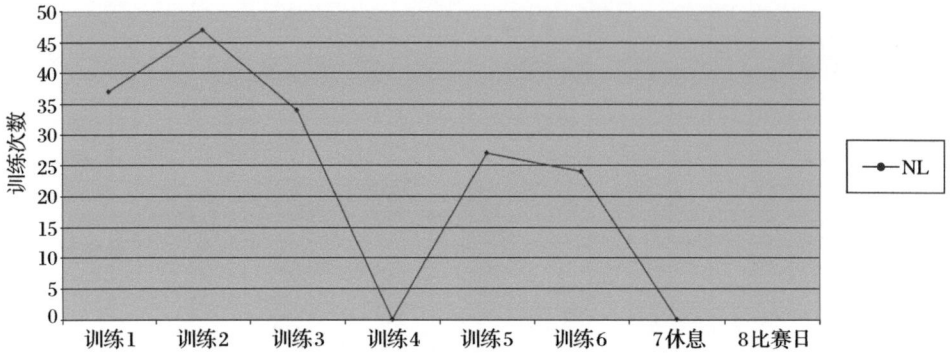

图6.12 赛前2周的训练负荷分配，一周5练

6.3 中型周期训练框架

中型周期是中等时长的训练周期，会持续2~6周，并且会以合理的形式包含各种完整的小周期。基于中型周期去构建训练计划可以让计划与当前或储备期的主要训练目标做好协调，能保证最佳的训练和竞技强度，也能在训练中正确结合不同的方法和手段。在中型周期中，可以提供完善的教学效果（让运动员学习正确的动作并且不断完善）和开展恢复运动的机会，从而取得在对具有不同素质和能力的运动员进行教学时的持续性（Holodov J. 2007）。

L. Matveev（1976）把中型周期分成以下类型：调整型、基础型、测试和储备型、赛前型、比赛型和恢复型。

调整型周期的特点是训练量和训练强度随着计划的进行逐渐提升。这一类周期通常作为储备期的启动周期。

在基础型周期中，训练的主要目的是身体功能性的提升，基础体能、已具备的训练技术和策略方法的发展。这类周期的训练量是很高的。

测试和储备型周期是基础型和比赛型周期之间的过渡。具体的计划安排是让运动员参与一系列活动，这一系列活动都以能让运动员为比赛做好准备为目的。这个独特的周期可能会包含2~3个训练小周期和1个比赛小周期。这种"模拟比赛"可以让接下来比赛型周期的计划设计更加精确，同时也能反映出运动员的真实储备状态。

赛前型周期在储备期将专门为一个或少数几个主项而设计。中型周期的框架应满足即将到来的比赛的全部要求，并且提供能适应比赛特殊性的方法。必须要让运动员调整到最佳的状态，那样其才能在关键的比赛中发挥出全部的能力。

比赛型周期代表的就是典型的比赛期间的训练结构。该类周期的具体数量和结构将由比赛日程表、训练计划、比赛要求、运动员的能力素质和运动员当下的状态决定。每一个比赛型周期都会包含调整、比赛和恢复型的小周期。

恢复型周期可以分为储备－恢复周期和恢复－维持周期。

小周期训练量和单次训练量通常有4种类型：小、中等、大和极限。A. Chernyak（1978）认为，一个小周期内的训练量最好以一个月内训练量的百分比来描述。如果一个小周期内的训练量低于20%，那么就可以视作是小训练量；如果是20%~30%，那就是中等训练量；30%~40%是大训练量，超过40%是极限训练量。

训练量也可以用杠铃训练的重复次数来描述（A. Roman, A. Falameyev, 1969）。这种方法不关注运动员的绝对力量，也不关注杠铃的平均重量，更不关注运动员的训练水平、年龄或者身高等数据。这种方法只反映杠铃一共被举起了多少次。虽然蕴含的信息量不大，但是用于记录小周期、中型周期或者长周期的训练量时非常简单且方便。

当在为国际级的体育运动员的储备期安排训练量的时候，我建议每10~14天要改变相应训练的训练量和相对强度。例如，使用固定的重量为深蹲和卧推安排训练，我提供了以下方法。

深蹲和卧推

方法1：递增金字塔型。

50% 5次 × 1组，60% 5次 × 1组，70% 3+5+7+9+8+6+4次

（70%的重量做3次，休息；70%的重量做5次，休息，以此类推）

重复总次数=52次；相对强度（RI）为67.1%

方法2：不规则型。

50% 5次 × 1组，60% 5次 × 1组，70% 3+7+5+8+4+9+6次

重复总次数=52次；相对强度（RI）为67.1%

方法1和方法2有相同的重复次数和相对强度（67.1%）。唯一的区别在于70%的重量下的重复次数有差异。方法1中试举的次数先增大（3+5+7+9）再减小（9+8+6+4）。方法2中，运动员用70%的重量卧推，次数明显有变化：3次，休息；7次，休息；5次，休息；依次变化。

"不规则型"的方法比"递增金字塔型"在心理上更容易适应。

现在让我们分析"金字塔型"的几种不同选项，那就是运动员先增大重量并减少重复次数，当达到顶峰之后，开始减少重量并增加重复次数（McCloy Method, 1945）。

深蹲和卧推

方法1：巨型金字塔。50% 7次 × 1组，60% 6次 × 1组，70% 5次 × 1组，75% 4次 × 1组，80% 3次 × 1组，85% 2次 × 2组，80% 3次 × 1组，75% 4次 × 1组，70% 5次 × 1组，65% 6次 × 1组，60% 7次 × 1组，55% 8次 × 1组，50% 9次 × 1组。

重复次数 =71；相对强度 =63.8%

方法2：50% 6次 ×1组，60% 5次 ×1组，70% 4次 ×1组，75% 3次 ×1组，80% 2次 ×2组，85% 1次 ×2组，75% 4次 ×1组，70% 5次 ×1组，60% 6次 ×1组，50% 7次 ×1组。

重复次数 =50；相对强度 =66.5%

方法3：50% 6次 ×1组，60% 5次 ×1组，70% 4次 ×1组，80% 3次 ×2组，85% 2次 ×3组，75% 4次 ×1组，65% 5次 ×1组，55% 6次 ×1组。

重复次数 =42；相对强度 =68.6%

方法4：50% 5次 ×1组，60% 4次 ×1组，70% 3次 ×1组，80% 3次 ×2组，85% 2次 ×3组，80% 3次 ×2组。

重复次数 =30；相对强度 =72.3%

方法5：50% 3次 ×1组，60% 3次 ×1组，70% 3次 ×1组，80% 3次 ×1组，85% 2次 ×2组，90% 1次 ×2组，85% 2次 ×2组

重复次数 =22；相对强度 = 74.5%

这些方法按照相对强度逐渐增大的顺序排序，前四种方法最大用到最大重量（运动员的1RM）的85%进行做组训练，相对强度从方法1的63.8%提升到方法4的72.3%。方法5中运动员会用到90%1RM。

方法1是巨型金字塔，难度很大，主要以发展耐力为主。建议国际级的体育运动员可以在做好充足准备的情况下以不超过一个月一次的频率在储备期进行这种训练。所有一直以来都在执行我的训练计划的运动员中，只有多届世界冠军Aleksey Sivonkon会执行最大强度的金字塔型训练。他曾使用90%1RM完成了97次重复动作。

训练量最小的就是方法5，但强度是最大的。方法5的训练频率建议不要超过每两周一次。方法2~4可每周依次进行，85%1RM强度下的动作重复次数会逐渐变化。"金字塔型"计划不建议在比赛周期中使用。

这些所有方法都与其所处的小周期内的极限水平相关。

对训练和训练条件的调整、训练负荷的动态变化以及各种训练方法的使用、训练课内容和形式的更新——所有这些都属于可变方法。训练的可变性是训练结构中最重要的原则之一。训练动作、训练量和强度都是可变的。可变性是保证力量项目能够稳定进步的基础。

基础中型周期中每周训练强度的分配方法展现了每个小周期中相对训练量在小、中等、大和极限情况下的变化。上文中提到的方法并不是绝对的。在储备期也可以使用其他方法。

表6.10展现了每个小周期中相对训练量在小、中等、大和极限情况下的变化。其中的方法并不是绝对的。尤其在这种储备期内，其他分配方法是存在的。

表6.10　中型非备赛周期中每周训练负荷的分配方法（月循环）

方法	负荷								一个月内的总动作重复次数
	占一个月内的百分比（%）				重复动作总次数				
	周次								
	第1周	第2周	第3周	第4周	第1周	第2周	第3周	第4周	
1	46	20	22	12	138	60	66	36	300
1-2	34	30	24	12	119	105	84	42	350
1-3	36	16	27	21	144	64	108	84	400
1-4	35	22	14	29	158	99	63	130	450
2	22	38	25	15	110	190	125	75	500
2-3	20	34	30	16	110	187	165	88	550
2-4	21	35	13	31	126	210	78	186	600
3	15	28	35	22	97	182	228	143	650
3-1	28	15	35	22	196	105	245	154	700
3-2	22	27	33	18	165	203	247	135	750
3-4	17	21	35	27	136	168	280	216	800
4	18	26	12	44	153	221	102	374	850
4-2	15	28	22	35	135	252	198	315	900
4-3	22	15	28	35	220	150	280	350	1000

　　每一行方法中，每一个数字都代表该周次的最大训练量。如果有两个数字，那么第一个数字表示该周次可完成的最大训练量，第二个表示可完成的最小的训练量。

　　在分析了一些优秀的运动员（国际级的体育运动员）的训练日志之后，A. Chernyak发现方法1、2、1-3和3-1是占优势的。表6.11和图6.13比赛前的一周通常作为减载周。

表6.11　中型备赛周期中每周训练负荷的分配方法（月循环）

方法	负荷								一个月内的总动作重复次数
	占一个月内的百分比（%）				重复动作总次数				
	周次								
	第1周	第2周	第3周	第4周	第1周	第2周	第3周	第4周	
1	40	27	20	13	60	41	30	19	150
2	29	38	22	11	58	76	44	22	200
3-1	28	24	34	14	70	60	85	35	250
1-3	38	20	28	14	114	60	84	42	300

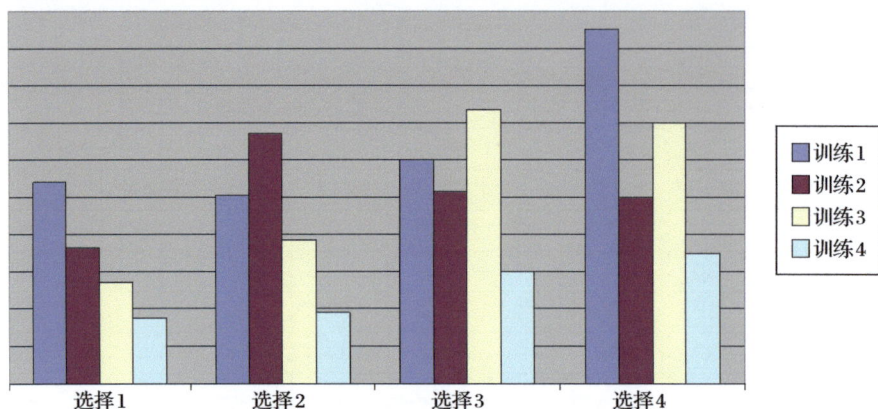

图6.13　中型备赛周期中每周训练负荷的分配方法

上述提到的以月为周期并在其包含的小周期内分配动作重复次数的策略可以在不同重量级和不同素质的力量举运动员身上使用。这种训练课与训练课之间重复次数的安排变化称为交替训练，而在3次及以上训练中持续增大或减少训练量和负荷的方法叫作渐进训练。

通常训练量最大的训练会被安排在比赛前一周或者两周的时候，安排在比赛前3周则比较少见，但极少数运动员确实需要3周或者更长的时间来减小训练量以获得比赛的最佳表现，一般来说两周或者两周之内是最佳的选择。

如何安排每周训练量的变化幅度要取决于"训练耐受性"（效率）。对于一个效率低的运动员，不应该改变其小周期的训练量，而能承受更大负荷的运动员通常不会因为训练量的变化而受到影响，因此可以改变。不过即便如此，高水平运动员的训练量也不会经常变化。比起训练效率比较普通的运动员，训练效率极高的运动员通常都是逐步增大每周的训练次数来提升他们每周的训练量的。最终在一个月的周期内能获得非常多的训练积累。

6.4　长周期训练框架

大型框架，也就是长周期的训练框架，指的是训练周期能够延续6个月（某些情况下为3~4个月）、一年或者多年（例如，4年）的周期类型。它和体能储备的开发、稳定性和短期的不足有关。它包含一系列的小周期和中型周期。以一年为期限的周期可以分成3个阶段：储备期、备赛期和过渡期。

储备期的目标就是建立体能储备，即建立扎实的基础（常规体能储备和专项体能储备）、提升各个方面的准备工作，为重要比赛做好准备。储备期的特点就是其常规体能训练能提升力量、速度、柔韧性和敏捷性等各方面素质。它通常以最大的训练量和逐渐提升主项训练强度的形式呈现。训练量的提升应该是波浪形的，即在进行了几个月的大训练量训练之后，应该安排几个月的小训练量训练以进行调整。此时的这两种阶段可以被区分为：常规储备和专项储备。

常规储备阶段提升基础体能储备。一个运动员必须做到以下几点。

a）用包含常规杠铃训练在内的各种各样的体能训练手段发展常规体能（力量、速度、敏捷性、柔韧性）。

b）掌握体育专项的技术细节，同时发展出新的技术或巩固已有的技术。

c）使用合适重量组合的杠铃训练以提升特定肌群的力量（尤其要提升薄弱的肌群的力量）。

d）逐渐提升训练量来提升耐力水平。

在常规储备阶段，年轻的新手和低水平的运动员要学习和掌握基本训练动作的技术。高水平运动员主要关注额外的辅助训练，这些训练会在一次训练中占据更大的训练量。在这个阶段，竞技动作的训练会少一些，并且主要是中等的强度。这个阶段的主要目的就是保持负荷，不断地重复训练。

在备赛期，在提升各方面的体能素质、确保训练的完整且运动员为主要的比赛做好充足准备之后，体能储备将得到彻底的稳定。

备赛期的时长取决于相应体能储备能维持的时长和比赛的时间安排。这个阶段的目标就是维持状态和已有的技术。这个阶段的特点是训练量变小，竞技动作的训练强度会提升，这将为实现本阶段的目标打好基础，目标即取得体育项目成绩的提升。

除了为达成目标打好基础，还要维持和提升已经获得的体能储备，帮助运动员在比赛中充分发挥已有的技能。可以通过正式的比赛和模拟比赛的流程来加强这一方面。

过渡期关联各种各样的训练周期。它的目标是让运动员为接下来的周期做好充足准备，并为接下来的训练目标选用尽可能最佳的方式取得所需的体能储备。为了做到这些，以下几点必须遵循。

a）给身体提供积极的恢复。

b）保持能够使下一个周期的体能储备高于前一个周期的体能储备。

c）在避免投入过多的时间和精力的情况下消除技术上的瑕疵。

这样一来，过渡期可以让我们避免过度训练的出现，并且确保在没有剧烈的训练强度的情况下能过渡到另一个不同的训练模式中。它也能帮助我们保持很高的体能水平。这个阶段在第一个训练周期结束后将持续5~7天，在第二个训练周期之后持续10~14天。

在过渡期中，为了能给身体提供积极的恢复，会使用来自不同体育项目中的各式各样的训练。当然，杠铃训练必不可少，尤其会使用轻重量的杠铃训练。因为杠铃训练如果中断超过两周将会对训练进程产生负面影响；如果中断超过一个月，即便伴随积极的休息，许多运动员在回到常规训练安排时还是会感觉训练很困难。

过渡期训练安排的特点就是总训练量小，使用的强度也不大。比起储备期的训练量，过渡期的训练量是其1/4~1/3；在一个小周期内的训练安排不超过3~4次，也不会安排高强度和大重量的训练。这期间的内容就是利用各种方式使身体处在积极恢复的状态并且加入常规训练。在积极休息和常规训练中，建议使用此前训练中没有被普遍使用过的各种新式方法（不同的训练种类）。

在过渡期的尾声，训练的负荷、常规训练及恢复训练的次数将逐渐增加，积极恢复型的训练会减少。这种独特的训练策略可以让运动员平缓地过渡到下一个大型周期的储备期的第一阶段。

年度计划安排必须要严格做到精准和细致。它基于一整年的常规计划并且包含了一些共同点，其中的训练量会按月份分配。年度计划应该详细说明常规体能训练和专项体能训练的训练量规划、每个月的训练强度和强度的变化、各类训练的总量和计划参赛的次数。计划也要包含运动员在经历这一年的日常训练和辅助训练的情况下，在各个阶段可能取得的成绩。

在做年度计划中的训练量规划时，应该基于运动员计划参赛的次数和比赛的竞技水平来考虑。如果一个运动员准备参加4~6次比赛，那么在其中选择2次比赛作为全力备赛的目标是很重要的。运动员不可能在一年参加的所有比赛中都展现出一样好的成绩，所以备赛期不应该都计划一样的训练强度。如果一个运动员水平极高，可以参加各个层次的比赛，比如市级、区级或者国家级的比赛，那么一定要为国家级比赛做好充足准备，训练量和训练强度都要达到足够的水平。不管是参加什么层次的比赛，运动员要对自己的成绩有预期。

现在让我们分析哈萨克斯坦体育大师Alexey Sivokon的年度计划安排，他在1994年的参赛级别是67.5千克级。

在1994年的初期，Alexey的目标是在这一年中参加5次比赛。在5月份举办的哈萨克斯坦锦标赛[①]上他计划取得760~770千克的三项总成绩。在世青赛上（6月26号，印度尼西亚），他计划取得一样的总成绩，然后在9月份的亚洲锦标赛上他计划以稍低一点的740~750千克的总成绩拿到第一名。最高的总成绩目标是11月份在世锦赛（南非）中达到845千克，同时还要在芬兰举办的卧推世锦赛赢得冠军。

为了达成这一年计划的所有目标，有必要安排两个大强度的冲刺期。第一个冲刺期是3月份，当月训练总量达到了520吨，动作重复次数达到了3049次；第二个冲刺期是8月份，当

---

① 当时的比赛是有装备的力量举比赛。——译者注

月训练总量为452吨，动作重复次数为2549次。

训练量最小的月份是9月（亚锦赛），动作重复次数为420次。平均使用的杠铃重量最大的时候是6月和10月，分别是185千克和185.5千克（表6.12~6.13）。训练量在重要比赛的赛前以及在过渡期会降低，这也意味着会有7~10天的积极恢复期。

表6.12　Alexey Sivokon在1994年上半年的训练负荷安排

	1月	2月	3月	4月	5月	6月
动作重复次数	1602	1486	3049	1321	1017	848
平均训练重量（千克）	163.9	174.1	170.5	181.9	176.1	185.0
训练总量（千克）	262 612	258 660	519 885	240 355	179 109	156 858

表6.13　Alexey Sivokon在1994年下半年的训练负荷安排

	7月	8月	9月	10月	11月	12月	整年
动作重复次数	2069	2549	420	1149	449	1025	16 984
平均训练重量（千克）	175.8	177.5	180.5	185.5	173.6	178.1	175.7
训练总量（千克）	363 685	452 396	75 834	213 191	77 968	182 930	2 983 483

从结果来看，这一年的训练负荷还是比较大的，平均相对强度达到了69.2%。除此之外，训练总量的波动比起平均训练重量来说是很大的。3~10月平均训练重量170.5千克为最低，最高为185.5千克。在此期间，训练总量为179~520吨，也就是说，训练总量最大的一个月大约是最小的一个月的3倍。

Sivokon的年度计划可以用图6.14表示。横坐标表示月份，动作重复次数和平均训练重量用纵坐标表示。

在图6.14中，蓝线表示随着月份的变化训练动作的重复次数发生的变化，紫线表示平均重量的变化。

此折线图展现了训练强度是如何增长的，是如何引导运动员取得最佳的体能储备并且在之后是怎样减小负荷让运动员能在赛前做好恢复的。要提升强度的话，训练量要提升至90%1RM或者更大的重量。之后如果训练量要减小的话，总的动作重复次数就会减少。但是要记住，长时间持续减小训练强度会导致体能储备的水平降低。同时也不建议长时间持续提升训练强度（尤其是竞技动作），那样可能会导致神经疲劳，使得比赛成绩不理想。

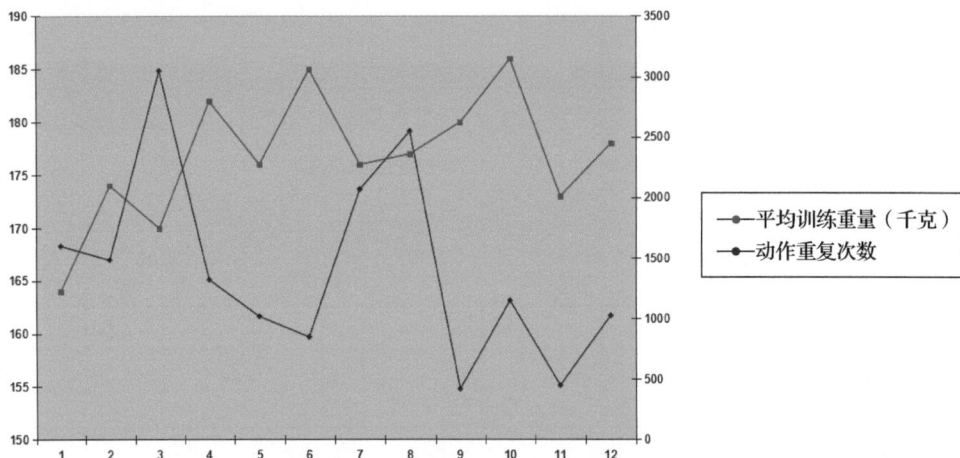

图6.14 Sivokon的年度计划展示图

要记住，一份年度计划是一份大致的训练策略。而要精准地预测运动员在各个储备阶段的状态是不可能的，这就是为什么年度计划必须要根据运动员的实际能力进行调整。

6.5 多年计划的设计原则

多年计划的特点就是要能让运动员的训练强度持续提升（年复一年）。举重研究表明运动员每年的训练量和其运动成绩并无紧密关联。在一些成绩优秀的运动员中，有些运动员训练量小，也有些运动员训练量非常大，但是无论如何，训练强度一定是循序渐进的。R. Roman建议高水平运动员设计多年计划的时候可以参考以下可能的情况。

a）训练量和训练强度同步增长。

b）训练量维持同一水平，但是训练强度增长。

c）训练量减少，训练强度增长。

d）训练量先维持，再增减，但训练强度始终不变。

在第一年，训练强度的提升幅度应该最大。

要逐年提升训练量的话，考虑如下。

a）提升平均的动作重复次数（每次训练的次数）。

b）提升训练的频率（动作重复次数的安排不变）。

c）前两点同步提升。

高水平运动员的平均训练重量和其所获得的体育成绩是高度关联的，能承受的训练强度和体育成绩是成比例的。但是，这必须是在能保持常规训练和专项训练的最优分配以及中、大、次最大和最大重量都能得到合理训练的情况下。

事实上，哪怕已经使用了最优的平均训练重量，也无法保证计划的目标一定能达成。运动员和教练应该要考虑到所有重要的影响因素和训练中出现的变量，比如训练动作的选择，中、大、次最大和最大重量的训练量安排，肌肉活跃的模式等方面。除开已经提到的这些点，营养、日常作息、休息、高强度训练后的系统过程，甚至是运动员的心理状态都是很重要的。如果能保证训练和恢复都处在最优的状态下，运动员将在比赛中取得非常优秀的成绩。

在多年计划中，运动员的体能储备在体能发展的每一个阶段都应该处于最重要的地位，从新手到高水平运动员都是如此。然而，随着运动员对训练的不断精通，最终一定会导致训练变得专项化，这会使得常规体能训练在整体训练中所占比重降低。这就意味着在发展体育素质的过程中，会直接或间接地对专项成绩或身体恢复的条件和效率（积极恢复）有提升作用。

在发展基础体能素质的第一年，力量、速度和耐力提升得较快。训练的时间越久，运动员的身体就越能适应训练所带来的效果，从而体能素质的提升就越慢。

能力的快速养成和比赛成绩的提升通常来说平均可以持续8年，但重量级越大，这个阶段就持续得越长。如果一个运动员不限制自己体重的增长，他的成绩将能持续增长很长一段时间，所以运动员应该为进入下一个重量级做好过渡。在重量级过渡的一年中，运动员可以在三项总成绩上提升30~70千克。例如，世界冠军Yuri Fedoryenko在2000年的俄罗斯国家杯比赛中以90千克级取得了852.5千克的成绩。在那之后他升到了100千克级，2001年的世界杯比赛中他取得了920千克的总成绩。一年进步了67.5千克。在2002年的世锦赛中，Fedoryenko参加110千克级并取得了985千克的总成绩，比起前一年进步了65千克。然后在2005年，他以与2002年世锦赛一样的重量级在迈阿密（美国）举办的世锦赛中取得了1087.5千克的成绩。

这样一来，在对多年计划的主要特点都做好强调之后，有必要指出长期的力量举训练要考虑到的各种元素。

- 训练目标（比如成为世界级的运动员）。
- 训练阶段的时长（年度计划、半年计划）、关注点和每个阶段的目标。
- 每个阶段要参加的主要比赛。
- 休息的时长。
- 各个阶段三大项应该取得的成绩。
- 杠铃训练的训练量和强度。
- 日常活动的活动量。
- 训练要划分成专项体能训练和常规体能训练。
- 掌握训练、自律和比赛规则相关的知识方法。
- 教学和医疗体系。

6.6 训练量和效率强度的规划

许多文章、书籍都对力量举训练计划进行了广泛讨论。S. Smolov（1990）和A.

Surovetsky（2000）描述了关于肌肉力量与肌肉量共同发展的方法、举重竞技训练方法等最常见的内容。V. Novokreschyonov（1999）致力于研究力量举竞技动作的技术选择和杠铃训练的分类。P. Perov（2004）给出了提升卧推训练效率的建议。其他文章中对力量举和健美运动员的教学训练中常出现的问题也进行了讨论（S. Cherednichyenko, 1991）。

在对力量训练误区研究的成果中，就有关于力量举的内容（B. Hmelnitsky, 2004）。L. Dvorkin和A. Slobodyan（2005）在他们的教材《举重》中讨论了竞技力量举训练的方法。B. Shchetina（1997）讨论了力量举训练计划中训练负荷的问题。Y. Yakubenko（2006）基于男性运动员的训练水平和体重对力量举训练中的负荷容量做了对比分析。

经过对此领域的研究，许多专家都得出了结论，那就是一次训练对运动员身体产生多大的影响的主要决定因素是训练量，所以他们要准确地确认每一项训练中使用的杠铃重量来安排训练。

当下有几种分析训练量的方法。其中之一就是计算举起的总重量（N. Luchkin, 1940），另一种方法就是记录动作重复的总次数（R. Roman, A. Falameev, 1969；A. Chernyak, 1978）。

用动作重复的总次数记录训练量只能得出动作执行的总次数，并不包含杠铃的平均重量，这和计算总重量的方法不同。R. Roman等人提到"不关注运动员的训练水平、年龄或者身高等数据。这种方法只反映杠铃一共被举起了多少次。用在记录小周期、中型周期或者长周期的训练量时非常简单且方便……利用这种方法可以简单地判断为了发展力量和掌握技术，杠铃应该至少被举起多少次"。

此外，已经有建议提出用动作重复次数来描述训练量（S. Filanovsky, A. Falameyev, 1968；A. Chernyak, 1970，R. Roman, 1970），用平均训练重量描述训练强度（L. Matveyev, 1960）。也有人提出用心率来衡量训练强度（L. Akyamov, 1959）。普通情况下可以用每次、每周、每月和每年的训练中的动作重复总次数来描述训练总量，但这对高水平运动员而言是不够的。对于高水平运动员，教练应该知道其举起的总重量、每一项竞技动作的平均训练重量和各阶段下完成的总的动作重复次数。在各阶段中进行的专项力量举和举重训练的总量会算在举起的总重量之中。某训练负荷下的总训练量可以用杠铃重量乘以动作重复次数来计算。例如：

$$150千克 \times 3次 \times 5组 = 2250千克$$

如果你把一次训练中每一项训练的训练量相加，就可以得到总的训练量。

6.7 根据强度区间分配训练负荷

在力量举运动和举重运动中，知道使用具体重量下的动作重复总次数来描述训练是很重要的。举起重量不同会使不同的运动能力得到提升。现如今，专家们用3个参数来描述训练强度，那就是平均训练重量、90%~100%1RM下完成的动作重复次数和不同强度区间内动作重复次数的分配。一定要注意，训练的难度不仅仅取决于训练的总量，和强度也是有关的。使用更大的重量进行一项训练肯定会更困难。

举重运动中描述训练强度的一个方法就是用平均训练重量。训练的强度动作，每次动作负重（平均训练重量）用总千克数描述，并将其分在动作重复次数中（例如：2250千克分成15次150千克）。

为了能够帮助不同体重的人提升力量，相对力量的概念被提出，也就是力量和体重的比值（S. Yermoayev, 1937; A. Kryestovnikov, 1951; V. Chudinov, 1961; V. Zatsiorskiy, 1966;等等）。肌肉力量由许多因素决定。在同样的条件下，它和肌肉的横截面积有关（Weber的观点），肌肉的收缩和激活的程度则与肌纤维的长度有关（Bernoulli的观点）。

A. Chernyak（1978）收集到的数据显示，如果是基于平均训练重量的方式来描述训练强度，是不可能比较得出不同训练水平和重量级的运动员在完成同样的训练时的训练强度的。重量只能描述力量的发展水平。相对强度由特定动作下杠铃的平均重量与极限重量的比值所决定，该数据更有价值。一定要注意，训练的复杂性不仅仅取决于训练的总量，和强度也是有关的。使用更大的重量进行一项训练肯定会更困难。所以，我们可以把强度分成绝对强度（具体的重量）和相对强度（百分比）。

绝对强度就是杠铃的平均重量，单位是千克，在设计计划时，要考虑到动作重复的总次数和相应重量应该对应的合适的训练次数。用不同的重量训练可以发展不同的运动能力。

相对强度（RI）的意思是特定动作的训练中使用的平均杠铃重量和极限重量的比例。相对强度能够真正描述运动员的身体在训练时承受的负荷，可以无视运动员的体重、训练水平和力量水平。相对强度有其固定的表达式。这个标准就是强度系数（A. Medvedev）。

Chernyakov的研究发现平均相对强度（Average Relative Intensity）也可以作为训练强度的衡量标准，既适用于单独的训练动作，又适用于整体的训练计划。为了让训练变量更加通用，A. Chernyak、A. Medvedev和L. Matveyev（1972）建议将平均相对强度加入训练中。G. Carl（1967）提出将使用的重量分配到强度区间中（用20%和10%作为间隔）。R. Roman（1968）认为用5%作为间隔会更合适。A. Chernyak、A. Medvedev（1972）、R. Roman和A. Chernyak（1974）就制订和评估训练建议用10%作为间隔，以50%的杠铃重量作为起始。如此，可得到以下5个强度区间。

区间I：51%~60%。

区间II：61%~70%。

区间III：71%~80%。

区间IV：81%~90%。

区间V：91%~100%。

要将高水平运动员的训练量分配到不同的强度区间时，R. Roman（1970）发现70%的重量下可以分配25%的训练量；71%~80%的重量可以分配30%的训练量；训练量最大的是

80%的重量，占了40%的训练量；最后的5%的训练量将使用超过100%的重量。

基于前苏联国家队的训练计划，Vorobyov A.（1971）建议区间Ⅰ的训练占14%，区间Ⅱ占15.5%，区间Ⅲ占18.5%，区间Ⅳ占30.5%，区间Ⅴ占17.5%，区间Ⅵ占4%。

关于不同强度区间的训练量分配，专家们的意见各有不同。根据 R. Roman（1970）、A. Vorobyov（1972）和V. Zakorko（1977）的说法，一个运动员在区间Ⅳ的训练量应该为30%~40%，区间Ⅴ应该为17%~22%，然而V. Agudina（1973）、A. Kalinichenko（1974）和Y. Yablonovsky（1975）认为区间Ⅳ和区间Ⅴ的训练量不应太多：区间Ⅳ应该为17%~26%，区间Ⅴ应该为5%~12%。I. Kudyukov（1976）和V. Alekseev（1977）甚至建议区间和训练量应该更小（14%~16%、3%~4%、0~3.7%和0~1%）。显然如果把大重量和极限重量的训练量减少的话，训练几乎就只有小重量和中等重量。

不像举重运动，考虑强度的时候只设计了5个强度区间，我在力量举运动中设计了如下7个区间。

区间Ⅰ：50%~60%。

区间Ⅱ：61%~70%。

区间Ⅲ：71%~80%。

区间Ⅳ：81%~85%。

区间Ⅴ：86%~90%。

区间Ⅵ：91%~95%。

区间Ⅶ：96%~100%及100%以上。

把强度分成7个区间比分成5个区间能提供更有价值的训练信息。

第7章　力量举计划

　　长期的力量举训练是一个掌握此项运动能力的复杂发展过程，其每个层次都有其自身的目标、任务、手段和训练组织方式。计划是什么？为什么你需要制订计划的能力和知识？计划是地图，是分步骤的指南，可帮助你实现目标。如果没有计划，你的目标就会模糊，你就很难集中精力。而如果有目标和实现目标的精确计划，我们就能够逐渐接近目标。任何计划，甚至是不完美的计划，都比只视情况而定的未规划的训练要好。它可以帮助运动员在正确的时间发挥其最高的运动水平。但是，没有一个计划是适合所有运动员的。即使你为想要完善深蹲的人制订了一个计划，为想要提高卧推的人制订了一个计划，还为硬拉有短板的运动员制订了一个计划，在此基础之上你仍然需要根据个体需求进行计划的调整。最好的计划是当教练知道运动员的所有优点和缺点时，为特定的运动员量身定制的方案。即使这样，在训练期间，计划仍需要进行调整。

　　你需要记住，每周的最佳训练次数取决于身体的恢复能力；没有关于组次数量的完美建议，没有任何计划对所有运动员来说都是理想的。你需要接受以下事实：在训练过程中，力量发展的方法首先取决于训练量和强度以及运动员对它们的承受能力。在为冠军制订计划时，你需要非常小心，不能仅仅是去复制一份计划。因此，你应根据每个受训者的个人能力来设计训练过程和动作，后者可以通过问卷调查、对话、测试和分析训练过程来确定。不要忘记，计划并不是教条，你也不是机器人，你可以针对任何特定肌肉的弱点来改变训练的方式。其中，至关重要的一点是不要考虑要举起重量的百分比，你应该考虑实际训练时感受到的百分比。除计划之外，监控训练过程的另一种方法是对训练有效性的分析。它可以评估训练的手段和方法，确定运动员体能水平的动态变化以及对运动成绩与比赛结果进行预测。

　　经常有人问我通用计划和个体计划有什么区别。

　　当我为特定的运动员制订计划时，我会注意他的技术。如果我在他的试举动作中发现了错误，我会安排进行一些具体的预备练习来纠正这些错误。此外，我还会看一下运动员的哪些肌肉较为薄弱，然后安排特定的动作以及适当的训练量以增强这些肌肉的力量。最重要的是，每个运动员都有不同的恢复能力、生活条件、训练条件、工作条件等，因此任何计划都应有针对性。

　　计划里的每个星期都要被分析两次。第一次，我会对比前几周来分析当周的训练量和强度；第二次，我会分析该训练周的实际情况。如果运动员没有完成本周的所有课程，比如运动员将计划调整得更容易了，在制订下周的计划时，我会考虑到这一点。例如，我可以上调或下调训练量或强度。

　　当我制订个体计划时，我和运动员之间会保持密切联系。

每个星期六/星期日，我都会收到本周的详细报告，我可以阅读有关每一个动作的评论以及观看动作视频。

每周结束时，我会和运动员讨论他将要参加的比赛次数。通常，我们选择参加3~5次比赛，这也取决于运动员的水平，没有人可以维持全年的高峰状态。这就是为什么我们要在已经选择的比赛中选择1~2个作为最重要的比赛。然后以此来计划所有训练，从而使得力量举运动员在每年必须有两次处于高峰状态。

运动员可使用的健身器材种类也很重要。我必须知道是否有铁链、弹力带、木板、箱子，以及器械的类型。这些都会影响比赛动作中所需力量的发展。

在为所有人制订通用计划时，我没有上述可以参考的内容。这意味着你应当以通用计划作为起点，依据你自己的能力和情况做出适当修正。想要制订比较完美的计划，你甚至需要根据每一个运动员的恢复能力、经验水平、年龄、性别等进行调整。否则，这个计划几乎不会给运动员带来任何进步。

一些有助于了解如何使用训练计划的规则

1. 最重要的规则是：只使用实际最大举起重量（1RM）而不是你所期望达到的1RM。

2. 如果某个特定动作的重量设定过高，可以降低5%~10%，保持组数、次数不变。

3. 如果重量设定过低，可以将重量提高5~7.5千克（不能再多）。每2周才可增加一次。此外，还可以按计划保留重量，但每组的重复次数增加1~2次（不能再多）。

4. 如果在测试日你突破了自己的极限，从下周开始可以使用新的最大举起重量（1RM）。但是如果测试日距离比赛不到6周，请继续使用旧的1RM，在比赛后再重新计算1RM。

5. 100%×1次×（1~2组）：表示举起100%1RM1次。如果成功，提高2.5%~5%的重量再试举杠铃1次。如果举起100%重量但是违反了规则，可以再次尝试举起100%1RM并使用适当的技巧。

6. 当你决定好要参加的比赛时，你需要反推距离比赛日还剩下的周数，确定开始训练的那一周，并从那一周开始执行训练计划。如果你刚好是从高强度的一周开始训练，可以在计划的基础上将重量减轻5%~10%。但是下周应按计划进行。

7. 我建议在比赛或测试日（如果你不参加比赛）之后，主动休息一周。然后你才可以重新开始相同的计划。如果在比赛结束后还要参加比赛，你可以跳过第1天，从第2天开始继续训练。每组的强度不应超过65%~70%，重复次数应为每组3~4次。

8. 如果你在周六参加比赛，那么请在周四和周五休息（不做训练）。如果你在周日比赛，那么请在周四、周五、周六休息。

9. 使用中等重量练习一般性体能训练动作。例如，如果在一组中举起8次，那么应选择的重量就是你在一组结束之后你还能举起3~4次的重量。你可以为一般性体能训练练习选择任何动作。通常，会展示在计划里的肌群有胸肌、三角肌、腹部肌群、背阔肌、肱三头肌等。每周都尽可能更换一个肌群进行训练。

10. 如果你每周能训练4次，那就这么做。这样将能带来更好的训练效果。

11. 建议你的体重不要超过所参加比赛级别的规定重量1.5~2千克。

12. 用弹力带或铁链进行卧推时，我只规定了杠铃的重量，弹力带或铁链提供另外的阻力。铁链的每侧重量为4~10千克（取决于个体状况）。当杠铃在触胸的最低点时，弹力带也保持着一定的张力。

如果你是有装备训练者

1. 只有当你是国家队成员时，你才必须使用最精良（最新型号）的装备。如果你没有足够的经验，那么坚韧的装备会破坏你的技术。

2. 你必须有两套装备：一套装备（较松）用于75%~90%强度的训练；另一套（较紧）用于大于95%强度的训练，此外也用于比赛。你不会经常试举95%~110%1RM，因此，你的第二套装备不会被过分拉扯，从而能在比赛中处于良好状态。

3. 大约每两年你必须更换一次比赛装备。当你觉得装备给你提供的效果不佳时，那就换掉。

4. 在准备比赛的过程中，你有两种使用装备的方式。

进行原始的无装备的1RM训练，并且在比赛之前的2~3个月进行有装备的1RM训练。如果你只有一套装备，那么可以不穿背心与举重服，但要使用绑膝进行50%、60%和70%强度的训练。对于80%~85%强度的训练，穿好背心与举重服，但是不需要腰带。对于90%及以上强度的训练，应穿上背心与举重服并绑上腰带。对硬拉使用相同的方案。如果你只有一对绑膝，则根据杠铃重量调整绑膝的松紧度。如果你有两对绑膝，则将第一对（较松）用于70%~85%强度的训练，第二对（较紧）用于90%以上强度的训练。卧推也是一样的，如果你只有一件卧推背心，那么在75%和更高强度的训练时再使用。

如果你有两套或更多套装备，那么这对你很有利。你可以一直进行有装备的1RM训练。在进行70%~85%强度的训练时使用宽松的装备，在进行90%以上强度的训练时使用较紧（即比赛）装备。绑膝也是一样。

替代动作

1. 弹力带卧推可以替换成铁链卧推，保持重量相等即可，反之亦然。

2. 木板卧推。如果没有木板，可以用装满水的瓶子替代，或购买专门的卧推木板。

3. 超程硬拉。如果没有木板垫在脚下，可以在脚下放两个25千克的杠铃片。

4. 高位硬拉。如果没有木板垫在杠铃下，可以在杠铃下面垫上25千克的杠铃片抬高杠铃，每侧2~3片。

动作列表

- 蹲起阶段半程停顿2秒深蹲
- 停顿2秒深蹲

- 下蹲阶段半程停顿2秒深蹲

- 铁链深蹲

- 停顿2秒卧推

- 停顿3秒卧推

- 弹力带卧推

- 铁链卧推

- 木板卧推

- 弹弓卧推

- 下斜卧推

- 速度卧推

计划中的所有硬拉既可以是相扑硬拉也可以是传统硬拉。

- 弹力带硬拉

- 铁链硬拉

- 高位硬拉，杠铃位于膝盖下方10~15厘米

- 铁链高位硬拉

- 超程硬拉（相扑硬拉）

- 超程硬拉（传统硬拉）

- 硬拉到膝盖高度停顿1秒

- 硬拉到膝盖高度+全程硬拉

- 宽握硬拉，慢速下放

- 膝上高位硬拉

- 膝上膝下两次停顿硬拉

- 硬拉+膝下硬拉

- 硬拉到膝盖高度+从膝盖以下高度硬拉

- 硬拉到膝盖高度+全程硬拉

- 坐姿上斜肩部推举

- 坐姿体前屈

在下面的内容中，我们提供了5个训练计划。其中，有4个是专门为本书所编写的，有3个计划侧重于单个项目，适用于在相应项目上运动能力较弱、想要有所改善，但同时又要继续训练其他两种力量举项目并保持相应运动表现的运动员。

你还可以找到卧推的专项训练计划。最后，我还分享了一个近年来在力量举运动员中广受欢迎的计划，该计划已发布在我的iOS和Android应用程序中，是一个针对高水平运动员的中等训练量计划。本章介绍的5个计划均为每周进行4次训练。享受训练，保持坚韧与耐心，从而抵达终点！

力量举计划查看说明

    本书提供了力量举三项中侧重深蹲、卧推、硬拉的训练计划，以及卧推专项和为有经验的运动员设计的中等训练量计划。

    您可以通过微信的"扫一扫"功能，扫描下方二维码进行查阅。

步骤1　点击微信聊天界面右上角的"+"，弹出功能菜单（如图1所示）。

步骤2　点击弹出的功能菜单中的"扫一扫"进入功能界面，扫描本页的二维码。

步骤3　如果您未关注"人邮体育"公众号，在第一次扫描后会出现"人邮体育"的二维码（如图2所示）。关注"人邮体育"公众号之后，点击"资源详情"（如图3所示）即可查看。

图1

图2

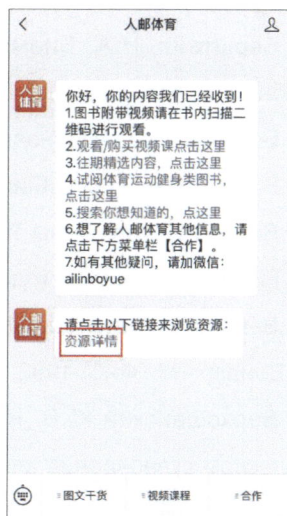
图3

参考文献

Аксенов М.О. Управление тренировочным процессом спортсменов старших разрядов в пауэрлифтинге на основе современных методов моделирования // Молодежь Забайкалья: интеллект и здоровье: материалы VII междунар. науч. конф. - Чита, 2003. - С.48-51.

Аксенов М.О. Кластерный анализ тренировочной нагрузки пауэрлифтеров / М.О. Аксенов, А.В. Гаськов // Интеллектуальный потенциал вузов на развитие Дальневосточного региона России: материалы VII Междунар. конф. студентов, аспирантов и молодых ученых (25-26 мая 2005 г.) Кн. 4 / Институт сервиса, моды и дизайна. - Владивосток: Изд-во ВГУЭС, 2005. - С. 10-12.

Аксенов М.О. Управление тренировочным процессом в пауэрлифтинге на основе современных информационных технологий. Дис. ... канд. пед. наук: 13.00.04, УланУдэ, Изд-во БГУ, 2006. - 200 с.

Бельский И.В. Модель специальной силовой подготовленности пауэрлифтеров // Теория и практика физической культуры. - 2000. - №1. - С. 33-35.

Бельский И.В. Системы эффективной тренировки: Армрестлинг. Бодибилдинг. Бенчпресс. Пауэрлифтинг. Минск: Вида-Н, 2003. - 352 с.

Берштейн, Н.А. Биомеханика и физиология движений / Н.А. Берштейн. - Воронеж: МПО «МОДЭК», 1997. 608 с.

Бондарчук А.П. Периодизация спортивной тренировки. - К., 2000. - 558с.

Вайцеховский С.М. Книга тренера. - М.: ФиС. - 1971-312 с.

Вейдер Д. Принципы Уайдера – основа современного бодибилдинга. «Muscle and Fitness», июль 1987 года.

Вейдер Д. Строительство тела по системе Джо Вейдера (перевод с английского) / Д. Вейдер - М.: ФиС, 1992. -112 с.

Верхошанский Ю.В. Некоторые предпосылки к оптимальному управлению процессом становления спортивного мастерства. - Теория и практика физической культуры, 1966, №4, С.21-23.

Верхошанский Ю.В. Основы специально силовой подготовки в спорте. -М.: ФиС, 1977. - 216 с.

Верхошанский Ю.В. Методика оценки скоростно-силовых способностей спортсменов // Теория и практика физической культуры. - 1979. - №2 - С. 7-11.

Верхошанский Ю.В. Программирование тренировочного процесса квалифицированных спортсменов. - М.: ФиС, 1985.

Верхошанский Ю.В. Основы специальной физической подготовки спортсменов. -М.: ФиС, 1988. - 322 с.

Верхошанский Ю.В. Актуальные проблемы современной теории и методики спортивной тренировки // Теория и практика физической культуры. 1993. № 11-12. С. 21-24.

Верхошанский Ю.В. Основы методики специально силовой подготовки тяжелоатлетов / Ю.В. Верхошанский, А.С. Медведев. - Методическая разработка для слушателей Высшей школы тренеров и студентов Академии. М.: - 1997. 35 с.

Верхошанский Ю.В. Горизонты научной теории и методологии спортивной тренировки // Теория и практика физической культуры. 1998. №7. С. 41-54.

Воробьев А.Н. Тяжелоатлетический спорт. Очерки по физиологии и спортивной тренировке. М.: ФиС, 1971. - 224с.

Воробьев А.Н. Физиологические и гигиенические основы тяжелой атлетики. / А.Н. Воробьев, Н.И. Саксонов // Тяжелая атлетика. М.: ФиС, 1972. - С. 243-274.

Воробьев А.Н. Вариативность нагрузки важнейший фактор рационального построения тренировки / А.Н. Воробьев, А.Д. Ермаков // Теория и практика физической культуры. - 1972.-№6.- С. 8-10.

Воробьев А.Н. Тяжелоатлетический спорт. Очерки по физиологии и спортивной тренировке.2-е доп. М.: ФиС, 1977. - 255с.

Воробьев А.Н. Сила как физическое качество и методы ее развития // Тяжелая атлетика: Ежегодник-1981. М.: ФиС, 1981. С. 117-131.

Воробьев А.Н. Методика тренировки. Тактика соревнований / А.Н. Воробьев, В.И. Родионов // Тяжелая атлетика. М.: ФиС, 1981. С. 131-190.

Воробьев А. Н., Роман Р. А. Методика тренировки / Тяжелая атлетика: Учеб. для ИФК, под ред. А. Н. Воробьева. - М., ФиС, 1988.

Воробьев А.Н. Тренировка. Работоспособность. Реабилитация. М.: ФиС, 1989. -272 с., ил.

Глядя С.А. Стань сильным / С.А. Глядя, М.А. Старов, Ю.В. Батыгин. -Харьков. 1998. - 43 с.

Глядя С.А. Стань сильным. – 2. / С.А. Глядя, М.А. Старов, Ю.В. Батыгин. -

Харьков. 1999, 71 с.

Глядя С.А. Стань сильным – 3. / С.А. Глядя, М.А. Старов, Ю.В. Батыгин. - Харьков. 2000. - 108 с.

Годик М.А. Контроль тренировочных и соревновательных нагрузок. М.: ФиС, 1980, 136 с.

Делавье Ф. Анатомия силовых упражнений для мужчин и женщин / Пер. с фр. О.Е. Ивановой. - М.: РИПОЛ классик, 2006. 144 с.: ил.

Донской Д.Д. Биомеханика с основами спортивной техники: учебник для ин-тов физкультуры. - М.: ФиС, 1971. - 288 с.

Донской Д.Д. Биомеханика. - М., 1975. - 239 с.

Дылык Т.Н. Структура подготовительного периода в пауэрлифтинге // Физическое воспитание студентов творческих специальностей / ХГАДИ (ХХПИ). - Харьков, 2003. - №1. - С. 40-46.

Завьялов И.В. Жим лежа // Мир силы, №1. 2000. - С. 22-25.

Завьялов И. В. Применение специальной экипировки в пауэрлифтинге // Мир силы, №2. 2000. - С. 25-27.

Зациорский В.М. Вопросы методики воспитания физических качеств. -М.: ФиС, 1961. - 175 с.

Зациорский В.М. Годик М.А. Методика и первые результаты исследования «взрывной» силы спортсмена.//Теория и практика физической культуры. 1965. -№ 7. -С. 22-24.

Зациорский В.М. Двигательные качества спортсменов. (Исследования по теории и методике воспитания): Автореферат дис. ... д-ра пед. наук. - М., 1969. - 72 с.

Зациорский В.М. Физические качества спортсмена. М.: ФиС, 1970. - 200 с.

Зимкин Н.В. Физиологическая характеристика силы, быстроты и выносливости. -М.: ФиС, 1956. - 35 с.

Ибель Д.В. Терминология атлетических упражнений в бодибилдинге. М.: Олимпия Пресс, 2006. - С. 80.

Ингерлейб М.Б. Анатомия физических упражнений. -Изд. 2-е. -Ростов на Дону: Феникс, 2009. - 187 [1] с.: ил. - (Феникс-Фитнес).

Кичайкина, Н.Б. Оценка техники приседания со штангой на плечах в пауэрлифтинге с точки зрения мышечного обеспечения движения // Труды кафедры биомеханики: сборник статей / Н.Б. Кичайкина, Г.А. Самсонов. - НГУ им. П.Ф.

Лесгафта, СПб / Под ред. А.В. Самсоновой, В.Н. Томилова. - СПб, 2010. - 79-103.

Книпст И.Н. Влияние величины тренировочного груза на увеличение силы мышц. Сб. Проблемы физиологии спорта. 1. - М.: ФиС, 1958.

Кострюков В.В. Совершенствование специальной силовой подготовки квалифицированных пауэрлифтеров на основе применения упражнений с переменными отягощениями. Дис. ... канд. пед. наук: Чебоксары, 2011. - 189 с.

Крестовников, А.Н. Очерки по физиологии физических упражнений. -М.: ФиС, 1951. 168 с.

Лукьянов Б.Г. Кинематические характеристики модели техники жима лежа. / Б.Г. Лукьянов, Б.И. Шейко, Г.А. Смоляков, И.С. Фролов. - Российская научная конфе- ренция "Инновационные подходы в организации и содержании образовательного процесса в спортивной и оздоровительной деятельности" УГАТУ 2008 133-135 с.

Лукьянов Б.Г. Структурная модель техники жима лежа. / Б.Г. Лукьянов, Б.И. Шейко, А.Б. Лукьянов. -Российская научная конференция "Инновационные подходы в организации и содержании образовательного процесса в спортивной и оздоровительной деятельности" УГАТУ 2008 141-146с.

Лэмберт Майкл. Как приседать? // Muscle and Fitness,1988, март. С.12-13.

Лэмберт Майкл. Приседания в силовом троеборье // Атлетизм, 1990, № 10. - С. 18.

Лэмберт Майкл. Как правильно тренировать становую тягу. //Олимп, 1993, № 2. -С.- 19-21.

Матвеев Л.П. Основы спортивной тренировки / Л.П. Матвеев. - М.: ФиС, 1977. - 297 с.

Матвеев Л.П. Величина тренировочной нагрузки и рост спортивных достижений / Л.П. Матвеев, Р.А. Роман, А.В. Черняк // Тяжелая атлетика. Сборник статей. Ежегодник 1973 / Сост. Р.А. Роман. - М.: ФиС, 1973. - С.13-19. 48.

Матвеев Л.П. Теория и методика физической культуры. - М.: ФиС, 1991. - 542 с.

Медведев А.С. Распределение тренировочной нагрузки тяжелоатлетов между недельными циклами за месяц до соревнования. // Теория и практика физической культуры. - 1966. № 5. С. 31-32.

Медведев А.С. Объем и интенсивность тренировочных нагрузок в соревнова- тельный период у сильнейших тяжелоатлетов СССР: Автореф. дис. канд. пед. наук / Медведев Алексей Сидорович; [Гос. Центр. Ордена Ленина ин-т физ. культуры] -М.,1967. - 21 с.

Медведев А.С. Объем и интенсивность тренировочных нагрузок в предсоревновательном периоде сильнейших тяжелоатлетов // Теория и практика физической культуры. - 1969. - 2. - С. 21-23.

Медведев А.С., Черняк А.В. Некоторые варианты распределения объема и интенсивности суммарной тренировочной нагрузки тяжелоатлетов между недельными циклами за месяц до соревнований // Трибуна мастеров тяжелой атлетики. В помощь тренеру / Сост. сборника А.Н. Воробьев. - М.: ФиС, 1969. - С. 20-26.

Медведев А.С. Методика тренировки тяжелоатлета. Тяжелая атлетика. Учебник для студентов инст. физич. культ. М.: ФиС, 1972. - С. 160-220.

Медведев А.С. К вопросу о классификации и ранжировании тяжелоатлетических упражнений // Тяжелая атлетика. Ежегодник. - М.: ФиС, 1982. - С.19-23.

Медведев А.С. Классификация упражнений, применяемых в тренировочном процессе в силовом троеборье / А. С. Медведев, Я.Э. Якубенко // Олимп, 1997, № 2. -С. 26-27.

Муминов, В.И. Развитие силы ног у пауэрлифтеров // Пауэрлифтинг. -№ 6.- 2008. - С. 24-26.

Муравьев В.Л. Пауэрлифтинг. Путь к силе. - М.: Светлана П, 1998. - 32 с.

Муравьев В.Л. Жми лежа. Начинающим с «нуля». М.: Лана, 2001. - 32 с.

Назаренко Ю.Ф. Методика обучения соревновательным упражнениям в силовом троеборье. (пауэрлифтинг) / Ю.Ф. Назаренко, С.Ю. Те, С.В. Матук; Сибирский ГУФК. - Омск, 2003. - 44 с.

Назаренко Ю.Ф. Техника соревновательных упражнений в силовом троеборье / Ю.Ф. Назаренко, С.Ю. Те; Сибирский ГУФК. - Омск 2001, 27 с.

Наталов Г.Г. Проблема классификации физических упражнений // Теория и практика физической культуры. - 1968. - №8. - С. 64-67.

Объемно-силовая система тренировок / авт.- сост. Л.В. Аксенова. - М.: АСТ; Донецк: Сталкер, 2006.

Озолин Н.Г. Современная система спортивной тренировки. - М.: ФиС, 1970. - 480 с.

Озолин Н.Г. Проблемы совершенствования советской системы подготовки спортсменов // Теория и практика физической культуры. - 1984. - №10. С.48-50.

Озолин Н.Г. Настольная книга тренера: Наука побеждать /Н.Г. Озолин. -М.: ООО «Изд. Астрель»: ООО «Издательство АСТ», 2002. - 864 с.: ил. - (Профессия тренер).

Остапенко Л. А. Терминология бодибилдинга. // IronMan, 2000, №7.

Остапенко Л.А. Пауэрлифтинг. //Теория и практика телостроительства, 1994, №5. - С. 112-148.

Остапенко Л.А. Особенности тренировочного процесса в силовом троеборье на этапе отбора и начальной подготовки: Автореф. дисс. .канд. пед. наук / Л.А. Остапенко. - М., 2002. - 25 с.

Паков А.В. Оптимальные тренировочные нагрузки в полугодичном цикле у тяжелоатлетов-разрядников различной технической подготовленности: Автореф. дис.... канд. пед. наук. М., 1960. - 19 с.

Паков А.В. Особенности тренировки спортсменов различной технической подготовленности / А.В. Паков, А.В. Черняк // Тяжелая атлетика. М.: ФиС, 1977. С. 48-52.

Паков А.В. Экспериментальное обоснование оптимальных тренировочных нагрузок тяжелоатлетов-разрядников. /А.В. Паков, В.С. Аванесов // Тяжелая атлетика: Ежегодник, 1980 / Сост. Ю.А. Сандалов - М.: ФиС, 1980.- С.15-20.

Паков А.В. Оптимизация тренировочной нагрузки в тяжелой атлетике. / А.В. Паков, В.С. Аванесов, В.А. Нижегородов, В.В. Новиков. - Т.: Медицина, 1985. - 134 с.

Перов, П.В. Пути повышения эффективности тренировки в жиме лежа / П.В. Перов // Санкт-Петербург - родина отечественного атлетизма: Международный сб. научно-метод. трудов / СПб ГАФК им. П.Ф. Лесгафта.- СПб., 2004. - 39-40.139140.

Перов, П.В. Содержание физической подготовки на начальном этапе занятий пауэрлифтингом: Автореф. дис. .канд. пед. наук/ П.В. Перов; СПб ГУФК им. П. Ф. Лесгафта. СПб., 2005. - 24 с.

Петров В.К. Ваш помощник тренажер. М.: Советский спорт, 1991. - С.45.

Платонов В.Н. Современная спортивная тренировка. -Киев: Изд-во Здоровья, 1980. - 336 с.

Платонов В.Н. Подготовка квалифицированных спортсменов -М.: ФиС, 1986. -286 с.

Платонов В.Н. Адаптация в спорте. - Киев: Здоровье,1988.-216 с.

Платонов В. Н. Система подготовки спортсменов в олимпийском спорте. Общая теория и ее практические приложения. - К.: Изд-во Олимпийская литература, 2004. - 808 с.

Плехов В.Н. Возьми в спутники силу. - М.: ФиС, 1988 - 240 с.

Полетаев П.А. О необходимости нового подхода к планированию, контролю и анализу тренировок тяжелоатлетов с целью разработки эффективных тренировочных программ Часть третья (окончание): Основные параметры тренировочной нагрузки (методологический анализ) // Олимп. № 2-3, 1999. С. 18-20.

Пономарев В.Н. Атлетизм. /В.Н. Пономарев, Ю.А. Богащенко. - Красноярск, 1991. - 254 с.

Попов Г.И. Биомеханика двигательной деятельности: учеб. для студ. учреждений высш. проф. образования / Г.И. Попов, А. В. Самсонова. -М.: Издательский центр «Академия», 2011. - 320 с. - (Сер. Бакалавриат).

Прилепин А.С. Экспериментальное определение оптимальной тренировочной нагрузки тяжелоатлетов-разрядников: Автореф. дис. канд. пед. наук. /Прилепин Александр Сергеевич; [Гос. Центр. Ордена Ленина ин-т физ. культуры]. - М.,1974. - 25.

Прилепин А.С. Объем месячной нагрузки атлетов Ш и П разрядов при тренировке с отягощениями 70% предельного веса // Тяжелая атлетика: Ежегодник. - М,: ФиС,1974, с,22-24. 184.

Прилепин А.С. Количество подъемов штанги весом 90% в тренировках тяжелоатлетов-разрядников 16-18 лет // Тяжелая атлетика. Ежегодник-1976. -М.: ФиС, 1976. С. 8-11.

Пэйн, П. Чудовищный жим: руководство к действию. //Мир силы. -№1, 2001. -С. 32-33.

Пэйн, П. Становая тяга ваш главный козырь // Мир Силы. - №2, 2000. - С. 36-37.

Рогожников К.В. Школа чемпионов. Разговор о тренинге в современном пауэрлифтинге // Мир силы. №2, 2007. - С. 43-47.

Рогожников К.В. Как пожать 300? // Power life, №1, 2010. С. 30-32.

Родионов, В.И. Как развить силу / В.И. Родионов. - М.: ФиС, 1964. - 94 с.

Родионов В.И. Вариант планирования недельной тренировки // Тяжелая атлетика. М.: ФиС, 1977. С. 77-80.

Роман Р. А. Тренировка тяжелоатлета в двоеборье. - М.: ФиС,1974. - 151 с.

Роман Р.А. Тренировка начинающего тяжелоатлета в 17-18 лет // Тяжелая атлетика. - М.: ФиС,1975, С. 34-37.

Роман Р. А. Содержание тренировки спортсмена высокого класса // В дружбе - сила. М.: ФиС, 1978. С. 56-85.

Роман Р.А. Тренировка тяжелоатлета.- 2-е изд., перераб., доп. -М.: ФиС, 1986. -175 с.

Рыбальский П.И. Жим в пауэрлифтинге. //Теория и практика физической культуры. - № 8, 1997. С. 58-60.

Рыбальский П.И. Становая тяга в пауэрлифтинге // Теория и практика физической культуры. № 10, 1997. - С .40-42.

Рыбальский П.И. Взрывная сила // Мир силы. № 4,1999. - С. 23-25.

Рыбальский П.И. Структура и содержание тренировочных микроциклов различной направленности в зависимости от характеристик соревновательных упражнений в пауэрлифтинге: автореф. дис. ... канд. пед. наук / П.И. Рыбальский. - М., 2000.

Сайпсон Майк. Моя русская программа жима. "Muscle and Fitness", sept., 1987.

Самсонов, Г.А. Методика коррекции технической и специальной силовой подготовки пауэрлифтеров с целью преодоления "мертвых зон" в жиме штанги лежа / Г.А. Самсонов, Б.И. Шейко // Труды кафедры биомеханики университета имени П.Ф. Лесгафта. 2015. Вып.9. С. 46-51.

Самсонов, Г.А. Новый подход к определению понятия и выявлению "мертвой зоны" в жиме штанги лежа / Г.А. Самсонов // Российский журнал биомеханики, 2015. - Т. 19. - № 3. - С. 296-306.

Самсонов, Г.А. Преодоление "мертвых зон" при выполнении жима штанги лежа / Г.А. Самсонов, Н.Б. Кичайкина, Б.И. Шейко // Ученые записки университета имени П.Ф. Лесгафта, 2015. - № 10 (128). - С. 171-176.

Самсонов, Г.А. Устройство для фиксации отрыва таза при выполнении жима штанги лежа / Г.А. Самсонов, С.Н. Забавный // Труды кафедры биомеханики университета имени П.Ф. Лесгафта, 2015. - Вып.9. - С. 43-45.

Самсонов, Г.А. Электрическая активность широчайшей мышцы спины при жиме штанги лежа на горизонтальной скамье / Г.А. Самсонов, Д.Д. Дальский // Ученые записки университета имени П.Ф. Лесгафта, 2015.– № 8 (126). - С. 137-142.

Самсонов, Г.А. Коррекция техники жима штанги лежа пауэрлифтеров высокой квалификации с целью преодоления «мертвых зон», дис. ... канд. пед. наук / Г.А. Самсонов. - СПб:., 2016. 196 с.

Самсонова А.В. Биомеханика мышц: учебно-методическое пособие / А.В. Самсонова, Е.Н. Комиссарова / СПбГУФК им. П.Ф.Лесгафта, СПб.: [б.и.]. - 127 с.

Самсонова А.В. Гипертрофия скелетных мышц человека: монография / А.В. Самсонова; Национальный гос. Ун-т физ. культуры, спорта и здоровья им. П.Ф. Лесгафта. - СПб.: [б.и.], 2011. - 203 с. ил.

Самсонова, А.В. Электрическая активность мышц нижних конечностей при выполнении жима штанги лежа / А.В. Самсонова, Б.И. Шейко, Н.Б. Кичайкина, Г.А. Самсонов // Ученые записки университета имени П.Ф. Лесгафта, 2014. - № 5 (111). - С. 159-165.

Самсонова, А.В. Механизм передачи импульса от ног штанге при выпол- нении жима штанги лежа / А.В. Самсонова, Б.И. Шейко, Н.Б. Кичайкина, Г.А. Самсонов // Труды кафедры биомеханики университета имени П.Ф. Лесгафта, 2014. - Вып. 8. - С. 34-37.

Сандов Е. Сила и как сделаться сильным. - СПб: Изд-во Ф.И. Митюрникова, 1900. - 125 с.

Селуянов В. Н. Эмпирический и теоретический пути развития теории спортивной тренировки // Теория и практика физической культуры. 1998. № 3. С. 46-50.

Селуянов В.Н. Принципы построения силовой тренировки / В.Н. Селуянов, С.К. Сарсания // Юбилейный сборник трудов ученых РГАФК, посвященный 80-летию академии. - М.: 1998. - Т. 2. - С. 39-49.

Семенов Г.П. Исследование режимов работы мышц в связи с формированием силовых качеств человека. Автореф. дис. канд. биол. наук. Тарту, 1972. - С.27.

Силин, В.И. Интегральная подготовка мастеров пауэрлифтинга // Пауэрлифтинг. -2009.- №7. - С. 12-14.

Симавский О. Вариативность нагрузки в предсоревновательный период // Мир силы. №3, 2002. С.36-39.

Симмонс Луи Управление тренингом. //Железный мир. №5-6, 2003, С.182-183.

Симмонс Луи Использование свободных отягощений. //Железный мир. №2, 2004, С.176-177.

Симпсон, Майкл. Моя русская программа жима / М. Симпсон: //Muscle and Fitness, sept., 1987.

Слоан С.С. Жим лежа // IronMan. - №10. - 2000. - С. 34-37.

Смолов С.Ю. Тяга как одно из основных упражнений силового троеборья: краткий анализ и методика тренировки // Атлетизм, Инспорт, Малаховка, 1993. - №2. - С. 3-13.

Солоневич И. Тренировка тяжелоатлета. М.: ФиС, 1925, с. 53-57.

Солоневич И. Гиревой спорт. - М.: Книгоиздательство ВЦСПС, 1928. - 96 с.

Старов М.Д. Техника жима лежа в пауэрлифтинге. // IronMan. - №10, 2000. - С.

16-18.

Стеценко А.И. Теоретические и методические основы подготовки в пауэрлифтинге. Пауэрлифтинг Украины. - К.: № 1 (2), 1997. - 25 с.

Стеценко А.И. Построение тренировочного процесса в пауэрлифтинге на этапе непосредственной подготовки к соревнованиям: автореф. дис. ... канд. пед. наук / А.И. Стеценко. - Киев, 2000.

Стеценко А.И. Пауэрлифтинг. Теория и методика избранного вида спорта. Черкасси: ЧНУ Б. Хмельницкого, 2008.- 452с.

Стюарт Мак Роберт. Жим лежа = 180 кг! М.: Изд. «Сила и красота». 16 с.

Суровецкий А. Становая тяга // Мир силы.- № 4, 2000. - С. 25-28.

Сухоцкий И.В. Тренировка в пауэрлифтинге. Методическая разработка. М.: МИИТ, 1999. 30 с.

Сухоцкий И.В. Пауэрлифтинг. Методика тренировки высококвалифицированных спортсменов. М.: МИИТ, 2000, 38 с.

Токарски Крэйг. Клуб 700 – фунтовиков // Muscle and Fitness, февраль 1993.

Терминология спорта. Толковый словарь спортивных терминов / Сост. Ф.П. Суслов, Д.А.Тышлер. - М.: СпортАкадемПресс, 2001. - 480 с.

Тяжелая атлетика: учеб. для ин-тов физ.культ. / А.Н. Воробьев. -М.: ФиС,1988. -238 с., ил.

Уильяме, Дж. Вспомогательные упражнения для повышения результатов в жиме на скамье. // Muscular Development.- май, 1994. - С. 21-22.

Фаламеев А.И. Вариативность методики тренировки тяжелоатлета // Тяжелая атлетика: Ежегодник / Сост. Роман Р.А.- М.: ФиС, 1974.- С.17-20.

Фаламеев А.И. Систематика, классификация и терминология в тяжелой атлетике: метод. рекомендации / А.И. Фаламеев.- Л.: [б.и.], 1981.- 35 с.

Фаламеев А.И. Планирование тренировочной нагрузки новичков и разрядников // Тяжелая атлетика: Ежегодник. М.: ФиС, 1970, С. 36-43.

Фалеев А.В. Анти - МакРоберт: Думай! по-русски. Как тренироваться по циклам. - Ростов н/Д: Изд-во Феникс, 2006. - 285 с. - (Планета Спорт).

Фалеев А.В. Секреты силового тренинга. Как накачать силу и мышечную массу, занимаясь без тренера. - М.: Изд-во АСТ; Донецк: Сталкер, 2008. - 319 с.

Фарфель, В.С. Управление движениями в спорте. М.: ФиС, 1975. - 208 с.

Фетисов В.С. Информационно-измерительный комплекс для многопараметрической оценки состояния опорно-двигательного аппарата чело¬века. / В.С. Фетисов, О.А. Дудов, П.С. Горулев, Е.П. Артеменко, А.Х. Кальметьев , Е.А. Константинов. // Медицинская техника. - №4, 2004. - С. 16-18.

Филипп Л. Некоторые принципы тренинга в силовом троеборье. Братислава. // Тренер. - №10, 1978. - С. 67-69.

Холодов Ж.К. Теория и методика физического воспитания и спорта: учеб. пособие для студ. высш. учеб. заведений /Ж.К. Холодов, В.С. Кузнецов. -5-е изд., стер.- М.: Издательский центр «Академия», 2007.- 480 с.

Холопов В.А. Построение тренировочных нагрузок в микро и мезоциклах на базовом этапе годичного цикла подготовки пауэрлифтеров высших разрядов // Вестник спортивной науки. - Советский спорт. - №4. - 2007. - С. 62-65.

Холопов В.А. Построение нагрузок различной направленности в годичном цикле подготовки пауэрлифтеров старших разрядов.//Вестник читинского государственного университета. - Чита. - №1, 2008. - С. 103-109.

Холопов В.А. Построение и содержание тренировочных нагрузок в годичном цикле подготовки пауэрлифтеров старших разрядов.: дис. ... канд. пед. наук / В.А. Холопов. - М.: Изд-во ВНИФК, 2008. - 115 с.

Хэтфилд Ф.К. Присед. Техника и тренировочные методы. // Muscular Development, 1982, февраль. - С. 34-37.

Хэтфилд Ф.К. Всестороннее руководство по развитию силы. - Новый Орлеан, 1983. / Ретопринтное переводное издание Ассоциации федераций культуризма Восточной Сибири и Дальнего Востока. - Красноярск, 1992. - 288с.

Чередниченко С.А. Культуризм и пауэрлифтинг. -Краматорск: НПОНИИПТмаш, 1991. - 256 с.: ил.

Чернышев П.Н. Жим, ничего кроме жима // Мир силы. - июнь, 1999. - С. 34-37.

Черняк А.В. Распределение тренировочной нагрузки по неделям за два месяца до соревнований / А.В. Черняк, Н. Атанасов, А. Ермаков. // Тяжелая атлетика: Ежегодник / Сост. Р.А. Роман. - М.: ФиС, 1972. - С. 10-18.

Черняк А.В. О соотношении между объемом и интенсивностью тренировочной нагрузки. - В сб.: Тяжелая атлетика. - М.: ФиС, 1973, С. 23-26.

Черняк А.В. Методика планирования тренировки тяжелоатлета. М.: ФиС., 1978. 136 с. ил.

Черняк А.В. Объем и интенсивность тренировочных нагрузок атлетов различных весовых категорий / А.В. Черняк, А.В. Чужин, М.С. Гисин, С.А. Качаев // Тяжелая атлетика: Ежегодник. М.: ФиС, 1976. - С. 19-24.

Черняк А.В. Распределение объема и интенсивности недельной нагрузки в течение года. / А.В.Черняк, Э.Ш. Каримов, Ж.Т. Бутинчинов // Тяжелая атлетика: Ежегодник. 1979. - М.: ФиС, С. 15-17.

Чудинов В.И. Абсолютная и относительная сила спортсмена // Теория и практика физической культуры. -1962. - № 3. - С. 34-36.

Шагапов Р.Х. Пауэрлифтинг – спорт высших достижений. Монография / Р.Х. Шагапов, О.П. Слива. Екатеринбург: УГТУ, 1998. - 154 с.

Шагеева Л.Г. О теории движений в силовых видах спорта. // Пауэрлифтинг. -№7, 2009. - С. 23-25.

Шварцнегер А. Новая энциклопедия бодибилдинга. -М.: изд-во ЭКСМО-Пресс, 2000, - 824с, ил.

Швуб Йожеф. Техника жима лежа. // Trener, 1980, ноябрь.

Шейко Б.И. Методика планирования для начинающих пауэрлифтеров // Мир силы. №4, 1999.- С. 28-31.

Шейко Б.И. Методика планирования спортсменов-разрядников // Мир силы. №1, 2000.- С.32-34.

Шейко Б.И. Методика подготовки пауэрлифтеров в группе спортивного совершенствования (КМС-МС) // Олимп. №1, 2000. - С. 37-41.

Шейко Б.И. Месячный план подготовки спортсмена – разрядника. Часть1. // Мир силы. №3, 2000. - С. 30-35.

Шейко Б.И. Месячный план подготовки разрядников (подготовительный период) // Мир силы. №4, 2000. - С. 22-25.

Шейко Б.И. Методика подготовки пауэрлифтеров в группе высшего спортивного мастерства (МС и МСМК) // Олимп. № 2-3, 2000. - С. 34-38.

Шейко Б.И. Методика достижения результатов в пауэрлифтинге: от начальной подготовки до спортивного совершенства. - Омск, 2000. - 136 с.

Шейко Б.И. Терминология упражнений применяемых в пауэрлифтинге. // Мир силы, №4, 2001. - С.20-27.

Шейко Б.И. Техника соревновательных упражнений. Тяга становая. // Мир силы. №1, 2002. - С.4-9.

Шейко Б.И. Техника выполнения тяги становой // Олимп. №1, 2002. - С. 33-37.

Шейко Б.И. Техника выполнения приседания // Олимп. №2, 2002. - С. 26-31.

Шейко Б.И. Техника выполнения жима лежа на скамье. // Олимп. №3-4, 2002. -С. 20-25.

Шейко Б.И. Краткий очерк истории развития пауэрлифтинга в России. // Железный мир. № 4, 2003. - С. 240-245.

Шейко Б.И. Жим лежа для любителей пахать // Мир силы. №1, 2003. - С. 22-29.

Шейко Б.И. Специальные упражнения в пауэрлифтинге (Методическое пособие). / Б.И. Шейко, П.С. Горулев. Уфа.: 2004.- 112 с.

Шейко Б.И. Секреты тренерской кухни Леонида Котенджи. // Железный мир. №3, 2005. - С. 168-171.

Шейко Б.И. Пауэрлифтинг. (Учебное пособие для студентов высших учебных заведений) М.: ЗАО «ЕАМ СПОРТ СЕРВИС». 2005. – 544 с.

Шейко Б.И. Биомеханический анализ техники выполнения жима лежа. Первые результаты / Б.И. Шейко, Б.Г. Лукьянов, В.С. Фетисов // Железный мир. № 4, 2007. - С. 124-130.

Шейко Б.И. Пауэрлифтинг в цифрах и фактах 1980-2005. (книга 1)

Чемпионаты России, М.: ЗАО «ЕАМ СПОРТ СЕРВИС». 2007. - 720 с.

Шейко Б.И. Что дает спортсмену жимовая майка. / Б.И. Шейко, Б.Г. Лукьянов, В.С. Фетисов, О.А. Дудов, П.В. Репина. //Железный мир. №5, 2007. - С. 128-133.

Шейко Б.И. Техника жима лежа. /Б.И. Шейко, Б.Г. Лукьянов, В.С. Фетисов, О.А. Дудов, П.В. Репина. //Железный мир. №6, 2007. - С. 128-133.

Шейко Б.И. Видеотехнический комплекс для анализа движений спортсменов / Б.И. Шейко, Б.Г. Лукьянов, В.С. Фетисов, О.А Дудов // Вестник УГАТУ 2007. - Т. 9. - №5 (23). С. 64-71.

Шейко Б.И. Пауэрлифтинг в цифрах и фактах (книга 2) Чемпионаты.

Европы - EPF. М.: ЗАО «ЕАМ СПОРТ СЕРВИС». 2008. - 544 с.

Шейко Б.И. Методика обучения технике соревновательных упражнений в пауэрлифтинге. / Б.И. Шейко, Б.Г. Лукьянов. Международная научно-практическая конференция «Актуальные проблемы физической культуры, спорта и туризма». УГАТУ. 2009. - С. 88-90.

Шейко Б.И. Пауэрлифтинг России в цифрах и фактах (книга 3). Чемпионаты мира. IPF. (1971-2008). / Б.И. Шейко, Г.В. Ходосевич. Красноярск: ООО ИПЦ «КАСС». 2009. - 792 с.

Шейко Б.И. Техника приседания со штангой на спине Е. Ковалькова // Тяжелая атлетика и пауэрлифтинг. №1, 2009. - С. 26-28.

Шейко Б.И. Биомеханический анализ техники выполнения тяги становой стилем «сумо» трехкратного чемпиона мира Хупера Вэйда, США / Б.И. Шейко, В.С. Фетисов. IV Междунар. Науч.-практич. конф. «Актуальные проблемы физической культуры, спорта и туризма». - Уфа: УГАТУ, 2010. - С. 72-77.

Шейко Б.И. Сравнительные характеристики биомеханического анализа техники тяги становой. / Б.И. Шейко, В.С. Фетисов. IV Междунар. Науч.-практич. конф. «Актуальные проблемы физической культуры, спорта и туризма».- Уфа: УГАТУ, 2010. - С.77-86.

Шейко Б.И. Теоретические основы техники выполнения соревнователь-ного упражнения жим лежа. Учебное пособие / Б.И. Шейко, Е.В. Охлюев. - Уфа, Ред.-издат. центр Баш ИФК, 2010. – 190 с.: ил.

Шейко Б.И. Биомеханический анализ техники выполнения тяги Андрея Беляева. // Power Life. № 5, 2011. - С. 46-48.

Шейко Б.И. Биомеханический анализ техники выполнения тяги классическим стилем Баруздина Максима. // Power Life. №6, 2011. - С. 36-38.

Шейко Б.И. Ретроспективный взгляд на методологию увеличения силы. Башкирский институт физической культуры(филиал) ФГОУ ВПО «Уральский государственный университет физической культуры», г. Уфа.Актуальные проблемы физической культуры, спорта и туризма: мат. V Междунар. науч.-практич. конф. Уфимск. гос. авиац. техн. ун-т. - Уфа: УГАТУ, 2011 - С.163-167.

Шейко Б.И. Методика обучения студентов основам техники жима лежа. Актуаль-ные проблемы физической культуры, спорта и туризма: Мат. VI Международной научно-практич. конференции, посвященной 80-летию УГАТУ/Уфимский гос. Авиационный техн. Ун-т. Уфа: УГАТУ, 2012. - С 219-221 с.

Шейко Б.И. Методика обучения студентов основам техники тяги. Актуальные проблемы физической культуры, спорта и туризма: Мат. VI Международной научно-практич. конференции, посвященной 80-летию УГАТУ/Уфимский гос. Авиационный техн. Ун-т. Уфа: УГАТУ, 2012. - С 224-228 с.

Шейко Б.И. Методика обучения студентов основам техники приседания со штан-гой на плечах. Актуальные проблемы физической культуры, спорта и туризма: Мат. VI Международной научно-практич. конференции, посвященной 80-летию УГАТУ /

Уфимский гос. Авиационный техн. Ун-т. Уфа: УГАТУ, 2012. - С 221-224 с.

Шейко, Б.И. Пауэрлифтинг. От новичка до мастера. Монография / Б.И. Шейко, П.С. Горулев, Э.Р. Румянцева, Р.А. Цедов; под общ. ред. Б.И. Шейко Пауэрлифтинг. От новичка до мастера. - М: Медиагрупп «Актиформула». - 2013, С. 177-278.

Шейко Б.И. «Русская пирамида». Кто автор тренировочной системы «Пиковый цикл» и «Русская пирамида»? //Железный мир». №7 -2014. С.136-140.

Шейко Б.И., Юламанова Г.М. Применение тренажеров в физкультурно-оздоровительной и спортивно-тренировочной деятельности. Учебное пособие/– Уфа, Редакционно-издательский центр Баш ИФК, 2015. - 121 с.: ил.

Шейко Б.И. Сарычев, К.И. Жим штанги лежа для спортсменов всех уровней подготовки и физических возможностей. - Москва, 2018. - 528 с.: ил.

Штольц А. Руководство к развитию силы и наращиванию мускулов посредством упражнений с гирями и другими приборами. - СПб.: Изд-во А.Ф. Сухановой, 1909. - 88 с.

Щетина Б.М. К вопросу о планировании тренировочной нагрузки в пауэрлифтинге. // Физическая культура, спорт и здоровье населения Дальнего Востока: материалы V Межрегион, науч. конф.-Хабаровск, 1997.-С.130-131.

Щетина Б.М. Двигательная структура соревновательных упражнений в пауэрлифтинге. Материалы межрегиональной науч. и науч.-практ. конф. Ч. III / Б.М. Щетина, Б.В. Райский. - Хабаровск, 1999. - С. 80-81.

Щетина Б.М. Двигательная структура соревновательного упражнения «приседание» в пауэрлифтинге. Материалы науч. конф. преподавателей ХГПУ / Б.М. Щетина, В.В. Ткачев, В.В. Мулин. - Хабаровск, 2000. - С. 91-92.

Щетина Б.М. Двигательная структура жима лежа. Материалы науч.- практ. конф. / Б.М. Щетина, В.В. Мулин, В.В. Ткачев. – Хабаровск, 2001. -С. 316-317.

Щетина Б.М. Силовое троеборье (теория и методика обучения и тренировки). Рекомендовано РОУМО ДВ РУМЦ в качестве учебного пособия для студентов высших учебных заведений. Хабаровск. Издательство ДВГУПС. 2008. 76 с.

Якубенко Я. Э. Сравнительный анализ объема тренировочной нагрузки в пауэрлифтинге у мужчин в зависимости от квалификации и массы тела Дис. ... канд. пед. наук : 13.00.04. - М., 2006.- 127 с.

Anderson, T., & Kearney, J.T. Effects of three resistance training programs on muscular strength and absolute and relative endurance. Res Q Exerc Sport, 53,1-7,1982.

Bacchle T.R. Essentials of Strength Training and Conditioning. Champaign IL: Human

Kinetics, 1994.

Baker G. Exercise of the month. Strength Cond. J. 16:54-55.1994.

Berger R.A. The Effect of varied weight training programs on strength and endurance. Microfilm, University of Illinois, 1960.

Berger R.A. Effect of varied weight training programs on strength.// Res .Quart 1962. - Vol. 33.- No. 1 - P. 168-181.

Berger R.A. Repetitions for the Development of Strength // Res Quart-1962.-Vol. 33. - No. 3 - P. 334-338.

Berger R.A. Comparative effects of three weight training programs // Res Quart-1963.-Vol. 34 - P. 396-398.

Berger R. Comparison of the effect of various weight training loads on strength. //Res Quart-1965.-Vol. 36 - P. 141-146.

Berger R.A., and Hardage B. Effect of maximum loads for each of ten repetitions on strength improvement // Res Quart - 1967. - Vol. 38. - No. 4. - P. 715-718.

Borst S.E., DeHoyos D.V., Garzarella L., Vincent K., Pollock B.H., Lowenthal D.T. et al. Effects of resistance training on insulin like growth factor-1 and IGF binding proteins. // Med Sci Sports Exerc - 2001- Vol. 33 - P. 648-653.

Daniels D. Tips On Squatting. "Powerlifting USA", January 1999.

Daniels D. Deadlift Details. "Powerlifting USA", November 1999.

Daniels D. Close Grip Bench Press. "Powerlifting USA", January 2000.

Daniels D. Deadlift 101, Part 1. Powerlifting USA. Vol 26. No.8. 2003.

DeLorme T.L. Restoration of Muscle Power by Heavy-Resistance Exercises // J Bone Joint Surg. - 1945. - Vol. XXVII. - No 4. - P. 645-667.

DeLorme T.L. Heavy-Resistance Exercises // Arch. Phys Med. - 1946. - No. 27. - P. 607- 630.

DeLorme T., Watkins A. Techniques of progressive resistance exercise // Arch. Phys Med. Rehabil. - 1948. - No. 29. - P. 263-273.

DeLorme T.L., West F.E. and Schreiber W.J. Influence of progressive-resistance exercises on knee function following femoral fractures // J Bone Joint Surg. - 1950. - Vol. 32A. - No.4. - P. 910-924. DeLorme T.L., Watkins A.L. Progressive resistance exercises. - New York: AppletonCentury-Crofts. Division of the Meredith Publishing Co., 1951.

DeLorme, Thomas L., and Watkins A. L. Progressive resistance exercise: technic and medical application - New York: Appleton- Century-Crofts., Inc., Division of The Meredith

Publishing Co., 1951.

DeLorme T.L. Effect of progressive Resistance exercise on Muscle Contraction // Arch Phys Med. Rehabil. - 1952. - No. 33. - P. 86.

Duclos M. (2008). A critical assessment of hormonal methods used in monitoring training status in athletes. Int. J. SportsMed (pp.56–66).

Farley K. Analysis of the Conventional Deadlift. Strength and Conditioning Journal. Vol 15. - No. 2. - 1995. - pp 55-58.

Fish D. E., Krabak B. J., Johnson-Greene D., DeLateur B.J. Optimal Resistance Training: Comparison of DeLorme with Oxford Techniques // Am J Phys Vaughan, ed. Boca Raton, FL: CRC Press, 1989. pp 169-211.

Grabiner M.D. and Garhammer, J. Analysis and assessment of human movement performance. In: Kinesiology and Applied Anatomy. P.J. Rasch, ed. Philadelphia: Lea & Febiger, 1989. pp 247-258.

Haff G.G., Hobbs R., Haff E., Sands W., Pierce K., Stone M. Cluster Training: A Novel Method for Introducing Training Program Variation. // Strength Cond J - 2008. - Vol. 30 - No. 1 - P. 67-76.

Harris T. The Squat. // Powerlifting USA, September 1998.

Hatfield F. Soviet System Of Peaking. "Muscle and Fitness", June 1987.

Hatfield F. So, Do You Want To Be A Powerlifter? "Muscle & Fitness", October 1985.

Hayes L.D., Bickerstaff G.F., Baker J.S. (2010). Interactions of cortisol, testosterone, and resistance training: influence of circadian rhythms. Chronobiol Int. (June 27(4), pp.675-705).

Hellebrandt F.A., Houtz S.J., and Eurbank R.N. Influence of alternate and reciprocal exercise on work capacity //Arch. Phys. Med. - 1951. - Vol. 32 - P. 766-776.

Henry C.G. A comparison of the effectiveness of two methods for the development of muscular strength. Unpublished master's thesis, State University of Iowa, 1949.

Hettinger T., Muller E. Muskelleistung und Muskeltraining. "Arbeitsphysiologie", 1953, 15.

Hoffman B. Deadlift. // Muscular Development, June 1985.

Horn T.S. A biomechanical comparison of sumo and conventional deadlifting techniques. Int. J. Sports Med. 9:150. 1988.

John S. O Brien Bench Assault: The shortest road to maximum power 1991. - 36 p.

John S. O Brien Squat and deadlift blitz: The shortest road to maximum power 1992 35p.

Kamand A. Sguatting For The Beginner and Intermediate Powerlifting. // Powerlifting USA, November 1994.

Kuc J. Drug Free Squat Routine. "Powerlifting USA", January 2000.

Krusen E.M. Functional improvement produced by resistance exercise of quadriceps muscles affected by poliomyelitis // Arch. Phys. Med. & Rehabilit. - 1949. - Vol. 30. - P. 271-277.

Landers J. Maximun based on repetitions // Strength Cond J - 1985. - No. 6. - P. 60-61.

Leighton J.R., Holmes D., Benson J., Wooton B., Schememer R. A study on the effectiveness of ten different methods of progressive resistance exercise on the development of strength, flexibility, girth and bodyweight. // J Assoc Phys Mental Rehabil 1967. - Vol.21- P. 78-81.

Marx J.O., Ratamees N.A., Nindl B.C., Gotshalk L.A., Volek J.S., Dohi, K. et al.Low volume circuit versus high volume periodised resistance training in women // Med Sci Sports Exerc - 2001. - Vol. 33. - P.635-643.

McGovern R.E., and Luscombe H.B. Useful modifications of progressive resistance exercise technique. //Arch. Phys. Med. - 1953. - Vol. 34 - P. 475-479.

McRobert S. Hargainer. "IRONMAN", February 1998.

McRobert S. Sustaining Progress. "Hardgainer", November 1991.

McGuigan, R.M. & Wilson B.D. Biomechanical Analysis of the Deadlift. Journal of Strength and Conditioning Research. 10(4), 250-255. 1996.

McGovern R.E., and Luscombe H.B. Useful modifications of progressive resistance exercise technique. //Arch. Phys. Med. - 1953. - Vol. 34 - P. 475-479.

McLaughin T.M., Dillman C.J., and Lardner T.J. A Kinematic model of performance in the parallel squat by champion powerlifters. Med. Sci. Sports Exerc. 9:128-133. 1977.

McMorris R.O. and Elkins E.C. A study of production and evaluation of muscular hypertrophy // Arch. Phys. Med. - 1954. - Vol. 35 - P. 420-426.

Miller L. The Bench Press: Putting All The Pieces Together. "Powerlifting USA", June 2000.

Ortiz Cervera V. Entrenamiento de fuerza y explosividad para la actividad fisica y el deporte de competition / Ortiz Cervera V., Gue N., Navarrro Puche J. A., Poletaev P., Rausel Peris L.: Ortiz Cervera V. (ed.) - Barcelona: INDE, 1996 (1a ed.), 1999 (2a ed.) - 397 p.

O'Shea J. P. Anabolic steroids, their effects on muscle function // Modern Med- 1969.-

No. 12. - P. 64-70.

O'Shea J.P. Biochemical and physical effects of anabolic steroids in competitive swimmers and weightlifters // Nutrition Reports International. - 1970.- Vol. 2 - P. 351-362.

O'Shea J.P. Effects of anabolic steroids on dynamic strength levels of competitive weightlifters // Nutrition Reports Intern. - 1971.- Vol. 4 - P. 363-370.

O'Shea J.P. Biochemical evaluation of the effects of stanozolol on adrenal, liver, and muscle function in humans. // Nutrition Reports Intern. - 1974. - Vol.10-P.385-388.

Ostapenko, L.A. (2004). Nutrition in Powerlifting. Part 1: Is our nutrition correct? Zheleznyj mir (issues 5-6, pp. 158-162).

Ostapenko, L.A. (2005). Nutrition in Powerlifting. Part 2: How should you start to balance your diet? Zheleznyj mir (issue 1, pp. 155-160).

Ostapenko, L.A. (2005). Nutrition in Powerlifting. Part 3: How to balance your daily diet in practice? Zheleznyj mir (issue 2, pp. 161-165).

Ostapenko, L.A. (2001). How to reduce weight. EAM Sport Service.

Pacifico L. Add 44 Lbs. To Your Bench. "Powerlifting USA", December 1999.

Palmieri G. Weight training and repetition speed // J Appl Sport Science Res. - 1987. - Vol. 1.- No 2. - P. 36-38.

Rippetoe, M. Popular Biomechanics / M.Rippetoe // CrossFit Journal, 2007, Issue55, March. - P. 1-5. Перевод А.В. Самсоновой.

Rooney, K. J., Herbert, R. D., & Balnave, R. J. Fatigue contributes to the strength of training stimulus. // Med Sci Sports Exerc - 1994. - Vol. 26. - P. 1160-1164.

Rick Weils The Bench Press 1986. - 52 p.

Rhea M.R., Alvar B.A., Burkett L.N. Single versus multiple sets for strength: a meta-analysis to address the controversy // Res Q Exerc Sport- 2002. - Vol. 73. - P. 485-488.

Rhea M.R., Alvar B.A., Burkett L.N., Ball S.D. A meta-analysis to determine the doseresponse for strength development // Med Sci Sports Exerc. - 2003. - Vol. 35. - No 3. - P. 456-464.

Sheiko B., Fetisov V., Lukyanov B. Bench press technique // Powerlifting USA. JAN/2010. P.12-13, 70-71.

Sheiko B., Fetisov V., Lukyanov B. Bench press technique. Results of the Biomechanical Analysis of the BP technique // Powerlifting USA. MAR/2010. P.12-13, 74-75.

Simmons L. So you want to deadlift. Powerlifting USA. 17:34-35. 1994.

Simmons L. More Big Benches / L. Simmons // Powerlifting USA. - January, 2000. -

P. 31-33.

Simmons L. Resistance Training. "Powerlifting USA", October 1997.

Simmons L. The Dynamic Duo. "Powerlifting USA", November 1999.

Simmons L. The Squat Workout. "Powerlifting USA", December 1997.

Simmons L. Training: AN Overview. "Powerlifting USA", April 2000.

Sloan C. S. Size, Strength and Power. "IRONMAN", Winter 1999.

Starr B. Deadlift without deadlifting. Powerlifting USA. 18:10-11. 1995.

Wagman, Dan. The Bench Rules. "Muscle and Fitness", August 1998.

Wagner, Robert. A Balding Man's Advice on Powerlifting Technique. "Powerlifting USA", September 1998.

Weider D. Training for competition. Welder's Olympic Courses, London, 1960, 29-31.

Unitt Dennis. Fifty years ago there was no IPF – there was no powerlifting // The IPF Magazine 01 / 2010. - P. 18-27.

Yaglov V.V. (1986). Regulation Stages. Moscow: Soviet Russia (p.40).

Zatsiorsky, V.M. Intensity of Strength Training. Facts and Theory: Russian and Eastern European Approach. National Strength and Conditioning Association Journal. Vol. 14, Numb. 5, p. 46-57, 1992.

Zatsiorsky V.M. Science and Practice of Strength Training. Champaign IL. Human Kinetics. 1995.